지금 시작하는 초보자가
미국 주식으로
수익 내는
49가지 방법

꼭 필요한 지식만으로 꽉 채운
가장 쉽고 실용적인 미국 주식 투자 입문서

지금 시작하는 초보자가 미국 주식으로 수익 내는 49가지 방법

목남브로(김호균) 지음

미국 주식 투자의 기초부터 포트폴리오 구성,
배당주, 소수점 적립식 거래, 절세계좌, ETF,
그리고 매크로 투자까지

한스미디어

누구나 쉽고 빠르게 49가지 투자법으로 정복하는 미국 주식

지금 이 책을 펼치고 있는 분들의 마음속에는 미국 주식 투자를 통해 의미 있는 수익을 얻고자 하는 바람이 자리 잡고 있을 것입니다. 최근 들어 국내 증시가 힘을 못 쓰는 가운데 상대적으로 강한 미국 증시를 보면서 상대적인 박탈감과 지금이라도 미국 주식을 시작해야 하는 것이 아닌가라는 고민으로 이 책을 선택한 분도 있으리라 생각합니다.

사실 장기적인 통계가 말해주듯 미국 주식은 투자자들에게 좋은 성과를 가져다주었습니다. 하지만 미국 주식은 성과를 넘어 다양한 이유에서 놓치기 아쉬운 투자 대상이고, 이 부분에 대해서는 1장 '미국 주식 투자 기본기 다지기'에서부터 왜 미국 주식을 투자해야 하는지에 대해 상세히 설명하고 있습니다.

이 책은 많은 사람들의 관심을 한 몸에 받고 있는 미국 주식을 지금 시작하는 초보자 입장에서 얼마나 부담 없이 시작할 수 있도록 도움을 줄 수 있을 것인가라는 고민으로부터 탄생되었습니다. 다른 한편으로는 미국 주식을 최대한 쉽게 시작할 수 있도록 도움을 드리되, 가급적 미국 주식 투자 방법에 대한 모든 것을 담으면서도 투자의 본질은 절대 놓치지 않으려 노력했습니다. 49가지나 되는 미국 주식 투자법을 소개하면서도 1부에서 미국 주식 투자를 제대로 하기 위해 반드시 알아야 할 내용을 추가한 것은 바로 이러한 이유 때문이었습니다.

그렇다면 왜 49가지 투자법일까요?

이 책을 쓰면서 가장 어려운 부분이기도 했는데요. 제가 10년 넘게 미국 주식을 공부하고 증권맨으로서 업계에서 수많은 미국 주식 투자자를 접하면서 깨달은 사실 한 가지는 미국 주식을 투자하는 투자자들의 성향과 상황이 매우 상이하다는 것입니다.

사람에 따라 배당주를 선호하는 보수적인 성향의 투자자도 있고 레버리지 ETF를 적극적으로 활용하는 공격적인 투자자도 있습니다. 텐베거 종목만 노리는 투자자가 있는 반면 빅테크 주식만 선호하거나 다른 것은 다 필요 없고 오로지 인덱스 ETF만 모아가는 투자자도 있습니다. 투자자가 마주한 상황도 다릅니다. 본인이 아닌 어린 자녀를 위해 미국 주식 투자를 시작하려는 사람도 있고 대학생이 되어서 혹은 사회초년생이 되어서 미국 주식으로 목돈을 모아가려는 투자자도 있습니다. 그리고 액티브 시니어 입장에서 미국 주식을 통해 높은 수익률보다는 안정적인 현금흐름을 창출하길 원하는 경우도 있습니다. 이렇듯 미국 주식 투자에 대한 다양한 니즈와 환경이 있음을 인정하고, 가능하면 이 모든 부분을 충족하려 하다 보니 49가지나 되는 투자법이 만들어지게 되었습니다.

49가지라는 적지 않은 투자법에 다소 당황할 수도 있겠지만 이 책을 접하는 미국 주식 초보자분들이라면 처음부터 부담 없이 편하게 읽어 내려가면 됩니다. 1부에서는 49가지 투자 방법을 알아보기에 앞서 왜 미국 주식을 시작해야 하는지와 주식이라는 금융상품을 투자하는 데 있어 꼭 필요한 기초 지식인 기본적 분석, 재무 분석, 차트 분석을 사례를 들어서 최대한 쉽게 풀어보았습니다. 그리고 본인에 맞는 투자전략을 찾기 위해 자신의 투자성향과 투자환경에 대한 이해를 통해 나만의 최적의 포트폴리오를 설계하는 법에 대해 간단히 정리했습니다.

2부에서 본격적인 투자법이 등장하는데 3장에서는 방어적이면서도 복리의 마법을 누릴 수 있는 배당주 투자법 5가지, 4장에서는 미국 주식으로 목돈을 모아가는 방법으로 활용하는 소수점 적립식 투자법 5가지, 5장에서는 연금 계좌와 ISA 같은 절세계좌를 활용한 투자법 5가지, 6장에서는 대세 중의 대세인 ETF 투자법 5가지, 7장에서는 좀 더 적극적이고 공격적인 투자자들이 사용하는 투자법 7가지, 8~9장에서는 경기 사이클과 금리 사이클을 활용한 매크로 투자법 8가지, 10장에서는 종목 자체가 AI 메가트렌드를 대변하는 14개의 기업 스토리까지 총 49가지 미국 주식 투자법을 유형별, 단계별로 정리했습니다. 특히 마지막 10장 메가트렌드 투자법은 AI라는 메가트렌드를 공부한다는 생각으로 접근하면 하나하나의 기업 스토리를 이해하는 과정에서 AI 혁명 전반의 변화와 흐름을 포착할 수 있을 것입니다.

이 책의 저자로서 간절한 바람은 독자 여러분이 이 책을 보면서 자신에게 맞는 투자전략을 찾아가는 재미를 얻었으면 하는 것입니다. 투자 성과가 반드시 보장되는 것은 아니더라도 장기적인 관점에서 미국 주식으로 투자 수익을 쌓아가는 과정을 통해 투자자 본인도 성장하는 경험을 꼭 얻기 바랍니다. 미국 주식은 그렇게 투자하는 것이 맞습니다.

마지막으로 이 책이 나올 수 있게 정말 큰 도움을 준 한스미디어 출판사 직원분들께 진심으로 감사의 말씀을 드립니다. 첫 책임에도 불구하고 깊은 신뢰와 믿음으로 출간까지 저를 훌륭히 이끌어주었습니다. 그리고 '목남브로'라는 애칭을 만들어주시고 오랫동안 함께한 한경 유튜브 채널 '프리뷰 뉴욕'부터 'Oh My God'까지 이어지는 구독자님들도 너무나 감사합니다. 저를 아낌없는 사랑으로 길러주신 부모님께 감사드리며 사랑하는 아내와 아들 수호에게 존재만으로도 고맙다는 말을 전합니다.

지은이 목남브로(김호균)

트럼프 2.0 시대,
미국 주식 투자자는 어떻게 대응해야 할까요?

2025년 1월 20일 트럼프 대통령이 다시 미국의 지휘봉을 잡았습니다. 트럼프 대통령은 이미 취임 전부터 트럼프 트레이딩을 불러일으키며 글로벌 증시와 자산 시장에 상당한 영향을 미쳤고 취임 이후에도 그의 정책과 코멘트에 시장이 요동치고 있습니다. 이 책에서 소개하는 '49가지 미국 주식 투자법'을 통해 이러한 변화에 적절한 대응이 가능하겠지만, 그에 앞서 트럼프 2.0 시대의 변화와 핵심 어젠다를 이해한다면 독자 여러분도 트럼프 특유의 예측 불가능성과 변동성에 충분히 대응할 수 있을 것입니다.

과연 트럼프 2.0 시대의 핵심 어젠다는 무엇이고 시장에는 어떠한 영향을 미칠까요?

감세

트럼프 대통령과 주로 공화당 측에서 강조하는 감세정책은 가장 광범위하게 시장을 상승시키는 요인이라고 볼 수 있습니다. 재분배보다는 성장하는 기업에 세금 부담을 줄여줌으로써 더 큰 경제성장 효과를 일으키려는 전략으로 기업들의 이익 증가와 증시 상승 효과를 가져오게 됩니다. 특히 이러한 감세 효과는 빅테크 기업을 중심으로 수혜를 받을 가능성이 높습니다. 일단 이익의 규모가 압도적으로 크기 때문에 감세로 인한 이익 증대의 규모가 매우 클 것입니다. 트럼프 당선 직후 시장을 주도했던 것은 감세 효과의 기대감이 큰 빅테크 기업들이었습니다. 따라서 감세 효과가 증시 전반에 호재로 작용하겠지만 한발 더 나아가서 투자자들의 확실한 선택지인 빅테크 중심의 투자가 트럼프 등장 이후에도 긍정적일 수 있는 핵심 전략으로 판단됩니다.

감세 효과로 인한 경제 활성화는 대형 금융주에도 큰 수혜로 작용합니다. 투자 활성화로 대출이익이 증가하게 되며 IPO 시장도 긍정적인 분위기가 이어질 수 있습니다. 기준금리 인하로 인한 수익 증대 효과와 더불어 트럼프 대통령의 감세정책은 최근 호실적으로 52주 신고가를 갱신하고 있는 JP모건, 골드만삭스, 웰스파고 등 대형 금융주의 상승세를 더욱 부추길 가능성이 높습니다.

추가관세와 리쇼어링 압박

트럼프 대통령은 '관세'야말로 세상에서 가장 아름다운 단어라고 말할 정도로 관세정책에 진심이었고 이러한 모습은 1기 행정부에서도 잘 보여주었습니다. 취임식 직후 트럼프 대통령은 캐나다와 멕시코에 바로 관세 부과를 선언했고 곧이어 중국에도 10% 관세 부과를 언급하면서 최근 좋은 분위기의 미중 관계에 찬물을 끼얹고 있습니다.

캐나다, 멕시코, 중국 등은 이러한 관세 조치에 불편한 기색을 보이고는 있으나 이것은 이미 트럼프 당선 순간부터 예정된 수순으로 미리 준비를 하고 있었다고 봐야 할 것입니다. 트럼프 대통령은 자국 산업 보호를 위해 추가관세와 리쇼어링 압박이란 수단을 활용하고 있는데 미국 입장에서는 효과가 확실한 정책이지만 시장이 우려하는 것은 관세의 부작용입니다.

관세는 자연스럽게 수입물가의 상승을 가져오면서 인플레이션을 자극할 수밖에 없습니다. 이를 예상한 시장의 장기금리는 높아질 것이고 이러한 예상이 최근 금리시장에도 반영되고 있습니다. 인플레이션 압박이 이어지는 가운데 기준금리는 인하하지만 시장의 장기금리가 상승하게 되면 기준금리와 장기금리 간 상충이 발생되고 결국 기준금리까지 다시 인상하게 되면서 금융시장의 혼란이 야기될 수 있습니다.

한편 미국의 관세 공격과 중국의 대응에 있어서 단기 조정은 불가피하며 이에 따라 시장변동성이 커질 수 있습니다. 다만 트럼프에게 관세는 목적이 아닌 수단이기 때문에 시간이 지나면서 협상이 진행되고 시장이 빠르게 회복되는 패턴을 반복할 가능성이 높습니다.

수혜업종을 살펴보면 추가관세 부과와 리쇼어링 압박으로 농업과 에너지, 그리고 제조업 분야의 미국 경쟁력이 상승할 것으로 봅니다. 1차, 2차 산업이 보호무역 조치 속에 견조한 흐름을 유지할 가능성이 높으며 이와 함께 인프라 투자도 지속될 것입니다.

투자자에게 있어서 철강, 농업, 에너지, 인프라, 제조업 분야에 대한 투자는 화려하지는 않지만 밸류에이션 매력과 꾸준한 상승 효과를 누릴 수 있을 것으로 보입니다.

개인적으로는 에너지 섹터 중 천연가스 관련 기업에 주목하고 있는데요. 유럽, 일본, 중국 등 주요국 입장에서는 미국이 무역수지를 무기로 압박이 들어올 것이고 관세 공격에 대응하기 위해 미국산 천연가스 수입을 크게 늘리며 무역수지를 맞추려고 하고 있습니다. 이에 따라 최근 미국 천연가스 관련 기업들의 상승세가 뚜렷한데요. 대표적으로 천연가스를 수송하는 미들스트림 기업인 킨더모건과 천연가스를 생산하는 업스트림 기업인 EQT코퍼레이션의 주가를 보면 이러한 수혜를 파악할 수 있습니다.

비트코인 전략자산화

트럼프 2.0 시대를 관통하는 화두 중에 하나는 바로 친 비트코인 정책입니다. 크립토 시장에 대한 긍정적인 시각을 넘어서 비트코인을 미국의 전략자산으로 삼겠다는 전망이 커지면서 크립토 시장은 큰 기대를 보이고 있는 상황입니다. 이에 대한 시그널로 반 크립토 인사인 SEC 수장을 친 크립토 인사로 교체하면서 가상화폐 시장이 큰 환호를 보인 바 있습니다.

트럼프의 친 비트코인 정책으로 관련 기업들의 상승세가 눈에 띄고 있는데 크게 두 부류로 나눌 수 있을 것 같습니다. 비트코인에 직접 투자, 보유하고 있는 기업인 MSTR과 마라톤디지털홀딩스, 라이엇플랫폼즈 같은 채굴기업이 있으며 비트코인 생태계에서 사업을 영위하는 기업 코인베이스, 로빈후드가 있는데 전반적으로 대부분의 기업들이 강세를 보이고 있는 상황입니다.

다만 투자적 관점에서 고민해보자면 가상화폐 자체가 변동성이 높은 자산이기 때문에 비트코인 가치에 직접적으로 영향을 받는 기업보다는 생태계 활성화에 영향을 받아 비트코인 가격과 무관하게 수혜를 받을 수 있는 기업이 좀 더 안전하지 않을까 생각됩니다.

더 중요한 것은 왜 트럼프가 굳이 비트코인을 전략자산화하려는 것일까를 고민해보는 것입니다. 비트코인 전략자산화의 의미는 ① 디지털 자산시장을 주도하여 달러 패권을 유지하고 보완하려는 의도가 제일 크고 ② 앞으로의 물가상승을 우려해서 인플레이션 헤지 자산인 비트코인을 확보하려는 의도와 ③ 중국과 러시아의 암호화폐 패권을 견제 ④ 블록체인이라는 혁신 기술의 리더십 확보 ⑤ 비트코인을 주로 투자하는 젊은 지지층 세력 확보라는 다층적 측면의 전략으로 볼 수 있을 것 같습니다.

정부효율부의 등장

트럼프 당선에 올인 배팅한 일론 머스크는 가장 큰 수혜자로 거론이 되는데요. 트럼프는 일론 머스크를 정부효율부의 수장에 앉혀서 2기 행정부의 핵심 변화를 주도하게 했습니다. 정부효율부의 역할은 예산감축과 규제완화를 통한 정부의 효율성을 증대하는 것인데 이러한 정책적 변화로 많은 기업이 직간접적 수혜주로 떠오르고 있습니다.

기존에 비효율이 큰 분야로 지목을 받았던 방산, 의료, 교육이 첫 타깃이 될 것으로 예상하고 있으며 보조금과 정부 지원을 많이 받아왔던 레거시 기업들은 하락하고 있는 반면 해당 분야의 혁신기업들은 강한 상승세를 보이고 있습니다. 이밖에도 규제완화로 인한 혁신기업들의 상승 기대감이 높아지고 있으며 특히 우주항공, 드론, 양자컴퓨팅, AI S/W, 소형원전, 핀테크 업종이 상승세를 주도하고 있습니다.

해당 분야에 투자하는 데 있어서 주의할 점은 단순 기대감이 큰 기업은 향후 실적에 따른 실망감으로 변동성이 높아질 수 있다는 것입니다. 기대감과 함께 실적이 뒷받침되는 기업들을 중심으로 투자 포트폴리오를 구성할 필요가 있습니다. 두 가지 조건을 충족하는 대표적인 기업이 바로 테슬라와 팔란티어라고 볼 수 있습니다.

정부효율부의 수장으로서 트럼프가 부여한 일론 머스크의 또 다른 중요한 역할은 인플레이션을 방어하는 것입니다. 정부 지출을 획기적으로 감소시키고 연방 정부 인력을 대폭 감축하는 과정에서 물가를 낮추고 고용 둔화를 야기하면서 관세와 재정지출로 인한 금리상승 압박을 상쇄시키는 효과를 가져올 것입니다. 일론 머스크의 테슬라가 진행하는 자율주행, AI 로봇 역시 쫓아낸 외국인 노동자를 대체하면서도 인건비를 낮출 수 있는 전략으로 활용될 수 있습니다.

패권 경쟁

트럼프 대통령은 미국 우선주의와 함께 패권을 유지하기 위해 중국을 견제하는 정책을 계속 실행해나갈 것입니다. 대표적으로 중국과 치열한 헤게모니 경쟁을 예고한 분야가 바로 AI와 에너지입니다.

AI 분야는 취임 직후 발표된 스타게이트 프로젝트를 통해 구체화되고 있습니다. 오픈AI, 오라클, 소프트뱅크, 마이크로소프트, 엔비디아가 참여하여 5,000억 달러 이상 투자가 이루어지고 10만 개의 새로운 일자리가 창출될 것으로 예상되는 미국에서 이루어지는 AI 인프라 구축 프로젝트입니다.

이는 바이든 행정부에서부터 논의가 되었으며 딥시크와 같은 중국의 저비용 고효율 AI 기술력 추격에 따른 대응으로 막대한 자금이 투자될 수밖에 없는 분야입니다. 이로써 AI 성장 사이클의 중요한 추진력을 얻은 상황이며 AI 하드웨어, AI 소프트웨어, AI 전력, 피지컬 AI까지 아우르는 AI 생태계 전반에 강한 호재로 작용할 것입니다.

중국과의 에너지 패권 경쟁도 더욱 심화될 것입니다. 트럼프 대통령은 보조금이 필요한 신재생에너지보다는 원유와 천연가스 같은 전통에너지를 선호하고 있습니다. 원유와 천연가스는 무역수지 관점에서 수출을 늘리는 방향으로 활용할 것으로 예상되며 기술적으로는 신재생에너지 중 원전 기술 개발을 통해 AI 전력 부족 이슈를 커버할 것으로 보고 있습니다. 관련 수혜기업으로는 천연가스 밸류체인과 소형원전, 전력기업들이 꼽히고 있습니다.

한편 앞서 설명드린 비트코인 전략자산화의 배경에서 살펴봤듯이 크립토 시장에서도 중국과 러시아를 견제하고 크립토 시장 패권을 장악하려고 노력하고 있습니다.

트럼프 2.0 시대를 관통하는 4대 키워드: AI, 에너지, 크립토, 관세

트럼프 2.0 시대의 핵심 정책을 통해 살펴보았을 때 겹치는 부분도 있지만 이를 관통하는 4대 키워드를 정리하면 바로 AI, 에너지, 크립토, 관세입니다.

여기에 영향을 받는 기업은 트럼프 임기 동안 지속적인 상승 호재를 누릴 수 있고 주도업종이 될 가능성이 매우 크기 때문에 2025년 글로벌 투자전략을 세우는 데 있어서 절대 빼놓지 말아야 할 것입니다.

이상과 같이 트럼프 2.0 시대의 핵심 어젠다와 이들이 시장에 미칠 영향을 살펴보았습니다. 시장의 변동성이 높다는 것은 뒤집어 생각하면 투자의 기회가 많아진다는 말과 같습니다. 지금 미국 주식을 시작하는 초보자에게 이러한 기회는 더더욱 값진 선물이 될 것입니다. 모쪼록 장기적인 관점에서 부단한 학습과 철저한 투자전략으로 미래의 부를 탄탄히 쌓아가시기 바랍니다.

차례

1부
미국 주식 투자 제대로 하려면
반드시 알아야 할 것들

1장 미국 주식 투자 기본기 다지기

2장 탄탄한 전략과 포트폴리오 만들기

2부
초보자도 수익 내는
미국 주식 투자법 49가지

3장 배당주 투자법
공격적으로 복리의 마법을 누린다

소수점 적립식 거래 투자법
10년 계획으로 목돈을 모은다

절세계좌 투자법
ISA, 연금저축, IRP 100% 활용법

6장 ETF 투자법
모두가 만족하는 대세 중의 대세

7장 적극적 투자법
보다 적극적·공격적인 투자자라면

(8장) 매크로 투자법 ①
경기 사이클 활용하기

(9장) 매크로 투자법 ②
금리 사이클 활용하기

10장

메가트렌드 투자법
종목이 메가트렌드 자체인 기업 14선

1부

미국 주식 투자
제대로 하려면
반드시 알아야 할 것들

1장

미국 주식 투자
기본기 다지기

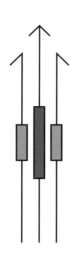

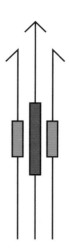

왜
미국 주식인가?

서학개미의 등장

코로나19가 창궐하던 시기에 아이러니하게도 '코로나 랠리'라는 엄청난 유동성 장세가 열리면서 개인투자자들의 주식 투자가 매우 급격하게 늘어나게 되었습니다. 그리고 이때부터 국내 주식에 투자하는 일군의 세력을 '동학개미'로, 그리고 글로벌 주식, 대체적으로 미국 주식에 투자하는 세력을 '서학개미'로 불렀습니다. 당시 증시는 국내 증시, 미국 증시 할 것 없이 모두 강세장이었기 때문에 '에브리바디 해피(Everybody happy)~'한 모습이었지만 이후 2022년 스테그플레이션으로 강한 조정장을 겪으면서 분위기가 크게 바뀌게 되었습니다.

코로나 랠리라는 끝 모를 유동성 파티 속에 상승하던 증시는 미국 연방준비제도(FED)의 급격한 금리인상 충격 속에 속절없이 무너졌고 이는 동학개미와 서학개미 모두에게 큰 공포와 충격을 주었습니다. 강세장만 경험했던 뉴비(Newbie)

들은 '아, 주식이 빠질 수도 있구나'란 사실을 피부로 느끼게 되었죠. 동학개미, 서학개미에게는 주식 투자의 매운맛을 알게 되는 뼈아픈 교훈의 시간이기도 했습니다.

새로운 게임 체인저: 챗GPT

그러나 이 시기에 마치 영웅처럼 등장한 게임 체인저(Game Changer)가 있었는데요. 네, 맞습니다. 2022년 말 오픈AI의 챗GPT(ChatGPT)가 등장합니다. 기존과는 차별화된 수준의 'AI 혁신'이 등장하면서 시장은 다시금 꿈과 희망과 비전을 갖게 됩니다.

다시 과거로 돌아가보면 금리상승으로 주식 폭락이 일어나기 직전, 즉 코로나 랠리가 진행되던 2020~2021년의 시기는 사실 클라우드를 중심으로 한 기술 발전이 급격히 일어나면서 성장주, 테크주가 시장의 주도주였고 마찬가지로 꿈과 희망과 비전의 시기였습니다. 그런데 직후에 나타난 조정장에서는 이 성장주, 기술주들이 더 큰 조정을 받았습니다. 이때 그 유명한 엔비디아도 60%가량 조정을 받았죠.

그러면서 시장에서는 기술주에 대한 포비아(Phobia)가 작동했고 1년 가까이 혁신의 모습을 찾아볼 수 없었는데 챗GPT가 그 판을 뒤집은 것입니다. 이제는 AI를 중심으로, 특히 빅테크와 반도체를 중심으로 시장이 랠리를 시작했고 이 상승의 수혜가 미국 증시에 집중되면서 동학개미와 서학개미의 운명이 갈리게 되었습니다.

AI 혁명의 직접 수혜주에 투자하라

여기서 우리가 왜 미국 주식에 투자해야 하는지 첫 번째 이유가 등장합니다. 우리가 사는 시대는 바로 4차 산업혁명 혹은 AI 혁명이 진행되는 구간이고 이 시기에 열리는 과실을 놓치지 않고 직접 따서 먹어야 합니다. 그리고 그 과실이 바로 '미국 주식'입니다.

AI 나무에 열린 과실

자료: DALL-E

4차 산업혁명의 가장 큰 특성을 한마디로 정리하면 승자독식, 영어로 표현하면 'Winner takes it all'의 시기라고 볼 수 있습니다. 예전에는 글로벌이 아니라 국내 수준에서 10위권 안에만 들어도 먹고살기 충분했죠. 그러나 기술의 발전에 따라 접근성의 개념이 변화하게 되면서 이제는 글로벌 2등도 어려워지고 오로지 1등만이 모든 과실을 독식하는 시대가 된 것입니다.

그런데 최신 기술혁명이 미국을 중심으로, 그리고 미국 기업을 통해 일어나고 있고 '해외투자 직구 시대'를 통해 미국 주식을 직접 투자하는 것이 일상화된 지금, 미국 주식에 투자하지 않을 이유가 전혀 없는 것입니다. 물론 국내 기업에 투자하면서도 이러한 혁신의 과실을 취할 수는 있습니다. 하지만 그것은 '직접 수혜주'가 아닌 '간접 수혜주'라고 볼 수 있습니다.

국내 증시에 상장된 몇몇 기업을 제외하고는 글로벌 밸류체인의 최종 단계가 아닌 중간 역할을 담당하고 있습니다. 우리나라 기업의 주가가 꿈틀꿈틀하는 패턴을 살펴보면 애플 아이폰에 부품을 공급하는 기업, 테슬라에 배터리를 공급하는 기업, 엔비디아 GPU에 HBM 반도체를 공급하거나 혹은 연관된 기업이며 애플향, 테슬라향, 엔비디아향 기업으로 불리는 간접 수혜주입니다.

우리는 굳이 어렵게 간접 수혜 아이디어를 찾아가며 국내 주식에 투자할 필요 없이 혁신의 첨단에 있는 미국 기업에 직접 투자하면서 큰 고민 없이 'AI 혁명'이란 성장의 과실을 취할 수 있게 되었습니다. 이것이 우리가 이 시점에 미국 주식에 관심을 가져야 할 가장 큰 이유이기도 합니다.

미국 증시 장기 우상향의 비밀?

우리가 미국 주식에 투자해야 할 두 번째 이유는 미국 지수가 국내 지수에 비해 장기적으로 우상향할 가능성이 더 크기 때문입니다. 우리에게 투자가 어려운 이유는 내가 사고 나서 오를 것이란 보장이 없기 때문인데, 만약 '장기적으로 보유했을 때' 상승할 확률이 매우 높아진다면 투자의 난이도는 급격히 낮아질 것입니다.

이 책이 미국 주식 초보자를 대상으로 만들어진 책이기도 하고 제가 생각하는 중요한 투자철학 중의 하나가 투자를 통해 '시간이 돈을 벌어주는 매력'을 경험

한국 코스피200 장기 차트

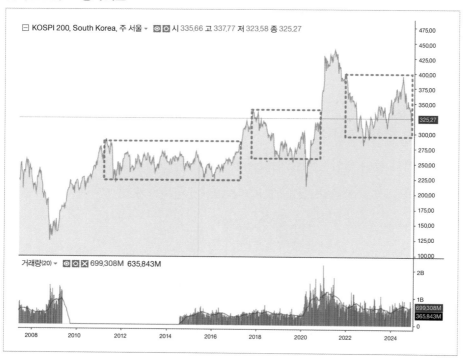

해보자는 것입니다. 초보자들도 '장기투자'라는 전략을 통해 여러분의 자산을 지키고 불려나가는 것이 매우 중요하다고 생각합니다. 그렇다면 장기적으로 우상향하는 자산에 투자하는 것이 핵심일 텐데 역사적으로도 논리적으로도 미국 주식이 바로 그런 자산입니다.

한국 코스피200 장기 차트를 보면 2011~2017년 7년간의 장기 박스권을 비롯해서 꾸준한 상승 추세를 만들지 못하고 이후에도 수차례 박스권 움직임을 보여주고 있습니다. 그래서 한국 코스피의 별명이 박스피이기도 합니다. 반면 미국 S&P500 장기 차트를 보면 중간에 조정 구간이 있지만 장기적으로는 꾸준하게 우상향하는 지수의 흐름을 확인할 수 있습니다.

미국 S&P500 장기 차트

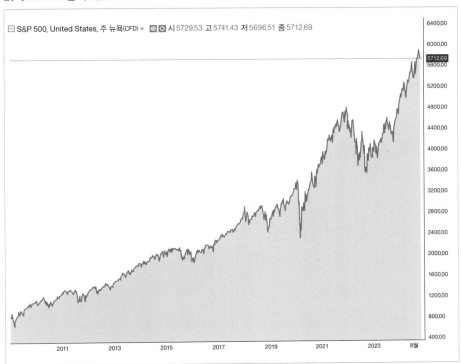

이렇게 미국 주식이 너무나 부럽게도 장기 우상향하는 데에는 아주 중요한 두 가지 핵심 원인이 숨겨져 있습니다. 바로 '주주친화적 정책'과 '어닝 효과'입니다.

주주친화적 정책: 자사주 매입과 배당

최근 K-밸류업에 대한 관심이 높아지면서 주주친화적 정책에 대해 많이 들어보셨을 겁니다. 기본적으로 미국 주식은 자사주 매입과 배당을 통해 주주가치를 극대화하는 투자 문화가 자리 잡고 있습니다. 기업이 장사를 잘해서 이윤(마진)을 많이 남기게 되면 그 돈을 가지고 여러 가지를 할 수 있는데 미국 기업은 신규 투자에만 돈을 쓰지 않고 자사주 매입도 매우 적극적으로 합니다. 골드만삭스에 따르면 2024년 S&P500 기업의 자사주 매입 규모가 9,250억 달러에 이를 것이며 2025년에는 1조 달러를 웃돌 것으로 보고 있습니다. 자사주 매입에만 원화로 약 1,300조 원을 쏟아붓는 것이죠.

예를 들어 시가총액 기준으로 3% 규모의 자사주 매입을 하면 이론적으로는 3% 이상의 주가 상승요인이 되는데 실제로 그 타이밍을 보면 시장 하락 시에 자사주 매입과 자사주 소각을 하기 때문에 주가 방어 효과가 나타나서 상승 기대 효과는 더욱 커지게 됩니다.

일반적으로 성장주는 성장산업에 속하는 기업을 뜻하는데 아무래도 산업이 성장하기 때문에 주가도 자연스럽게 우상향할 가능성이 높습니다. 그러나 모든 기업이 성장산업에 속할 수는 없고 이미 성장을 끝낸 완숙기업도 있을 것입니다. 그렇다면 완숙기업은 장기적인 주가 상승을 할 수 없을까요?

여기에는 미국 기업의 높은 배당성향이 중요한 역할을 하게 됩니다. 즉 이미 성장이 끝난 기업일지라도 적극적인 배당정책을 유지한다면 '이 주식을 보유하면 매 분기 이만큼의 배당을 주고(배당수익) 그 배당금도 지속적으로 늘려간다는 기대감(배당성장성)'을 통해 투자자들의 지속적인 매수를 유인할 수 있는 것입니다.

미국 주식 중 배당성장으로 유명한 기업인 브로드컴(AVGO)의 배당성장 추이를 보면 매년 두 자릿수가 넘는 배당성장률을 보여주고 있으며, 이는 주가에도 매우 긍정적인 요인으로 작용하고 있습니다.

대표적인 배당성장 기업인 브로드컴의 배당성장 추이

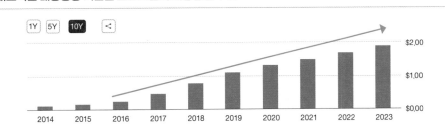

연도	지급 금액	연간 수익률	연간 지급액 성장률(YoY)		연평균 성장률(~2023)
2023	$1.9050	1.72%	12.72%		
2022	$1.6900	3.12%	13.42%		12.72%
2021	$1.4900	2.39%	11.61%		13.07%
2020	$1.3350	3.35%	19.20%		12.08%
2019	$1.1200	4.07%	41.77%		14.20%
2018	$0.7900	3.71%	64.24%		19.25%
2017	$0.4810	2.31%	90.87%		25.78%
2016	$0.2520	1.79%	53.66%		33.51%
2015	$0.1640	1.44%	33.33%		35.87%
2014	$0.1230	1.58%	39.77%		35.59%
2013	$0.0880	2.18%	44.26%		36.00%
2012	$0.0610	2.58%	52.50%		36.73%
2011	$0.0400		471.43%		37.98%
2010	$0.0070				53.92%

자료: Seeking Alpha

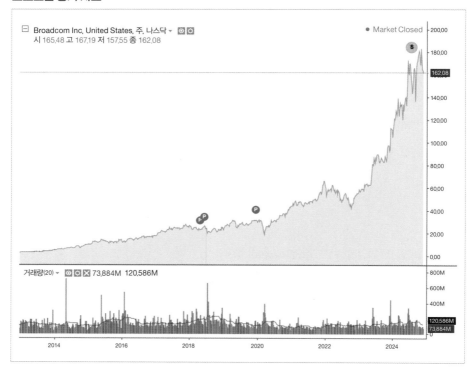

1년에 4번 있는 이벤트: 어닝 효과

미국 주식 투자를 해야 한다고 주장하면 항상 되돌아오는 질문이 있습니다. 이 기업이 너무 좋은 것은 알겠는데 이미 가격이 너무 많이 올라서 부담이 된다는 것입니다. 충분히 이해가 가는 물음입니다. 하지만 그럼에도 불구하고 미국 주식에 투자할 용기가 필요한 이유는 바로 미국 주식은 국내 주식과는 다르게 매우 강력한 어닝 효과를 가지고 있기 때문이고 이것이 장기 우상향의 또 다른 원인이기도 합니다.

미국은 기업 실적을 1년에 4번 매 분기마다 발표합니다. 이때 시장이 놀랄 정도로 좋은 실적을 발표하면 '어닝 서프라이즈'로 주가가 급등하고, 시장이 충격을 받을 정도로 나쁜 실적을 발표하면 '어닝 쇼크'로 주가가 급락하게 됩니다. 실적에 매우 민감하고 순수하게 반응하는 경향이 있는데요. 어떻게 보면 내가 고민하고 투자한 기업이 좋은 실적을 꾸준히 유지한다면 현재의 주가가 다소 높다고 하더라도 지속적인 주가 상승을 기대할 수 있다는 의미이기도 합니다.

예를 들어 삼성전자의 메모리 반도체 경쟁자로 알려진 마이크론 테크놀로지(MU)의 경우 2024년 3월에 높은 매출과 흑자전환의 어닝 서프라이즈 실적발표를 했는데 해당 기업 주가는 실적발표 이전부터 꾸준한 상승세를 보여주었음에도 불구하고 실적발표 직후 갭(gap) 상승하며 주가가 움직였고 이후에도 추가적인 상승세가 이어졌습니다.

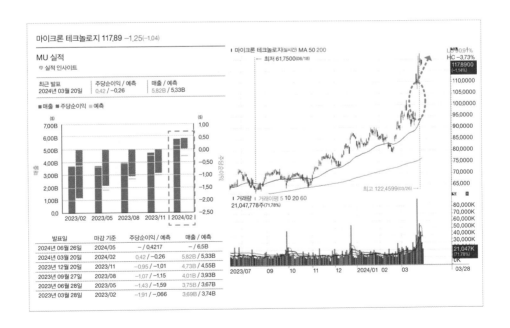

투자의 난이도를 고려해도 미국 주식

난이도 측면에서도 미국 주식이 국내 주식보다 투자하기가 쉽습니다. 미국 주식에 투자할 때 우리의 핵심 전략 자체가 1등주에 투자하는 것이기 때문입니다.

일반적으로 큰 수익을 내기 위해 '스몰캡(small cap)'이라 불리는 주가도 싸고 몸집도 싼 소형주 주식을 사서 대박을 노리는 경우를 많이 보게 됩니다. 그러나 싼 데는 다 이유가 있고 가격이 싼 주식(낮은 주식가격), 그리고 몸집이 작은 주식(낮은 시가총액)만 투자하는 경우에는 보통 주가의 변동성이 매우 높기 때문에 투자의 난이도도 자연스럽게 올라가게 됩니다. 흔히 말하는 선수의 영역인 것이죠. 선수가 아닌 초보자가 건드리면 큰일 납니다. 그래서 미국 주식 초보자 입장에서는 투자의 난이도도 매우 중요한 고려사항입니다.

우리가 미국 주식에 투자할 때 관심을 가져야 하는 기업은 쉽게 말해 글로벌 1등 기업입니다. 당연히 재무적인 측면에서 상대적으로 안정성이 있고 독과점 성향을 가졌을 가능성이 매우 높을 것입니다. 사업을 이해하는 데 있어서도 미국 주식이지만 글로벌 서비스를 하고 있기 때문에 친숙하기까지 합니다. 애플, 테슬라, 마이크로소프트, 아마존, 구글, 스타벅스, 나이키, 맥도날드 등 이름을 들었을 때 외국 기업이란 생각보다는 내 생활과 매우 밀접한 기업으로 느껴집니다. 그리고 친숙하기 때문에 해당 기업의 서비스나 제품에 대해 이해하기가 쉽고 기업 분석에 있어서도 올바른 판단을 할 확률이 높아집니다.

장기 우상향하는 1등주는 '밀림의 사자' 전략으로

이 책에 정리한 수익을 내는 49가지 투자법에는 포함되지 않지만 전체를 관통하는 대전략이 바로 미국 주식 '밀림의 사자' 투자전략입니다. 워런 버핏은 투자 종목을 고를 때 '경제적 해자(垓子)'를 가진 글로벌 1등 기업을 선호합니다. 이러한 기업은 이익을 경쟁하는 데 소비하지 않고 고스란히 남기기 때문에 주가의 장기적 우상향 가능성이 높아지게 됩니다. 실제로 애플이나 아마존 같은 기업의 주가 차트를 보면 이러한 장기 우상향 주가 추이를 확인할 수 있습니다.

따라서 장기 우상향 차트를 보여주는 글로벌 1등 기업을 투자할 때는 흔히 말하는 '밀림의 사자 = 밀리면 사자(BUY)'라는 전략이 아주 유효하게 됩니다. 물론 어느 정도 밀렸을 때 매수에 들어가는지가 중요할 것입니다. 참고로 해당 기준은 다양하게 적용할 수 있지만 심플하게 이동평균선의 눌림목을 활용할 수도 있습니다.

애플 차트와 이동평균선의 눌림목

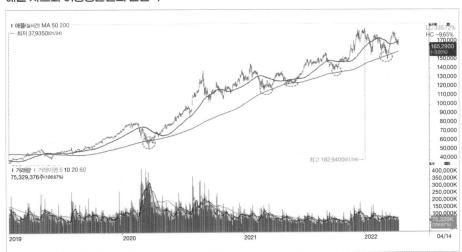

미국 주식 대전략, 밀림의 사자 = 밀리면 사자

자료: DALL-E

그리고 마지막으로 말씀드릴 미국 주식 투자의 이점은 달러 분산 효과가 있다는 점과 다양한 ETF가 상장되어 있어 이를 활용하기가 좋다는 것입니다.

달러 분산 효과

당연히 미국 주식은 미국 거래소에 상장되어 있기 때문에 달러로 표시되는 자산입니다. 우리가 미국 주식에 투자하는 순간 자연스럽게 달러 자산에 분산투자

서브프라임과 코로나 위기 당시 지수 급락과 달러 급등 비교 차트

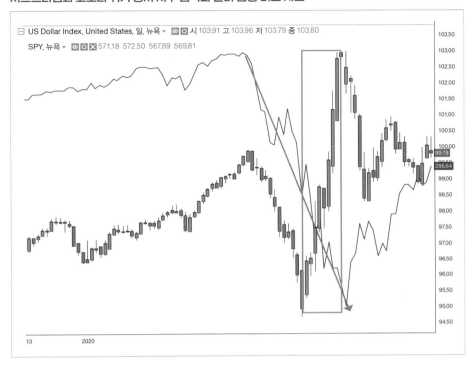

를 하게 되는 것입니다. 우리가 추구하는 투자의 방향은 장기투자입니다. 장기적으로 투자하는 과정에서는 우리가 예상하지 못하는 위험들이 도사리고 있고 시장이 크게 흔들릴 수도 있습니다. 이때마다 매우 큰 능력을 발휘하는 자산이 있는데 바로 달러입니다. 최근 사례로 보자면 코로나 초기, 팬데믹에 대한 공포로 증시가 폭락을 하자 채권과 금을 포함한 대부분의 자산이 동반 하락했지만 이때 유일하게 급등한 자산이 바로 '달러'였습니다.

미국 주식 투자 시에도 시장 조정으로 여러분의 주식수익률이 하락할 위험이 있으나 달러 자산과 달러를 보유하는 경우 시장이 전체적으로 하락하는 총체적 위기 발생 시 '국내 주식만 투자할 때'보다 더 효과적으로 위험을 방어할 수 있습니다. 또한 단기투자 시에는 환차손익에 대한 고민을 할 수밖에 없지만 장기적 관점으로 미국 주식에 투자한다면 환차손에 대한 위험보다는 통화 분산의 이익을 더 크게 보아야 합니다.

다양한 ETF 선택지

최근 ETF 시장규모가 급속도로 성장하고 있습니다. 예전에는 펀드를 통한 간접투자가 크게 유행을 했지만 현재 펀드 가입을 하는 투자자는 별로 없을 것입니다. 대부분 '상장지수펀드'라고 하는 ETF를 통해 효율적인 투자를 하고 있습니다 (사실 ETF도 펀드의 일종이긴 합니다).

그런데 ETF 시장의 원조이자 큰형님이 바로 미국 ETF입니다. 블랙록, 뱅가드, 디렉시온 등 ETF 운용사들이 만든 다양한 ETF가 미국 거래소에 상장되어 있어서 미국 주식을 직접 투자할 경우 해당 ETF를 얼마든지 투자할 수 있습니다. 7장에서 자세히 설명드리겠지만 우리나라는 ETF의 민족이라고 할 만큼 미국 주식 투자 시 ETF를 적극적으로 활용하고 있습니다. 서학개미 거래 상위 ETF 중에는 레버리지와 인버스 ETF도 상당수 포함되어 있어 투기적으로 레버리지 ETF를 투자하는 분들도 많이 보이지만 ETF는 자산배분과 헤지 목적으로도 잘 활용되고 있습니다.

그럼 국내 주식은?

이렇게 초보 투자자들이 왜 미국 주식에 관심을 가져야 하는지 설명을 드렸습니다만 미국 주식 전도사를 자처하면서도 입맛이 영 개운하지 않은 것이 사실입니다. 저 역시도 증권업계에 종사하는 사람으로서 당연히 국내 증시가 좋아지길 누구보다 바라고 있습니다. 국내 주식 투자를 포기하라는 것이 아니라 효율적인 투자 관점에서 미국 주식의 유리함을 인정하고 포트폴리오 관점에서 미국 주식을 활용하는 것이 좋다고 생각합니다. 국내 증시의 아쉬운 문제점들이 빠르게 개선되어 하루속히 국내 투자자들의 귀환이 아닌 외국인들도 매력을 느끼고 찾아오는 시장이 되길 바랍니다.

그런데 막상 미국 주식에 투자하려고 하니 초보자 입장에서는 어떤 기업이 좋은 것인지, 어떻게 기업을 비교하고 분석해야 하는지 막막할 겁니다. 그래서 제가 실제 필드에서 미국 주식을 분석하는 방법을 최대한 직관적이고 심플하게 정리해 보았습니다. 크게 세 가지 틀 안에서 여러분이 궁금한 기업을 분석한다면 미국 주식을 분석하며 투자하는 데 전혀 무리가 없을 것입니다.

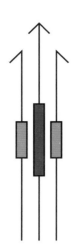

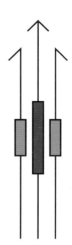

미국 주식 기본적 분석 5분 안에 끝내기

기본적 분석이란?

일반적으로 어떤 기업을 투자 관점에서 분석할 때 두 가지 틀을 사용하는데, 바로 기본적 분석(Fundamental Analysis)과 기술적 분석(Technical Analysis)입니다. 기본적 분석은 기업의 사업구조, 영업 현황, 경영 상태 등 다양한 데이터를 통해 기업의 내재가치(Fundamental)를 판단하는 방법입니다. 재무 분석도 기본적 분석에 포함되는데 회계상의 숫자로 기업을 이해하는 재무 분석은 별도의 분석 과정으로 진행하고 그 전에 종합적인 관점에서 하나의 기업을 이해하고 분석하는 방법을 설명드리도록 하겠습니다.

여러분이 주변에서 어떤 기업의 전망이 좋다는 소리를 자주 듣게 되면 아무래도 '나도 한번 투자해볼까?'라는 생각이 들 수 있습니다. 지극히 자연스러운 현상입니다. 그런데 이런 판단이 들자마자 바로 주식 앱에서 매수 버튼을 누르는 행동은 앞으로는 지양해야 합니다. 여러분이 스스로 어떤 분석도 없이 주변의 의견과 성급한 판단으로 흔히 말하는 '무지성 매수'를 하는 것은 여러분의 자산 증식에 결코 도움이 되지 않는 투자 습관입니다.

어떤 기업을 매수하려고 마음을 먹었을 때 다소 귀찮더라도 정말 이 기업이 좋은 기업인지, 무슨 비즈니스를 하는 회사인지, 리스크는 무엇인지를 각자의 분석 틀에 넣어서 스스로 판단해야 합니다. 저 역시도 기존에 분석을 마친 종목들이 있지만 시장의 변화에 따라 새로운 섹터가 주목을 받을 때, 혹은 새로운 주인공 후보들이 올라올 때는 일단 매수하는 것이 아니라 해당 기업에 대한 분석을 먼저 진행합니다.

그런데 이러한 분석이 너무 오래 걸린다면 투자하기 전부터 진이 빠질 것입니다. 그래서 종목 분석 시에 다양한 경험을 통해 완성된 최소한의 분석틀을 마치 루틴처럼 활용하고 있고 간단한 분석틀을 통해 분석을 마친 종목은 저의 관심종목 리스트로 올라오게 됩니다.

아무래도 제도권에 있으면 양질의 리포트나 자료에 대해 접근성이 더 좋은 것은 사실입니다. 하지만 돈을 받고 일하는 프로의 영역 혹은 전문가의 영역이 아닌 개인투자자 입장에서는 지금부터 설명드릴 분석 루틴 정도만 활용해도 매우 큰 도움이 되실 겁니다.

그럼 이제 글로벌 시가총액 최상위권 기업인 애플을 통해 빠르게 기업 분석하는 과정을 설명드리도록 하겠습니다.

글로벌 마켓 모니터 활용하기

일반적으로 특정 기업을 이해하기 가장 쉬운 방법은 증권사 리서치 센터의 애널리스트가 분석한 리서치 자료를 보는 것입니다. 해당 업종의 전문가가 다양한 자료를 활용해서 정제된 언어로 작성했고 근거 데이터를 함께 볼 수 있으니 제일 유용한 방법일 것입니다.

그런데 증권사 리포트라는 것이 유료는 아니지만 각 증권사마다 개별 홈페이지를 통해 게시되기 때문에 이를 일일이 들어가서 찾아보기는 힘들 수밖에 없는

리포트 조회

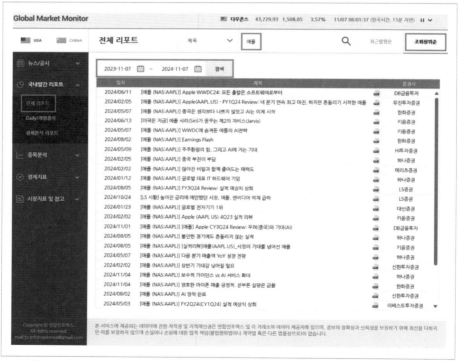

자료: 글로벌 마켓 모니터

데 연합인포맥스에서 제공하는 '글로벌 마켓 모니터(Global Market Monitor)'에 들어가면 앞서 말한 대부분의 증권사 리서치 자료가 업로드되어 있어서 쉽게 확인할 수 있습니다.

글로벌 마켓 모니터 '국내발간 리포트' 메뉴에서 관심 있는 기업의 리서치 리포트를 조회기간 기준으로 최근 3개월에서 길면 1년 정도로 검색해서 시간 역순

기업 개요

자료: 글로벌 마켓 모니터

으로 읽어보세요. 다소 시간은 걸리겠지만 가벼운 마음으로 쭉쭉 보다 보면 해당 기업의 이슈와 과거, 현재 상황을 입체적으로 이해할 수 있습니다. 저도 생소한 기업을 분석할 때 초기에는 이런 '노가다(?)' 방식으로 접근을 하는데요. 처음에는 생소하던 개념도 리포트 속에서 반복 노출되면서 익숙해지고 기업의 업황과 투자 포인트까지 파악할 수 있습니다.

이런 시간적 여유가 부족한 경우에는 글로벌 마켓 모니터의 '종목분석' 메뉴를 활용하면 개략적으로 해당 기업을 이해하는 데 도움이 됩니다.

하나의 기업을 이해할 때 기본적으로 살펴봐야 할 데이터는 다음과 같습니다.

설립 연도와 상장일: 설립 연도는 존속기간을 유추해서 해당 기업의 업력을 파악할 수 있고 상장일을 통해서는 설립 이후 IPO 시점과 차트상 분석이 가능한 시작점을 확인할 수 있습니다.

본사, 대주주(주요주주), 산업분류: 본사는 해당 기업의 국적을 확인하기 위해, 대주주 및 주요주주는 지배구조를 파악하기 위해, 산업분류는 대략적인 업종을 확인하기 위해 참고합니다.

시가총액, PER, 배당수익률: 시가총액은 해당 기업의 사이즈를 확인할 수 있는 매우 중요한 데이터입니다. PER은 현재 주가가 이익 대비 얼마나 평가받고 있는지 확인할 수 있는 밸류에이션 지표입니다. 배당수익률도 미국 주식에 투자하는 데 있어서 꼭 확인해야 할 중요한 데이터입니다.

해당 내용을 기준으로 '애플(AAPL)'이란 기업을 아래와 같이 정리할 수 있습니다.

설립 연도		1976년	상장일		1980.12.12
본사	미국 쿠퍼티노	대주주	아서 레빈슨 / 뱅가드	산업분류	IT
시가총액	$3.3T	PER	36배	배당수익률	0.44%

매출 구성

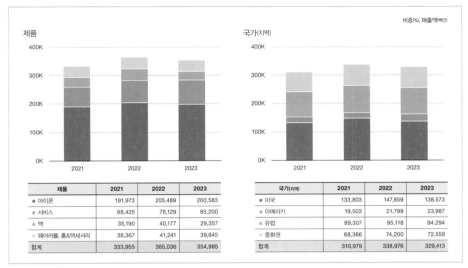

비중(%), 매출액(백만)

제품	2021	2022	2023
● 아이폰	191,973	205,489	200,583
● 서비스	68,425	78,129	85,200
● 맥	35,190	40,177	29,357
● 웨어러블, 홈&액세서리	38,367	41,241	39,845
합계	333,955	365,036	354,985

국가(지역)	2021	2022	2023
● 미국	133,803	147,859	138,573
● 아메리카	19,503	21,799	23,987
● 유럽	89,307	95,118	94,294
● 중화권	68,366	74,200	72,559
합계	310,979	338,976	329,413

자료: 글로벌 마켓 모니터

애플은 1976년 설립되어 1980년에 상장된 60년이 훌쩍 넘은 기업으로 미국 캘리포니아 쿠퍼티노에 본사가 위치해 있으며 주요주주 현황을 보면 일반주주로 현 애플 의장인 아서 레빈슨이 0.3%로 주식수가 가장 많고 기관투자자를 포함하면 운용사인 뱅가드가 8% 수준으로 가장 큽니다. 시가총액을 보면 3조 달러가 넘는 글로벌 시가총액 최상위 수준이며 PER은 다른 빅테크와 비슷한 수준인 36배이고 주당 0.44% 수준의 배당을 주고 있습니다.

기본적 분석을 할 때에는 해당 기업의 매출 구성과 사업 현황도 함께 파악하시면 좋습니다. 해당 기업이 현재 무슨 비즈니스를 주로 하고 있는지 확인하고 글로벌 기업으로서 지역별 매출도 체크해봅니다.

애플의 경우 아이폰 관련 매출이 가장 비중이 크고 맥(Mac)이나 애플와치, 에어팟 등 웨어러블 기기의 매출도 중요한 비중을 차지하고 있습니다. 그리고 제품 매출 비중 못지않게 서비스 매출 비중이 지속적으로 성장하는 추이도 함께 확인할 수 있습니다. 지역별 매출 현황을 보면 미국의 비중이 가장 크고 유럽과 중국의 비중이 그다음을 차지하고 있습니다.

투자 포인트 잡기

개략적인 기업 개요를 정리하고 나면 해당 기업의 최근 관련 이슈들을 통해 투자 포인트를 정리합니다. 앞서 설명드린 대로 기업 리서치 리포트를 통해 투자 포인트를 추출하거나 해당 기업의 실적발표 자료, 뉴스 및 다양한 분석 자료를 참고할 수 있습니다.

투자 포인트는 말 그대로 본인의 투자 판단에 있어 핵심 근거가 되는 사항이기 때문에 해당 기업의 주식을 산 이후에도 해당 이슈를 지속적으로 점검하면서 투자 포인트상 판단 근거가 변하지 않았는지 체크하는 것이 매우 중요합니다.

기업 개요는 거의 변화가 없지만 외부환경과 기업의 내부적 대응에 따라 시기적으로 투자 포인트가 변경될 수 있기 때문에 이러한 부분은 투자 초기부터 지속적으로 업데이트하는 습관을 만드는 게 좋습니다. 이러한 습관은 시장이 흔들릴 때 뇌동매매를 방지하는 데 큰 도움이 됩니다. 다소 번거롭더라도 투자는 꼼꼼한 사람이 성공할 확률이 좀 더 높다는 사실을 유념하기 바랍니다.

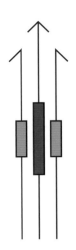

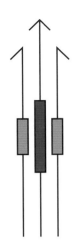

미국 주식 재무 분석 5분 안에 끝내기

기업의 재무제표는 크게 손익계산서, 재무상태표, 현금흐름표로 이루어져 있습니다만 미국 주식 초보자가 이를 이해하는 데는 어려움이 따릅니다. 따라서 최대한 직관적으로 기업을 이해하는 툴이 필요한데요. 제 경험에 비추어보았을 때 모든 재무제표 데이터를 확인할 필요는 없고 재무비율의 특정 데이터만 보아도 미국 주식 초보자 입장에서 기업을 어느 정도 이해하는 데는 충분하다고 생각합니다.

성장성 파악: 매출액 증가율, 영업이익 증가율

일단 이 기업이 성장하고 있는지 확인해봐야 합니다. 기업의 성장하고 있는 확인하는 데이터가 바로 매출액 증가율과 영업이익 증가율입니다. 이 데이터가 연간

재무비율표

계정/결산년월	2019/09	2020/09	2021/09	2022/09	2023/09	Trend
매출액 증가율	-2.20	5.46	33.44	7.79	-2.80	.ı.ı.
영업이익 증가율	-10.98	3.32	66.74	9.63	-4.30	.ı.ı.
순이익 증가율	-7.18	3.90	64.92	5.41	-2.81	.ı.ı.
영업이익률	24.33	23.83	29.78	30.29	29.82	ıılll
세전이익률	25.29	24.47	29.85	30.20	29.67	ıılll
순이익률	21.25	20.94	25.88	25.31	25.31	ıılll
EBITDA 마진율	28.67	27.87	32.87	33.10	32.83	ıılll
자기자본이익률	55.92	73.69	147.44	175.46	171.95	..ıll
총자산이익률	15.69	17.33	28.06	28.36	27.50	..ıll
이자보상비율	17.69	22.74	41.19	40.75	29.06	..ıll
매출총이익률	37.58	37.94	41.78	43.31	44.13	ıılll
유동비율	1.54	1.36	1.07	0.88	0.99	llı..
총자산대비총차입금비율	31.92	37.75	38.89	37.56	35.15	ılll l
당좌비율	1.50	1.33	1.02	0.85	0.94	llı..
총자산대비장기부채비율	46.24	57.06	59.81	59.90	57.26	.ılll
자본대비장기부채비율	101.46	163.84	189.22	216.50	171.45	.ılll
총자산회전율	0.74	0.83	1.08	1.12	1.09	.ılll
재고자산회전율	40.25	41.67	40.03	38.79	37.98	lllll
매출채권회전율	5.48	6.59	8.23	7.01	6.29	.ılıl
판매관리비율	13.26	14.10	12.00	13.02	14.31	lılıl
PER	18.41	34.28	26.17	24.61	27.91	.lııl
PBR	10.74	29.17	38.25	47.33	42.84	.ılll

자료: 글로벌 마켓 모니터

으로 수치가 올라가는지, 어느 정도 수치인지 확인하고 분기 데이터상의 변화도 함께 체크해주세요. 두 자릿수 성장이 지속된다면 매우 긍정적이라고 할 수 있습 니다.

효율성 파악: 영업이익률

보통 성장성이 좋다는 것은 그 회사가 영위하고 있는 업황이 좋다는 뜻이기도 합니다. 아무리 기업의 개인기가 뛰어나다고 해도 사양산업에서 높은 성장이 나 오기는 어렵습니다. 그런데 업황을 좋고 나쁨을 넘어서서 이 기업이 정말 잘하는

지 보려면 영업이익률, 즉 마진을 확인해야 합니다.

기본적으로 회사는 영리회사(營利會社)이고 영리회사의 목적은 이윤 추구이기 때문에 장사를 잘해야 합니다. 장사를 잘하는 것은 마진을 잘 남기는 것인데 매출만 크고 비용관리가 잘 되지 않아서 영업이익(매출-비용)이 초라하다면 그 기업은 빛 좋은 개살구일 가능성이 높습니다. 보통 두 자릿수 마진은 되어야 하고 30% 이상은 긍정적으로 봅니다. 그러나 업종 상황에 따라 평균 마진율은 차이가 있으므로 피어그룹(동종업종 기업) 간에 비교를 해야 정확한 판단을 할 수 있습니다.

밸류에이션 파악: PER

기업의 성장성과 효율성을 확인했다면 시장이 이 기업을 어떻게 평가하는지 보아야 합니다. 물론 위험성 요인도 재무제표로 확인할 수 있으나 초보자 입장에서 위험성 데이터를 분석하는 것은 다소 까다로울 수 있습니다. 이런 과정을 사전에 제거하기 위해 가급적 우량종목, 시가총액이 큰 1등주 위주로 접근하는 것이 좋습니다. 나중에 내공을 더 쌓아서 위험성 분석도 여러분의 분석 툴에 꼭 채워 넣길 바랍니다.

일반적으로 사용하는 밸류에이션(가격 평가) 지표로는 PER이 있습니다. 최근 PER이 일정 수준을 유지하는지, 급격히 높아졌는지 아니면 떨어졌는지를 확인합니다. PER도 마찬가지로 절대적 평가와 상대적 평가를 함께 해야 하는데 지수 평균이나 업종 평균 PER을 보고 비교할 수 있습니다. 일반적으로 코스피의 평균 PER은 15배이고 미국 에센피 지수의 평균 PER은 25배 수준이니 애플의 PER

30배는 지수보다 약간 높은 수준으로 볼 수 있습니다만 빅테크의 평균 PER과는 비슷한 수준입니다.

PER[Price Earnings Ratio]: 주가수익비율
현재 주가를 주당순이익(EPS)으로 나눈 값으로 현재 주가가 주당순이익의 몇 배인가를 나타내는 지표입니다. 현재 주가의 고평가 여부를 나타내는 지표로 활용됩니다.

어떤 종목은 PER이 100배가 넘어가는 경우도 있는데 그만큼 시장에서 핫하거나 고평가된 것일 수도 있으니 신중히 판단해야 합니다. PER을 계산할 때 사용되는 EPS는 보통 '예상 EPS'를 사용하는데 이번 분기 실적발표에서 다음 분기 실적 예상치가 높게 나올 경우 주가가 올라도 PER 지표가 하락할 수 있습니다. 주가가 오르면 PER이 함께 올라서 부담스럽지만 분모에 영향을 미치는 이익성장률이 분자의 영향을 미치는 주가상승률보다 높으면 PER이 감소하게 되는데 이는 매우 이상적인 상황이라고 볼 수 있습니다.

실적발표 보는 법

인베스팅닷컴(kr.investing.com)에서 기업 검색 후 '재정 상황'의 '실적' 탭을 확인하면 어닝 발표 시에 가장 중요한 데이터인 주당순이익과 매출액 결과를 중심

애플 실적발표 내용

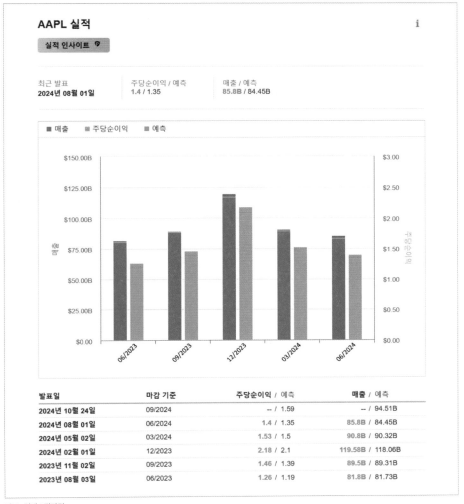

AAPL 실적

실적 인사이트 🔞

최근 발표	주당순이익 / 예측	매출 / 예측
2024년 08월 01일	1.4 / 1.35	85.8B / 84.45B

■ 매출　■ 주당순이익　■ 예측

발표일	마감 기준	주당순이익 / 예측	매출 / 예측
2024년 10월 24일	09/2024	-- / 1.59	-- / 94.51B
2024년 08월 01일	06/2024	1.4 / 1.35	85.8B / 84.45B
2024년 05월 02일	03/2024	1.53 / 1.5	90.8B / 90.32B
2024년 02월 01일	12/2023	2.18 / 2.1	119.58B / 118.06B
2023년 11월 02일	09/2023	1.46 / 1.39	89.5B / 89.31B
2023년 08월 03일	06/2023	1.26 / 1.19	81.8B / 81.73B

자료: 인베스팅닷컴

으로 이전치, 예측치, 결과치를 보여줍니다. 마치 경제지표 발표처럼 핵심 데이터만 확인할 수 있어서 어닝 플레이에 유용하게 활용되기도 합니다.

　기본적으로 '주당순이익'은 순이익 데이터를 주가로 나눈 것이기 때문에 기업의 한 주당 얻을 수 있는 이익의 가치이며 이 수치가 마이너스란 것은 적자 기업이고 이 수치의 성장은 바로 이익의 성장, 즉 기업이 영업을 잘했다는 의미이기도 합니다. 그리고 '매출'은 이 회사가 이번 분기에 벌어들인 돈으로 해당 기업의 성과와 업황을 함께 판단할 수 있습니다.

종종 실적발표 시에 두 수치가 엇갈리는 경우가 생기는데 이럴 때는 좋은지 나쁜지 쉽게 판단하기 어렵기 때문에 복합적으로 해석해야 할 수도 있습니다. 예를 들어 매출은 예상치를 상회했으나 주당순이익이 예상치를 하회한다면 다행히 시장은 성장하고 있어 해당 기업의 매출은 올라갔으나 기업이 효율적으로 장사를 하지는 못해 매출 대비 남긴 이익이 부족하다고 해석할 수 있습니다. 반대로 매출은 예상치를 하회했으나 주당순이익이 예상치를 상회했다면 업황은 기대만큼 좋지 않았지만 기업이 효율적으로 장사를 해서 그나마 선방을 한 것으로 해석할 수 있습니다.

구글에서 미국 기업 실적발표 자료 확인하는 법

구글 검색화면에서 해당 기업 '상품코드' 뒤에 earnings call을 붙여서 검색하면 해당 기업의 IR
관련 페이지로 들어가서 실적발표 프레젠테이션 자료를 직접 확인할 수 있습니다. 실적발표 내용
뿐만 아니라 실적발표를 통해 해당 기업이 강조하고 싶은 부분을 확인할 수 있는 유용한 자료입니
다. 한 가지 팁을 드리자면 영어로 나와 있더라도 부담 갖지 말고 챗GPT를 활용해서 번역이나 요
약에 도움을 받으면 좋습니다.

구글 검색 – 팔란티어 어닝콜 자료 찾기

미국 주식 차트 분석
5분 안에 끝내기

차트 분석, 너무 어렵게 생각하지 마세요

기술적 분석을 '차트 분석'이라고도 하는데 차트를 통해 매수·매도 타이밍과 목표가, 손절가를 정하는 데 사용됩니다. 주식 투자 초보자분들에게 차트 분석은 매우 까다로운 영역일 수 있는데요. 우리는 시간을 길게 두고 투자하는 것을 지향하기 때문에 차트 분석에 대해 전문가가 될 필요는 없습니다. 핵심적인 부분만 체크하여 투자 판단에 활용하면 됩니다. 여기서 꼭 알아야 할 차트 분석의 개념은 지지선과 저항선, 추세선, 이동평균선, 거래량 정도입니다. 참고로 단기투자자의 경우 차트 분석을 좀 더 민감하게 활용하게 됩니다.

이동평균선

일단 차트는 하루하루가 하나의 캔들로 이루어진 일봉 차트와 한 주가 하나의 캔들인 주봉 차트를 통해 분석합니다. 전체적인 큰 흐름을 판단하기에는 주봉 분석이 좀 더 유용합니다. 차트 분석할 때 쓰는 보조지표 중에는 가장 기본적인 지표인 이동평균선을 활용할 예정입니다.

이동평균선은 주가를 산술평균해 연결하여 만든 선으로 전반적인 주가 흐름을 파악하고 주가 추이를 전망하는 데 이용합니다. 많은 투자자들이 활용하기 때문에 이동평균선 자체가 지지와 저항의 역할을 하기도 하는데 앞서 간단히 설명드린 밀림의 사자(=밀리면 사자) 전략에서 사용하는 눌림목(지지받는 자리)의 기준도 이동평균선을 활용하고 있습니다.

일반적으로 증권사 HTS에 이동평균선이 디폴트(기본) 값으로 세팅되어 있을 텐데 이를 약간만 수정하도록 하겠습니다. 50일과 200일 이동평균선만 남겨두도록 하겠습니다. 투자의 대가인 윌리엄 오닐이나 알렉산더 앨더의 트레이딩 서적에 보면 이동평균선의 기준으로 10일선, 50일선, 200일선을 주로 활용하고 있고 저도 이 부분을 차용해 차트 분석에 활용하고 있습니다. 기본적으로 설정되어 있는 5개의 이동평균선 대신에 50일과 200일선을 활용하는 경우에는 중기와 장기의 시장 흐름에만 집중하기 때문에 중장기적 관점에서 주가 흐름을 판단하기에 용이합니다.

애플 주봉 – 50일, 200일 이동평균선 세팅

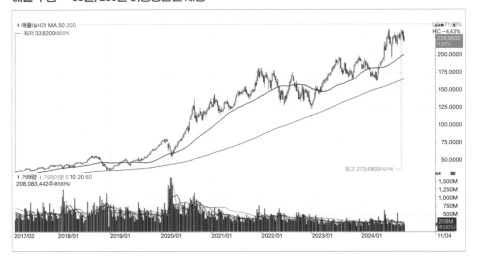

지지선과 저항선

이동평균선을 세팅하면 전체적인 차트 추이를 한 번에 파악할 수 있습니다. 그리고 이어서 특정 가격대를 중심으로 반복에서 터치가 되는 지점을 찾아 수평선을 그립니다.

차트를 볼 때 캔들이 특정 가격대에서 하방으로 돌파하지 못하고 부딪혀서 반등하는 지점을 지지선이라고 하고 특정 가격대에서 상방으로 돌파하지 못하고 부딪혀서 떨어지는 지점을 저항선이라고 합니다. 차트 분석의 기초이기도 한데 일반적으로 돌파된 지지선과 저항선은 새로운 지지선과 저항선의 역할을 하기 때문에 중요한 공방 자리로서 매매 판단 시에 매우 유용하게 활용됩니다.

애플 주봉 - 중요 가격대 세팅

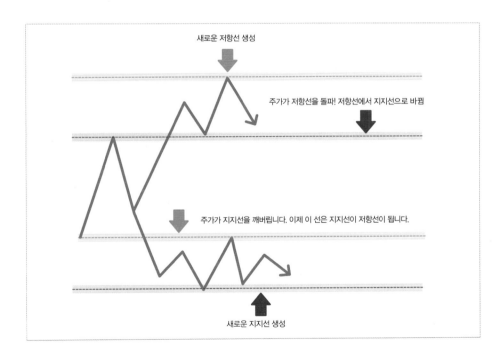

애플 주봉 - 상승 추세선

추세선

　중요한 가격대가 수평선을 기준으로 나타나기도 하지만 사선의 형태로도 분석을 해야 합니다. 차트를 보게 되면 가격 흐름이 일정 기간 동안 같은 방향으로 움직이는 경향이 있는 것을 확인할 수 있는데 이를 '추세'라고 하고 이를 차트에 직선으로 나타낸 것이 추세선입니다.

　상승 추세선은 두 개 이상의 저점을 연결해놓은 추세선으로 지지선 역할을 하며, 하락 추세선은 두 개 이상의 고점을 연결해놓은 추세선으로 저항선의 역할을 합니다.

인텔 일봉 - 하락 추세선

거래량

거래량 지표를 보는 핵심은 특정 저항대를 돌파할 때 거래량 상승이 동반되는 지 확인하는 것입니다. 기존에 유지되었던 저항선이 강한 거래량을 동반하면서 돌파되는 것은 매우 강력한 매수의 신호이며 이때 돌파된 저항선은 강력한 지지선 으로 변화될 확률이 높습니다.

다음 팔란티어(PLTR)란 기업의 경우도 2024년 2월 실적발표 시점에 이전에 없 던 강한 거래량이 동반되면서 저항선인 20달러를 돌파하고 추세적인 상승세가 이 어졌으며, 이때 돌파된 20달러 라인은 매우 강력한 지지선으로 작용했습니다.

차트 분석 시 거래량이 평소보다 크게 늘어나면서 의미 있는 지점에서 돌파 및 저항이 일어난다면 해당 움직임의 신뢰도가 더 높아진다고 생각하면 좋습니다.

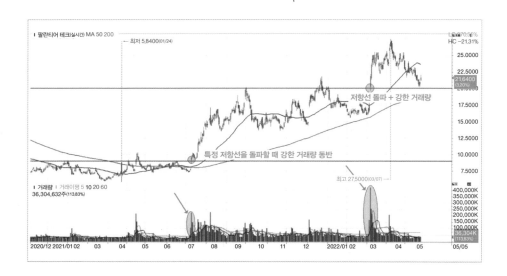

팔란티어 테크(실시간) MA 50 200 — 최저 5,8400(01/24)
L0270.56%
HC −21.31%
저항선 돌파 + 강한 거래량
특정 저항선을 돌파할 때 강한 거래량 동반
최고 27,5000(03/07) →
거래량 / 거래이평 5 10 20 60
36,304,632주(113.83%)

목표가와 손절가

　주식 투자할 때 일단 매수 버튼을 누르고 이후 대응에는 관심을 크게 갖지 않
는 경우가 많습니다.

　하지만 투자는 결코 내 예상대로만 움직이지 않기 때문에 사후 대응, 즉 어느
가격에 수익을 실현하고(목표가) 어느 가격에서는 손실을 확정하고 빠져나올지(손
절가)에 대한 생각을 미리 해야 합니다.

　목표가와 손절가에 대한 기준은 매우 다양하지만 한 가지 방법을 설명드리자
면 목표가는 일반적으로 전고점(혹은 저항선) 라인에서 잡고 손절가는 중요한 지
지라인으로 잡는 것이 무난합니다. 앞서 언급한 것처럼 지지선과 저항선에서는
매수와 매도 판단이 집중적으로 이루어지기 때문에 차트가 멈추는 지점, 일종의
'정거장'으로 활용됩니다.

초보자가 미국 주식에 투자하는 데 있어서 매우 기본적인 내용의 차트 분석을 다루어보았습니다. 초보자의 경우 위의 내용만 숙지하더라도 투자하는 데 큰 어려움이나 실패는 없을 것이라 생각됩니다. 다만 개인적으로 차트 분석이 매우 흥미롭고 좀 더 심화적인 내용을 공부하고 싶다면 차트 분석에 관한 책과 트레이딩 관련 서적을 통해 보강하면 좋을 것 같습니다.

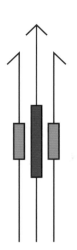

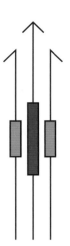

미국 주식 거래 시
꼭 알아야 할 기본 정보

미국 주식과 세금

미국 주식은 국내 주식에 비해 불리한 세금 구조를 가지고 있습니다. 바로 22%의 양도소득세가 '분리과세' 됩니다. 여기서 확인할 수 있는 것은 ① 세율이 22%나 된다는 것이고, ② 이것이 양도소득으로 구분되고, 그리고 ③ 분리과세가 적용된다는 것이죠.

미국 주식에 투자해서 수익이 나면 어떻게 될까요? 사실 매도하지 않으면 수익이 아무리 커도 세금을 내지 않습니다. 양도소득, 즉 매도하여 확정된 수익에 대해서만 해당 연도를 기준으로 세금을 부과합니다. 예를 들어 2024년 한 해 동안 매도까지 마무리해서 500만 원의 수익이 발생할 경우 250만 원을 공제하고 나머지 250만 원에 대해 22%의 양도세가 부과되며 다음 해 5월에 국세청에 자진신고를 해서 납부합니다. 일반적으로 거래하는 증권사에서 '양도소득세 납부대행 서비스'를 제공하고 있으니 이 점을 활용할 수 있습니다.

다행인 점은 미국 주식 양도소득세가 분리과세라는 점입니다. 분리과세가 아니라면 종합과세에 포함되어 이자 배당수익이 1년에 2,000만 원이 넘는 종합소득과세 대상자는 자칫 50% 가까운 세율로 세금을 내야 할 수도 있습니다. 그러나 미국 주식은 분리과세로 종합과세에 포함되지 않고 22%로 고정된 세율의 세금만 내면 됩니다.

- **국내 주식은 거래세: 거래 시마다 세금 누적**
- **미국 주식은 양도소득세: 수익 청산 시 세금 부과**

미국 주식과 환전

미국 주식은 미국 거래소에 상장되어 있는 주식이기 때문에 당연히 달러로 거래됩니다. 주식의 가격(호가)도 당연히 달러로 표시되어 있습니다. 그래서 국내 투자자인 우리는 원화를 달러로 환전해야 미국 주식 매수가 가능합니다. 그런데 환율은 시시각각으로 변화하기 때문에 주가의 시세차익 외에도 환차손익에 따라 투자성과가 영향을 받게 됩니다.

미국 주식 투자자가 점점 늘어나면서 대부분의 증권사들은 원화 증거금 서비스 혹은 가환전 서비스를 제공하고 있습니다. 따라서 투자자가 환전하지 않아도 달러로 계산해서 미국 주식을 매수할 수 있습니다. 거래하는 증권사에 원화 증거금 서비스 혹은 가환전 서비스를 신청해서 미국 주식 매수 시에 환전의 번거로움 없이 거래하기 바랍니다.

거래시간과 서머타임

한국 증시의 거래시간은 오전 9시부터 오후 3시 30분까지입니다. 미국 주식도 로컬 시간에 맞춰서 거래시간이 정해져 있습니다. 그리고 일반적으로는 해당 시간에만 거래에 참여할 수 있는데 아무래도 그 시간이 보통 국내 투자자들의 활동 시간보다는 상당히 늦은 시간이기 때문에 원활한 거래가 어려운 측면이 있습니다.

서구권에서는 서머타임이란 제도가 있는데 더운 여름 기간에는 장 운영 시간을 1시간 일찍 하게 됩니다. 서머타임 실시 기간인 3월 중순에서 11월 초에는 한국 시간 22시 30분에 시작해서 다음 날 아침 5시에 종료가 됩니다. 서머타임이 해제되는 11월 중순부터 3월 중순까지는 한국시간 23시 30분에 시작해서 다음 날 아침 6시에 종료가 됩니다.

보통 미국 주식 투자할 때 미국의 개장은 많이 보는데 마감(장종료)까지 확인하는 것은 쉽지가 않습니다. 그러면 밤을 샜다는 얘기가 되죠. 저도 간혹 FOMC 같은 대형 이벤트에 알람을 맞춰놓고 새벽 3시에 일어나서 차트를 보는 경우가 있지만 정상적인 투자 생활이라고 보기는 어렵습니다.

미국 주식 장기투자자의 경우 매번 장을 확인할 필요는 없기 때문에 주간(낮)에 예약주문을 걸어놓거나 개장 초반에 호가를 확인하고 주문을 넣는 경우가 대부분입니다. 최근에 국내 증권사들 사이에서 주간거래 서비스가 도입되었는데 서학개미들의 거래 편의성이 크게 개선되었으며 실제 거래량 상승에도 도움이 되었습니다. 미국의 대체거래소에서 주간거래 호가를 제공하여 한국 시간 오전 10시부터 오후 4시까지도 실시간 호가를 보면서 거래할 수 있습니다. 다만 8월 5일 급락장에서 대체거래소의 주문거부 이슈가 생기면서 현재는 주간 거래 서비스를 무기한 보류한 상황입니다.

휴장

　미국 주식은 당연히 미국 거래소에 상장되어 있기 때문에 부활절이나 추수감사절 같은 미국 휴일에는 거래소 역시 휴장이라 거래를 할 수 없습니다. 반면 국내 설날 연휴나 추석 연휴의 경우 미국은 관계없이 거래가 이루어지기 때문에 서학개미 입장에서는 국내 휴일과 미국 휴일을 함께 점검할 필요가 있습니다.

미국 주식 휴장 일정

휴장	날짜(2024년 기준)	비고
새해 첫날	1월 1일	
마틴 루터 킹 데이	1월 15일	
대통령의 날	2월 19일	
성금요일(부활절)	3월 29일	금요일
메모리얼 데이	5월 27일	5월 마지막 주 월요일
준틴스 데이	6월 19일	
독립기념일	7월 4일	
노동절	9월 2일	9월 첫째 주 월요일
추수감사절	11월 28일	11월 넷째 주 목요일
크리스마스	12월 25일	

2장

탄탄한 전략과
포트폴리오 만들기

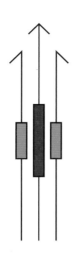

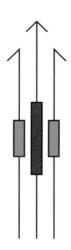

본인의
투자성향을 파악하자

미국 주식 투자에는 다양한 투자 스타일이 있습니다. 보수적인 배당 투자도 있고 제도를 활용한 절세투자도 있습니다. 레버리지 ETF를 활용한 공격적인 투자도 있고 주도주에 집중하는 모멘텀 투자, 개별 종목보다는 인덱스를 선호하는 인덱스 투자도 있습니다. 이렇듯 투자법이 매우 다양하기 때문에 자신에게 맞는 투자를 잘 찾아야 투자의 성공 확률도 높아집니다.

자신에게 맞는 투자를 하는 것은 오랜 기간 동안 성공적인 투자를 하기 위해서도 중요합니다. 짧은 시간 잠깐 동안 미국 주식 투자를 하려는 분들이 이 책을 사서 공부하는 것은 아닐 겁니다. 미국 주식에 매력을 느끼고 희망을 갖고 있기 때문에 미국 주식에 여러분의 열정을 불태우고 있다고 생각합니다.

어쩌면 미국 주식이 여러분의 평생 친구가 되어야 할지도 모릅니다. 그렇다면 자신에게 맞는 투자 방법을 찾아가는 것이 무엇보다 중요할 것입니다. 자신에게 맞는 투자라고 했을 때 가장 먼저 확인해야 하는 것이 본인의 '투자성향'입니다.

투자성향별 기대수익률과 투자위험

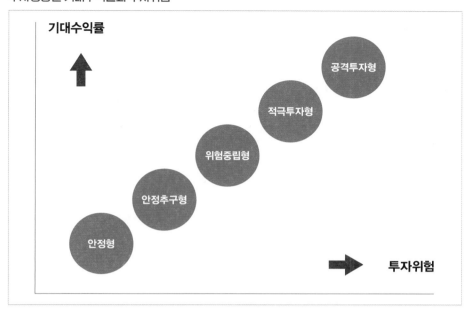

일반적으로 연령대가 낮으면 공격적이고 연령대가 높으면 보수적이라고 생각하지만 제가 필드에서 느끼는 바는 그렇게 단순하지가 않다는 것입니다. 사람마다 성향은 매우 다양한 법이고 자신이 꽂히는 투자, 잘할 수 있는 투자법도 사람마다 다를 수 있습니다.

일반적으로 증권사 계좌를 개설할 때 필수적으로 '투자성향 파악'을 하게 되는데 이를 활용해서 본인의 투자성향 등급을 확인할 수도 있습니다. 투자자들이 제공한 정보를 바탕으로 투자성향을 성장형, 성장추구형, 위험중립형, 안정추구형, 안정형 등으로 구분하게 됩니다. 이 책을 구성할 때 앞부분은 비교적 보수적이고 방어적인 투자법을 정리했고 뒷부분으로 갈수록 공격적이고 적극적인 투자법을 배치했기 때문에 이 점을 참고해서 본인의 투자성향과 잘 매칭되는 투자법을 집중적으로 공부하면 좋습니다.

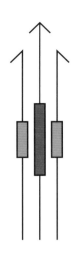

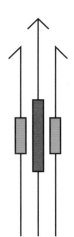

자신의 투자기간, 목표, 현금흐름에 따른 전략 세우기

자신의 투자성향을 파악했으면 자신이 처한 상황에 대한 이해도 필요합니다. 미국 주식 투자를 시작해서 언제 이 투자금을 사용해야 하는지에 대한 계획을 미리 정해놓아야 합니다. 여유자금으로 투자하는 경우 장기적인 관점에서 투자를 하기 용이하지만 학자금, 주택자금, 노후자금 등 특정 시기에 사용해야 하는 목돈인 경우 투자기간을 정해놓고 투자 회수시점에 맞춰서 전략적으로 투자해야 합니다. 단기간인 경우 단기에 맞는 투자법을 써야 하며 장기적 관점의 투자와 투자금의 경우는 장기투자에 적합한 투자법을 사용해야 효율이 좋고 낭패를 보지 않습니다.

물론 돈이 넉넉해서 여유롭게 투자하는 것이 좋겠지만 현실은 녹록하지가 않습니다. 내가 벌어들이는 소득에서 지출을 제외하고 투자를 해야 하기 때문에 현재 투자할 수 있는 투자자금(목돈 투자) 외에 정기적으로 투자에 투입할 수 있는 현금흐름(적립식 투자)을 잘 관리하는 것도 매우 중요합니다.

2부에서 본격적으로 언급할 미국 주식 투자법 중 '배당주 투자법'이나 '소수점 적립식 거래 투자법'은 일정한 현금의 흐름을 확보하여 투자를 하는 방식이기 때문에 자신의 현금흐름 관리가 매우 중요합니다.

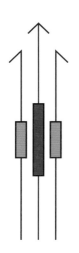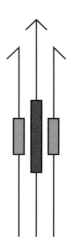

나를 위한 최적의
포트폴리오 구성하기

자신의 투자성향에 대해 정확히 이해하고 나의 투자환경에 대한 정확한 분석이 이루어졌으면 다양한 투자법을 공부하면서 자신만의 최적의 투자 포트폴리오를 만들 일만 남았습니다. 투자는 결코 정적인 행위가 아닌 동적인 과정입니다. 즉 투자를 시작함으로써 끝나는 것이 아니라 시장상황에 대응하며 지속적으로 관리하는 것이 매우 중요하고 그 과정 속에서 투자자의 경험에 따른 실력이 늘어나게 되는 것입니다.

지금 미국 주식을 처음 접하는 초보자일지라도 전문가의 마음으로 투자를 시작하고 투자 포트폴리오를 관리하게 된다면 1년 뒤, 5년 뒤, 10년 뒤 여러분의 투자 내공은 사뭇 달라져 있을 것이고 계좌도 상당히 견고해질 것입니다. 물론 투자가 이렇게 공부할 것이 많고 시작하고 나서도 손이 많이 간다는 점이 불편할 수도 있겠지만, 제가 단언하건대 여러분이 투자에 진지하게 임하는 순간 그러한 행동은 자연스럽게 이루어질 것입니다.

왜냐하면 앞으로 여러분의 투자가 매우 설레고 재밌다고 느껴질 것이기 때문입니다. 투자의 최고의 보상은 '수익'입니다. 여러분의 계좌가 지속적으로 살이 찌고 있다면 자연스럽게 흥미가 샘솟을 것입니다. 이 단계가 지나면 이제부터는 수익뿐만 아니라 리스크도 고려해 앞으로 닥칠 수 있는 풍파에 충분한 대비도 해보기 바랍니다.

2부에는 무려 49가지나 되는 다양한 미국 주식 투자법들이 준비되어 있습니다. 마치 다양한 요리 레시피가 눈앞에 준비되어 있고 이를 통해 최고의 만찬을 차리는 것처럼 이 책을 통해 이제 여러분만의 최적의 투자 만찬을 차려보기 바랍니다. 사실 49가지나 되는 투자법을 정리하는 데는 다소 어려움이 있었습니다. 하지만 미국 주식 초보자를 위해 다양한 투자 선택지를 정리한 책이 필요하다는 고민이 있었습니다.

미국 주식 투자법을 유형별·단계별로 정리했으니 다양한 미국 주식 투자전략에 대해 전반적으로 숙지하기 바랍니다. 여러분의 상황과 시장상황에 맞게 적용하고 자신에게 가장 적합한 투자법을 더욱더 발전시키면 여러분은 이제 미국 주식 초보자가 아니라 미국 주식 고수가 되어 주변에 선한 영향력을 펼칠 수 있을 겁니다.

2부

초보자도 수익 내는
미국 주식 투자법
49가지

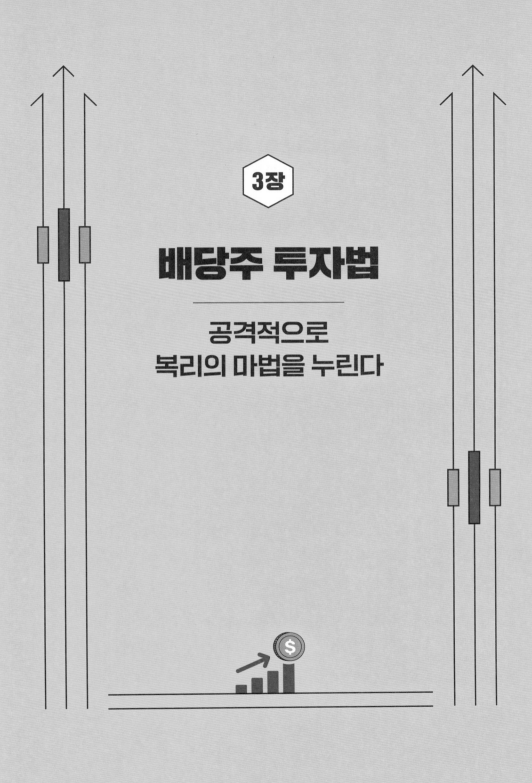

3장

배당주 투자법

공격적으로
복리의 마법을 누린다

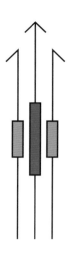

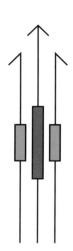

이런 사람에게
적합하다

배당 투자는 미국 주식 투자에 있어서 한 영역을 차지하고 있는 투자법입니다. 서점에 가면 배당 투자만을 주제로 쓰인 책을 종종 볼 수 있으며 유튜브에서도 배당 투자를 중심으로 배당 관련 정보들을 공유하는 채널이 있습니다. 그만큼 많은 투자자들이 공감하고 애정하는 투자법인데 과연 어떤 차별화된 매력을 가지고 있을까요?

일반적으로 배당주는 방어적인 투자로 알려져 있습니다. 대표적인 방어주로 배당주를 꼽기도 합니다. 그만큼 배당주 투자는 공격적이기보다는 보수적인 성격의 투자로 분류됩니다. 그렇다면 배당 투자의 수익이 다른 공격적인 투자법에 비해 적을까요?

다른 공격적인 투자법에 비해 배당 투자의 초기 성과는 낮아 보일 수 있습니다. 그러나 장기적인 관점에서 꾸준하게 투자할 수만 있다면 시간이 지날수록 무서운 속도로 자산 속도가 불어나는 것이 배당 투자이기도 합니다.

배당 투자는 단순한 방어적·보수적 투자법이라기보다는 '대기만성형 투자법'입니다. 시세차익보다는 배당수익에 집중하며 여기서 나오는 현금흐름을 재투자하면서 장기의 복리 효과를 누리는 것이 핵심이기 때문에 끈기 있고 보수적인 투자자에게 적합합니다.

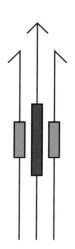

배당 투자의 기본
시세차익 + 배당수익

배당이란?

기업은 사업을 통해 돈을 벌게 되는데 이를 영업이익이라고 합니다. 영업이익은 기업의 미래를 위해 재투자를 하거나 유보하고 나머지를 주식을 가진 주주에게 돌려주어야 하는데 이것이 바로 배당입니다.

미국 주식 장기 우상향의 비밀: 배당

1부에서 미국 주식의 장기적인 우상향의 본질적인 원인으로 주주환원정책을 꼽았고 그 수단이 자사주 매입, 소각(buyout)과 배당입니다. 모든 기업이 산업의 성장 사이클에 계속 있을 수 없기 때문에 영업을 잘하고 꾸준한 수익을 내는 좋은 기업이라 하더라도 끊임없이 성장할 수는 없습니다.

완숙기업의 경우 이미 경쟁우위를 차지하고 있고 성장산업처럼 공격적인 투자를 할 필요가 없기 때문에 기업이 벌어들인 이익을 유보하거나 재투자하기보다는 주주들에게 적극적으로 환원을 합니다. 심지어 배당금을 지속적으로 늘리기까지 합니다. 그것이 미국 완숙기업들의 높은 배당성향의 비밀이고 해당 기업들이 꾸준히 주주들의 환호 속에 우상향 차트를 유지하는 비결인 것입니다.

배당 투자의 수익의 원천은 크게 두 가지로 나뉩니다. 바로 주가의 변동인 시세차익과 기업이 주주에게 정기적으로 주는 배당수익입니다.

배당주 수익 원천 = 시세차익 + 배당수익

배당 투자도 주식을 매수해서 보유하는 것이기 때문에 내가 산 주식의 주가변동이 수익의 직접적인 영향을 미치게 됩니다. 그러나 배당 투자는 시세차익에 집중하기보다는 보유한 주식에서 발생하는 배당금에 좀 더 집중을 합니다.

일반적으로 주가의 방향은 예측하기가 어렵지만 기업에서 발생하는 배당흐름은 비교적 예측하기 쉽습니다. 바로 과거의 배당내역을 확인하는 것이죠. 따라서 배당 투자를 하는 경우에는 해당 기업이 과거에 어느 규모로 얼마나 배당을 성실히 해왔는지(배당수익률), 그리고 얼마나 배당을 늘려왔는지(배당성장률)를 확인하여 투자에 참고해야 합니다.

기업의 배당수익률과 배당성장률을 확인하는 방법

시킹알파 홈페이지(seekingalpha.com)에서 상품 티커로 검색한 뒤 배당 (Dividends) 탭을 확인하면 해당 기업의 대략적인 배당 정보를 확인할 수 있습니다. 대표적인 배당성장 기업인 브로드컴(AVGO)을 살펴보면 현재 배당수익률은 1.15%이며 5년간 배당성장률은 14.71%이며 13년 연속 배당성장을 지속해왔다는 점을 확인할 수 있습니다.

배당수익률과 배당성장률

AVGO Dividend Summary				
Div Yield (FWD) 1.15%	Annual Payout (FWD) $2.12	Payout Ratio 46.36%	5 Year Growth Rate 14.71%	Dividend Growth 13 Years

Last Announced Dividend					
Amount $0.53	Ex-Div Date 09/19/2024	Payout Date 09/30/2024	Record Date 09/19/2024	Declare Date 09/05/2024	Div Frequency Quarterly

자료: Seeking Alpha

💡 **참고 1**

배당 투자 시 알아야 할 개념

배당수익률: 주주들이 해당 주식을 보유하고 있을 때 얻을 수 있는 배당수익을 나타내는 지표로 주식 배당금을 주식가격으로 나눈 비율입니다.

배당성장률: 배당금이 해마다 얼마나 증가하는지를 나타내는 비율입니다. 일반적으로 배당

성장률을 확인할 때 몇 년 연속 배당이 성장해왔는지도 함께 체크하여 배당의 안정성과 미래 성장성을 파악합니다.

배당주기: 연간 배당하는 횟수를 말하며 일반적으로 미국 기업은 1년에 4회 분기 배당을 하고 한국 기업은 대부분 1년에 1회 연간 배당을 실시합니다.

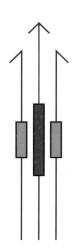

배당 투자의 핵심
재투자로 만드는 복리를 누리자

워런 버핏은 자신의 엄청난 투자성과의 핵심을 '스노우 볼을 굴리는 것'에 있다고 말했습니다. 투자의 거인이자 위대한 투자자로 불리는 버핏의 자산은 대부분 50대 이후에 완성되었습니다. 버핏은 유년기에 껌, 콜라 방문판매와 식료품 가게 알바를 하면서 모은 120달러(현재 기준 200만 원 수준)의 종자돈을 가지고 투자를 시작했고 그렇게 굴리기 시작한 스노우 볼은 30세에 100만 달러를 넘겨서 지금까지 계속 굴러가고 있습니다. 버핏이 보여준 스노우 볼이 바로 아인슈타인이 말한 세계 8대 불가사의인 '복리의 마법'입니다.

배당 투자는 인내력이 필요합니다. 일반적으로 성장주, 테크주들이 하루에도 10%씩 상승할 때 연 배당수익률 4~5%를 지켜보면서 투자를 해야 하기 때문입니다. 그러나 복리의 마법을 쓴다면 성장주 투자자들이 높은 주가변동성에 일희일비할 때 배당 투자자들은 꿋꿋하게 배당금 재투자로 복리 효과를 극대화하면서 수년 뒤(혹은 수십 년 뒤) 결승선에 먼저 도착할 것이라 믿어 의심치 않습니다. 마치 거

버핏의 나이에 따른 순자산 추이

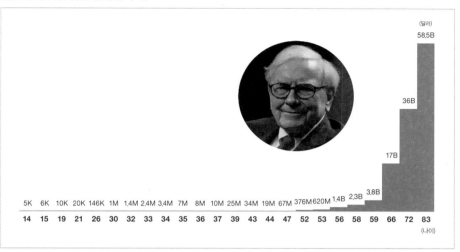

북이와 토끼의 우화를 보는 듯하지요.

배당수익률이 높은 종목을 투자하거나 3장에 나오는 월배당 포트폴리오를 만들어서 복리 투자를 하든 간에 배당 투자자들은 일단 부지런해야 합니다. 내가 보유한 종목의 배당일을 체크하고 들어온 배당금을 적절히 재투자를 해야지만 단리의 세계를 넘어서 복리의 세계로 들어갈 수 있기 때문입니다.

높은 배당수익률은 함정일 가능성이 있다

배당수익률을 결정하는 것은 주당 연간 배당금과 주가입니다. 즉 배당금이 올라가도 배당수익률이 올라가고 주가가 떨어져도 배당수익률은 올라가기 때문에 어떤 부분에 의해서 배당수익률이 올라갔는지를 확인하는 것이 필요합니다.

기업이 성장을 하면서 배당이 늘어나는 배당수익률 증가는 좋은 것이지만 성장이 둔화되고 주가가 하락하면서 올라가는 배당수익률은 향후 배당의 재원을 갉아먹게 되는 상황을 말하고 당연히 지속적인 배당 투자를 하기 어려운 기업이란 뜻이 됩니다.

지속 가능한 배당성장을 이루어온 기업들

단순히 배당수익률만 지나치게 높은 기업은 배당락의 반영도 있고 배당수익보다도 주가의 하락이 더 크기 때문에 장기적으로 손실을 보는 경우가 생길 수 있습니다. 따라서 배당 투자 시 배당수익률에만 집착하면 안 되고 해당 기업의 성장

배당 왕(Dividend Kings): 50년 이상 배당 증가 기업

기업명	배당증가연수	특징
코카콜라(KO)	61년	글로벌 음료 시장 선도기업. 전 세계적인 브랜드 인지도와 꾸준한 매출 성장
존슨앤존슨(JNJ)	61년	헬스케어 및 제약 분야의 선두기업. 제품 포트폴리오가 다양하고 안정적
3M(MMM)	66년	산업, 헬스케어, 소비재에 걸친 다양한 제품군으로 유명
프록터앤갬블(PG)	68년	소비재 분야의 선도기업. 생활용품 시장에서 강력한 입지
로우스(LOW)	61년	홈디포에 이은 건축자재 업계 2위, 주택 개보수 증가로 안정적인 성장

배당 귀족(Dividend aristocrats): 25년 이상 배당 증가 기업

기업명	배당증가연수	특징
크로락스(CLX)	47년	위생 및 청소용품의 글로벌 리더. 팬데믹 이후 수요 증가
일리노이툴웍스(ITW)	48년	산업장비 및 공구 제조. 수익성이 높은 사업모델 보유
엑슨모빌(XOM)	42년	글로벌 정유 및 에너지 대표기업, 안정적인 현금흐름 보유
월그린부츠(WBA)	47년	헬스케어 소매업체로 전 세계 약국체인 운영
제네럴다이나믹스(GD)	33년	방위 및 항공우주 분야 글로벌 리더 기업

배당 성취자(Dividend Achievers): 10년 이상 배당 증가 기업

기업명	배당증가연수	특징
텍사스인스투루먼트(TXN)	19년	아날로그 반도체 대표기업
홈디포(HD)	14년	미국 1위 건축자재 업계 기업, 주택 개보수 시장 성장 수혜
코스트코(COST)	20년	창고형 도매업 리더 기업, 브랜드 충성도 높음
엑센추어(ACN)	17년	IT 서비스 및 컨설팅 시장의 글로벌 리더 기업
비자(V)	16년	글로벌 결제 네트워크 기업, 디지털 결제 성장 수혜

성도 주의 깊게 판단해야 합니다.

이런 의미에서 장기적으로 배당을 성장시켜온 기업들은 자신의 성장을 관리하면서 '지속 가능한' 배당성장을 이루어왔다고 볼 수 있기 때문에 배당 투자 시 좋은 참고가 됩니다.

💡 참고 2

ETF로 배당 투자하기

위에서 보다시피 꾸준히 배당을 늘려온 좋은 기업들이 상당히 많이 있습니다. 그러나 개별 기업 투자는 기업들이 모두 다른 산업군과 개별적인 특징을 가지고 있고 종목수도 많기 때문에 하나하나 확인해가며 투자하는 데 어려움이 있습니다. 이럴 때 활용할 수 있는 좋은 선택지가 바로 ETF입니다.

주요 ETF 운용사에서 만든 배당을 꾸준히 늘려온 기업들만 모아놓은 ETF를 소개해드릴 테니 주요 차이점을 보고 판단해보기 바랍니다.

VIG Vanguard Dividend Appreciation Index Fund ETF Shares

대표적인 ETF 운용사인 뱅가드의 대표 배당성장 ETF로 2006년 설정되었으며 배당금을 꾸준히 증가시켜온 기업에 투자하고 있습니다.

AUM(자산 규모) $100B

배당수익률 1.71%

5년간 배당성장률 10.11%

VYM Vanguard High Dividend Yield Index Fund ETF Shares

역시 뱅가드가 운용하는 배당형 ETF로 2006년도에 설정되었으며 FTSE High Dividend
Yield Index의 성과를 추적하여 평균 이상의 배당을 지급하는 기업의 보통주에 투자하고
있습니다.

AUM(자산 규모): $72B

배당수익률: 2.77%

5년간 배당성장률: 5.32%

VNQ Vanguard Real Estate Index Fund ETF Shares

대표적인 ETF 운용사인 뱅가드가 운용하는 ETF로 1996년 설정되었으며 주로 주식형 부
동산 투자신탁(REITs) 분야에 속한 회사들의 주식에 투자하고 있습니다.

AUM(자산 규모): $68B

배당수익률: 3.89%

5년간 배당성장률: 3.06%

SCHD Schwab U.S. Dividend Equity ETF

한국인이 사랑하는 배당 ETF로 찰스슈왑에서 운용하며 배당금을 꾸준히 지급해온 미국

기업 중에서 동종업계에 비해 재무적으로 강력한 기초 체력을 가진 고배당 기업 주식에 투자하고 있습니다.

> AUM(자산 규모): $65B
>
> 배당수익률: 3.38%
>
> 5년간 배당성장률: 12%

SPHD Invesco S&P500® High Dividend Low Volatility ETF

인베스코에서 운용하는 월배당형 ETF로 2012년에 설정되어 S&P500 지수 구성종목 중에서 변동성이 낮고 배당수익률이 높은 50개 기업에 투자하고 있습니다.

> AUM(자산 규모): $3.4B
>
> 배당수익률: 3.41%
>
> 5년간 배당성장률: −0.7%

💡 참고 3

배당 투자의 지루함을 극복하는 노하우

배당 달력 기록하기

배당 투자가 어려운 이유는 꾸준함이 필요하기 때문입니다. 다른 투자법에 비해 보유 기업마다 배당 일정도 체크해야 하고 지속적으로 배당 성과를 측정해야 합니다. 기업마다 배당주기와 일정이 상이하기 때문에 배당 달력을 만들어놓고 캘린더에 알람을 설정하는 등의 노력이 필요합니다. 배당 투자는 재투자가 매우 중요하기 때문에 배당금 지급을 놓치지 않고 미리 세운 계획대로 배당금 재투자를 진행하기 바랍니다.

배당 달력을 기록할 때 누적 배당금 합계가 목표 금액에 도달하는 시점을 함께 계산하면 배당 투자의 지루함을 극복하는 데 도움이 됩니다. 과거 데이터를 기준으로 일정 비율로 성장하는 배당금이 모여 목표한 금액에 도달하는 시점을 계산하고 목표치를 달성하는 과정은 바쁜 일상 중에 쌓여가는 적금통장을 확인하는 뿌듯함과 비슷할 것입니다.

배당금으로 고정비 충당하기

월배당 수령금으로 매달 들어가는 고정비를 충당해보면 어떨까요? 배당 투자가 먼 나라의 이야기가 아니라 내 생활에 확실히 스며드는 경험을 할 수 있을 겁니다. 예를 들어 매월 나가는 공과금이나 통신비를 내가 매달 받은 배당금의 현금흐름으로 충당해보세요.

초기에는 작은 현금흐름이지만 배당 투자가 누적되어 대부분의 고정비를 배당 투자로 충당하기 시작한다면 절약한 고정비 지출은 또 다른 시드머니(seed money)가 되어 투자에 활용될 수 있고 투자의 선순환이 극대화됩니다.

💡 참고 4

지속적으로 성장하는 기업은 주식분할을 할 가능성이 높다

배당주 선택 시 중요한 고려사항은 지속적으로 배당을 늘려줄 수 있는 기업, 즉 지속적으로 성장하는 기업입니다. 장기적으로 성장하는 기업을 보유할 때 당연히 배당금 지급과 배당성장이라는 이벤트가 따라오지만 예상치 못하게 따라오는 이벤트가 있습니다. 바로 주식분할인데요.

좋은 기업이 꾸준한 성장세를 이어가면 주가의 상승을 동반하게 되고 임계점에 다달았다고 판단할 경우 기업은 주식분할을 진행하게 됩니다. 기존 투자자는 보유 주식수가 크게 늘어나게 되고 당연히 받는 주당 배당금에도 긍정적인 장기 상승 효과를 얻게 됩니다.

배당성장주의 주식분할 사례

프록터앤드갬블: 2004년 2:1 주식분할

코카콜라: 2012년 2:1 주식분할

존슨앤존슨: 2001년 2:1 주식분할

맥도날드: 1999년 2:1 주식분할

애플: 2020년 4:1 주식분할

마이크로소프트: 2003년 2:1 주식분할

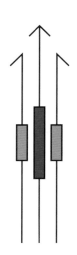

배당주 투자법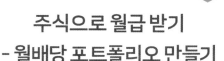

주식으로 월급 받기
- 월배당 포트폴리오 만들기

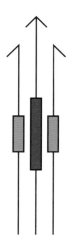

우리가 생각하는 최고의 현금흐름은 월급입니다. 우리의 소득과 지출은 대부분 월 단위로 이루어져 있기 때문에 주식에서 발생하는 배당을 월 기준으로 바꾸는 것은 매우 큰 의미가 있습니다. 일반적으로 국내 주식의 경우 12월 결산 법인이 대부분이며 배당은 대체적으로 연간 이벤트로 일어나게 됩니다.

미국 주식의 경우 대부분 분기 배당을 하기 때문에 배당이 분기 이벤트로 일어나게 됩니다. 배당주기가 짧다는 것은 그만큼 투자자 입장에서는 현금흐름이 더 자주 일어나는 것뿐만 아니라 재투자를 더 빈번하게 할 수 기 때문에 복리 효과가 더 커진다는 것을 뜻합니다. 또한 배당 발표 후 배당금이 지급되는 기간인 배당 지급기간을 보았을 때 미국 주식은 국내 주식에 비해 신속하게 이루어집니다.

그런데 말입니다. 미국 주식은 동일 시점에 분기 배당을 하는 것이 아니라 1월, 4월, 7월, 10월 / 2월, 5월, 8월, 11월 / 3월, 6월, 9월, 12월 세 가지 기간으로 나누어 이 중 하나의 방식으로 분기 배당이 이루어집니다. 각각 편히 A그룹, B그룹, C

시킹알파에서 배당주기 확인하는 법

MO - Altria Group, Inc.
Dividend History

$55.93 0.54 (+0.97%) 4:00 PM 11/15/24

NYSE | $USD | Post-Market: **$56.01 +0.08 (+0.14%)** 7:59 PM

| Summary | Ratings | Financials | Earnings | **Dividends** | Valuation | Growth | Profitability | Momentum | Peers |

| Dividend Scorecard | Dividend Yield | Dividend Growth | Dividend Safety | **Dividend History** | Dividend Estimates |

MO Dividend Payout History

Download to Spreadsheet ⬇

Year	Dividend Type	Frequency	Ex-Div Date	Record Date	Pay Date	Declare Date
2024						
	Regular	Quarterly	9/16/2024	9/16/2024	10/10/2024	8/22/2024
	Regular	Quarterly	6/14/2024	6/14/2024	7/10/2024	5/16/2024
	Regular	Quarterly	3/22/2024	3/25/2024	4/30/2024	2/29/2024
2023						
	Regular	Quarterly	12/20/2023	12/21/2023	1/10/2024	12/6/2023
	Regular	Quarterly	9/14/2023	9/15/2023	10/10/2023	8/24/2023
	Regular	Quarterly	6/14/2023	6/15/2023	7/10/2023	5/18/2023
	Regular	Quarterly	3/23/2023	3/24/2023	4/28/2023	3/1/2023
2022						
	Regular	Quarterly	12/21/2022	12/22/2022	1/10/2023	12/7/2022
	Regular	Quarterly	9/14/2022	9/15/2022	10/11/2022	8/25/2022
	Regular	Quarterly	6/14/2022	6/15/2022	7/11/2022	5/19/2022
	Regular	Quarterly	3/24/2022	3/25/2022	4/29/2022	2/25/2022
2021						
	Regular	Quarterly	12/22/2021	12/23/2021	1/10/2022	12/8/2021
	Regular	Quarterly	9/14/2021	9/15/2021	10/12/2021	8/26/2021
	Regular	Quarterly	6/14/2021	6/15/2021	7/9/2021	5/20/2021
	Regular	Quarterly	3/24/2021	3/25/2021	4/30/2021	2/26/2021
2020						
	Regular	Quarterly	12/24/2020	12/28/2020	1/11/2021	12/16/2020
	Regular	Quarterly	9/14/2020	9/15/2020	10/9/2020	7/28/2020
	Regular	Quarterly	6/12/2020	6/15/2020	7/10/2020	5/14/2020
	Regular	Quarterly	3/24/2020	3/25/2020	4/30/2020	2/27/2020
2019						
	Regular	Quarterly	12/24/2019	12/26/2019	1/10/2020	12/11/2019
	Regular	Quarterly	9/13/2019	9/16/2019	10/10/2019	8/22/2019
	Regular	Quarterly	6/13/2019	6/14/2019	7/10/2019	5/16/2019
	Regular	Quarterly	3/22/2019	3/25/2019	4/30/2019	2/28/2019

그룹으로 칭하도록 하겠습니다. 재밌는 점은 이 A, B, C 그룹을 동시에 분산투자를 하면 월배당 포트폴리오를 만들 수 있다는 것입니다.

따라서 여러분이 자신만의 월배당 포트폴리오를 만들려고 한다면 여러분이 관심을 갖고 있는 배당주 리스트를 만들어 A, B, C 그룹으로 분류하고 배당수익률을 고려해서 월배당 포트폴리오를 구성할 수 있습니다. 포트폴리오 구성의 핵심은 해당 기업들의 업종 간 밸런스, 그리고 투자 비율입니다.

시킹알파 홈페이지에 들어가서 대표적인 A그룹 배당주인 알트리아(MO)의 배당주기를 확인해보도록 하겠습니다. 배당 탭(Dividends) – 배당 기록(Dividend History)에서 배당지급일(Pay Date)을 보면 최근 배당지급일을 확인할 수 있습니다. 알트리아의 경우 배당지급일이 1월, 4월, 7월, 10월로 정해져 있습니다.

그런데 간혹 실제 배당일 데이터를 확인해보면 정확히 A, B, C 그룹으로 구분이 되지 않은 경우가 있습니다. 따라서 매달 정확히 날짜를 맞추기는 현실적으로 어렵기 때문에 최대한 일정이 중복되지 않게 배당주기를 조합하는 노력이 필요합니다.

월배당 포트폴리오 만들기

그럼 실제 월배당 포트폴리오를 한번 만들어보도록 하겠습니다. 먼저 각 그룹에서 한 종목씩 선택을 해야 합니다. 저는 원큐스탁 앱에 나와 있는 추천 미국 주식 중에서 A그룹에서는 금융주인 JP모건(JPM), B그룹에서는 헬스케어 기업인 애브비(ABBV), C그룹에서는 방산기업인 록히드마틴(LMT)을 선택해보도록 하겠습니다.

세 기업의 배당수익률과 배당지급일을 확인해보면 다음과 같습니다.

JP모건: 2.07% / 1.31, 4.30, 7.31, 10.31

애브비: 3.87% / 2.15, 5.15, 8.15, 11.15

록히드마틴: 2.45% / 2.29, 6.3, 9.3, 12.2

세 기업을 동일 비중으로 분할매수할 경우 평균 배당수익률 3% 수준으로 다음과 같이 월 배당금을 받게 됩니다.

	1회차	2회차	3회차	4회차	5회차	6회차	7회차	8회차	9회차	10회차	11회차	12회차
날짜	1.31	2.15	2.29	4.30	5.15	6.13	7.31	815	9.3	10.31	11.15	12.2
기업	JPM	ABBV	LMT	JPM	ABBV	LMT	JPM	ABBV	LMT	JPM	ABBV	LMT

💡 참고 5

배당금 재투자에 관하여

배당 투자를 할 때 중요한 것은 매달 배당금을 확인하고 이 배당금을 어떻게 재투자할 것인지 미리 세팅을 해놓고 배당 투자를 지속해야 한다는 점입니다. 배당흐름은 어느 정도 통제가 가능한 반면에 기업 개별 뉴스와 업황, 시장상황에 따라 여러분이 보유한 배당주의 주가변동은 예측하기가 어렵습니다.

배당금을 재투자하는 방법

해당 배당금을 해당 기업에 재투자하기

배당금이 발생하면 배당금을 준 기업 주식을 그대로 재매수하는 방법이 있습니다. 이렇게 할 경우 별도의 종목 선택을 할 필요 없이 바로 재매수가 가능하며 기업마다 배당 성과의 차이를 누적해서 확인할 수 있습니다.

해당 배당금을 상대적으로 조정받은 기업에 재투자하기

일종의 포트폴리오 관리 방법으로 배당흐름은 일정하지만 주가변동은 다르기 때문에 상대적으로 해당 시점에 저평가된 종목에 집중투자하여 장기적인 성과를 끌어올리는 방법입니다. 하지만 저평가된 기업이 반등할 것이란 보장이 없고 매 시점마다 종목 선택을 해야 하기 때문에 포트폴리오 운용 경험이 많은 경우에 활용하기 적합한 전략입니다.

해당 배당금을 재투자하지 않기

매달 월급처럼 발생하는 배당금을 다시 재투자하지 않고 해당 현금흐름을 통해 생활비와 고정비를 충당하는 방법입니다. 상대적으로 생애주기 후반부에 활용하기 좋은 전략이며 월 분배금을 모아두었다가 한 번에 목돈으로 투자하거나, 혹은 다양한 목적으로 사용할 수도 있습니다.

🔍 참고 6

배당 투자를 장기투자로 해야 하는 이유: 버핏의 코카콜라 투자성과

워런 버핏은 대표적인 배당주인 코카콜라를 2001년부터 매수했고 추정 매입 단가는 11.29달러인데 현재는 60달러가 넘습니다. 주가상승률로 볼 때 470% 정도 수익률을 올린 것입니다. 현재 코카콜라는 주당 1.64달러의 배당금을 주고 있기 때문에 배당수익률은 매입가 기준으로는 14.5%가 넘습니다. 버핏은 이로써 연 14%대의 안정적인 수익을 주는 투자자산을 만든 것이고 이는 배당 투자를 장기투자해야 하는 이유이기도 합니다.

버핏의 코카콜라 사랑: 코카콜라 CEO 무타르 켄트(왼쪽)와 버핏

배당주 투자법 ②
테크리츠로 월배당이 가능?
AMT, EQIX, PLD

이번에 소개해드릴 투자법은 앞서 설명한 월배당 포트폴리오의 한 예시로서 한때 4차 산업혁명 리츠로 유명한 기업들로 만든 월배당 포트폴리오입니다. 일반적인 부동산 리츠가 아니라 4차 산업혁명 시기에 투자 수요가 급증하는 인프라에 투자하는 리츠로 높은 배당률과 함께 해당 산업의 성장성도 함께 기대해볼 수 있다는 특징이 있습니다.

참고로 이러한 투자법의 경우 안정적인 배당흐름이 유지되면서도 시세차익을 기대할 수 있습니다. 4차 산업혁명 리츠는 업종 특성상 변동성이 높기 때문에 조정 구간에 저평가 상태에서 주식을 매수하게 되면 장기적으로 시세차익을 크게 얻을 가능성이 높아집니다. 즉 배당주도 저렴할 때 사는 것이 매우 중요합니다.

아메리칸타워(AMT)

아메리칸타워는 4차 산업혁명에 있어 중요한 요소인 통신 네트워크를 제공하는 기업입니다. 5G를 가능하게 하는 통신 타워를 주요 자산으로 리츠를 운용하고 있으며 현재 기준 배당수익률은 3.33% 수준입니다. 2021년까지는 장기 성장 추세를 유지하다가 2022년 테크(기술주) 조정기에 함께 조정을 받았고 이후 견조한 반등 국면이 이어지고 있습니다.

> **최근 5년 배당성장률: 15%**
>
> **연속 배당증가연수: 10년**
>
> **최근 배당지급일: 2.2, 4.26, 7.12, 10.25**

아메리칸타워 주봉 차트와 진입에 적합한 구간

에퀴닉스(EQIX)

에퀴닉스는 4차 산업혁명의 꽃인 데이터센터를 자산으로 리츠를 운용하는 기업입니다. 4차 산업혁명이 AI 혁명으로 이어지면서 데이터센터의 중요성과 수요는 지속적으로 늘어나는 상황이며, 이에 따라 주가 흐름도 3개 기업 중 가장 강한 퍼포먼스(52주 신고가)를 보여주고 있습니다. 주가상승률이 높기 때문에 배당수익률은 상대적으로 낮은 1.9% 수준입니다.

최근 5년 배당성장률: 8%

연속 배당증가연수: 9년

최근 배당지급일: 3.20, 6.19, 9.18, 12.11

에퀴닉스 주봉 차트와 진입에 적합한 구간

프로로지스(PLD)

프로로지스는 코로나 이후 급증한 전자상거래 서비스를 위한 물류 창고를 자산으로 운용하는 리츠입니다. 코로나 랠리 당시 가장 주목을 받는 리츠였으나 2022년 조정세를 겪고 아메리칸타워와 비슷하게 완만한 회복세를 보이고 있습니다. 주가가 횡보 국면을 보이는 가운데 배당수익률은 가장 높은 3.35%입니다.

> **최근 5년 배당성장률:** 10%
>
> **연속 배당증가연수:** 8년
>
> **최근 배당지급일:** 2.23, 5.4, 9.6, 12.7

프로로지스 주봉 차트와 진입에 적합한 구간

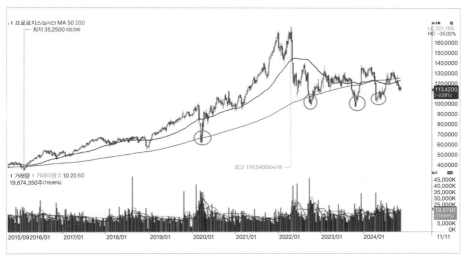

아메리칸타워, 에퀴닉스, 프로로지스 3개 기업으로 동일 비중 포트폴리오를 구성하면 평균 배당수익률 3% 수준으로 월 배당금을 받게 됩니다. 이퀴닉스와 프롤로지스의 배당지급일 간격이 넓지 않기 때문에 정확히 한 달 단위로 분배금 흐름을 맞추기는 어렵습니다. 이럴 때는 월 기준으로 하기보다는 회차 기준으로 정리해서 현금흐름을 관리할 수 있습니다.

	1회차	2회차	3회차	4회차	5회차	6회차	7회차	8회차	9회차	10회차	11회차	12회차
날짜	2.2	2.23	3.20	4.26	5.4	6.19	7.12	9.6	9.18	10.25	12.7	12.11
기업	AMT	PLD	EQIX	AMT	PLD	EQIX	AMT	PLD	EQIX	AMT	PLD	EQIX

배당주 투자법 ③
성장은 약해도 배당이 강하다
- 유통, 소비재

유통과 소비재 기업이 대표적인 배당주인 이유

유통 및 소비재 기업은 필수소비재인 식료품, 생활용품, 가정용품을 판매하기 때문에 경제 불황기에도 소비가 비교적 안정적이며 경기 침체와 관계없이 꾸준한 매출이 나옵니다. 또한 유통 소비재의 1등 기업은 높은 시장지배력과 강력한 브랜드 충성도를 가지고 있어서 매출이 안정적이고 지속적으로 배당금 지급을 할 가능성이 높습니다.

설립 초기에는 치열한 경쟁 구도를 거치며 올라온 성장주였으나 현재는 추가적인 투자지출 없이도 안정적인 매출과 현금흐름을 창출하고 있습니다. 이런 기업들은 외형을 성장시키기보다는 수십 년간 배당을 증가시키면서 배당 왕(Dividend Kings), 배당 귀족(Dividend Aristocrats) 위치에 올라가는 경우가 많이 있습니다.

이런 분들께 적합합니다

① 안정적인 현금흐름과 ② 높은 브랜드 인지도와 함께 ③ 필수소비재 기업으로서 경기방어적 성격을 가진 기업을 보유함으로써 지속적인 배당흐름을 기대하는 보수적인 성향의 배당투자자의 경우에는 유통과 소비재 기업으로 구성된 배당주 포트폴리오가 좋은 선택지입니다.

선호 유형:

보수적인 성향의 투자자, 직관적으로 이해할 수 있는 기업을 선호하는 투자자

역사와 전통의 유통, 소비재 배당주들 5선

기업명	시가총액($)	배당수익률	최근5년 배당성장률	연속배당 증가연수	최근 배당주기
프록터앤드갬블(PG)	393B	2.5%	6%	68년	2.15, 5.15, 8.15, 11.15
코카콜라(KO)	260B	3.0%	4%	61년	4.1, 7.1, 10.1, 12.16
킴벌리클라크(KMB)	45B	3.6%	4%	51년	1.3, 4.2, 7.2, 10.2
월마트(WMT)	670B	1%	3%	50년	1.2, 4.1, 5.28, 9.3
홈데포(HD)	400B	2.2%	12%	14년	3.21, 6.13, 9.12, 12.12

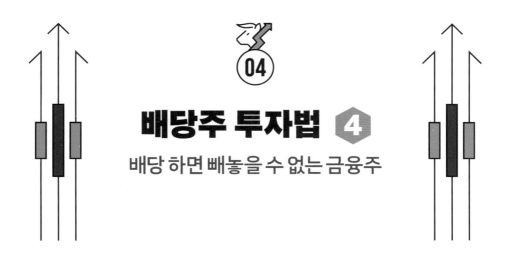

배당주 투자법 ④
배당 하면 빼놓을 수 없는 금융주

금융주가 대표적인 배당주인 이유

금융주는 대출, 예금, 투자은행 서비스 및 자산관리 등을 통해 안정적인 수익원을 보유하고, 특히 금리상승 환경에서는 예대마진이 개선되어 수익성이 강화됩니다. 2008년 금융위기 이후 미국은 대형은행에 자본 비율을 강화하는 등 높은 수준의 규제를 적용했기 때문에 안정성이 높아졌으며 대부분의 대형은행들은 연간 배당금을 증가시키는 방향으로 기업 경영을 하고 있습니다.

이런 분들께 적합합니다

금융주의 경우 규제를 통한 안정성과 함께 다각화된 수익모델을 보유하고 있어 보수적인 성향의 배당 투자자에게 적합합니다. 성장주의 높은 변동성보다는 시장지배력을 활용한 안정적인 성장성과 높은 배당성향에 더 끌리는 투자자에게는 대형은행으로 구성된 배당주 포트폴리오가 매력적인 선택지입니다.

선호 유형: 보수적인 성향의 투자자, 대형은행의 안정성을 선호하는 투자자

역사와 전통의 금융 배당주들 5선

기업명	시가총액($)	배당수익률	최근5년 배당성장률	연속배당 증가연수	최근 배당주기
JP모건(JPM)	680B	2.07%	6.8%	10년	1.31, 4.30, 7.31, 10.31
뱅크오브아메리카(BAC)	350B	2.2%	9%	10년	3.29, 6.28, 9.27, 12.27
웰스파고(WFC)	247B	2.1%	−4%	3년	3.1, 6.1, 9.1, 12.1
씨티그룹(C)	130B	3.2%	2.5%	2년	2.23, 5.24, 8.23, 11.22
골드만삭스(GS)	195B	2%	24%	12년	3.30, 6.29, 9.28, 12.28

배당주 투자법 **5**
국가 기반산업에 투자하고 배당 받자
- 인프라, 리츠

인프라, 리츠 기업이 대표적인 배당주인 이유

인프라 기업의 경우 대규모 자본을 조달하여 설비투자를 진행하고 해당 자산을 통해 발생된 수익을 배당으로 돌려주는 수익모델을 가지고 있습니다. 인프라 자산의 경우 인플레이션에 따라 가격이 조정되기 때문에 인플레이션에 대한 헤지 효과를 가지고 있습니다. 송전선, 파이프라인 도로 등의 필수 자산을 기반으로 하며 초기 투자비용이 크지만 유지비용이 낮아서 장기적으로 안정적이 수익을 제공합니다.

리츠의 경우 법적으로 발생 소득의 90% 이상을 배당으로 지급하며 대규모 부동산 포트폴리오를 통해 운영비용을 분산하고 안정적인 임대료를 확보합니다. 기본적인 배당 매력과 함께 임대료가 인플레이션과 연동되는 성향이 있어서 자산가치 상승 효과도 얻을 수 있습니다.

이런 분들께 적합합니다

인프라, 리츠 기업의 경우 인플레이션 헤지 효과를 가지고 있어서 인플레이션 압력이 높아지는 경우 선택하기 좋은 배당 투자자산입니다. 높은 배당수익률과 장기적인 현금흐름이 확보된다는 측면에서 잘 고르기만 한다면 성장주 못지않은 효자 종목 노릇을 할 것입니다. 업종 특성상 필수소비재와 금융주에 비해서는 높은 경기 변동성을 가지고 있습니다.

한편 인프라 관련주에 경우 배당수익률인 두 자리를 훌쩍 뛰어넘는 종목들도 있는데 대부분 주가 하락폭이 배당수익률을 상회하는 경우가 많기 때문에 배당수익률만 보고 성급히 투자하는 것은 매우 위험하며, 이러한 종목보다는 안정적인 성장성을 유지하면서 적당한 수준(3~6%)의 배당이 꾸준히 지급되는 회사를 선택하는 것이 적합합니다.

선호 유형: 인플레이션 상승에 불안감이 있는 경우, 다소 공격적인 배당주 투자자

역사와 전통의 인프라, 리츠 배당주들 6선

기업명	시가총액($)	배당수익률	최근5년 배당성장률	연속배당 증가연수	최근 배당주기
넥스트에라에너지(NEE)	157B	2.7%	10%	28년	2.16, 5.23, 7.25, 10.18
브룩필드 인프라스트럭처 파트너스(BIP)	16B	4.7%	6%	15년	2.1, 5.1, 8.1, 11.6
킨더모건(KMI)	60B	4.2%	3.8%	7년	1.17, 4.17, 7.17, 10.16
엔브리지(ENB)	130B	3.2%	2.5%	2년	4.24, 7.30, 10.30, 12.7
리얼티인컴(O)	91B	2%	24%	12년	3.30, 6.29, 9.28, 12.28
WP 캐리(WPC)	12B	6.28%	−3%	0년	1.16, 4.15, 7.15, 10.15

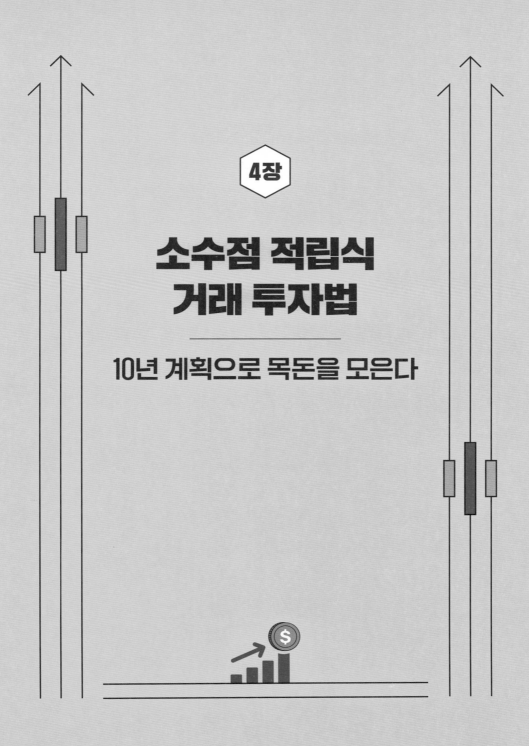

4장

소수점 적립식 거래 투자법

10년 계획으로 목돈을 모은다

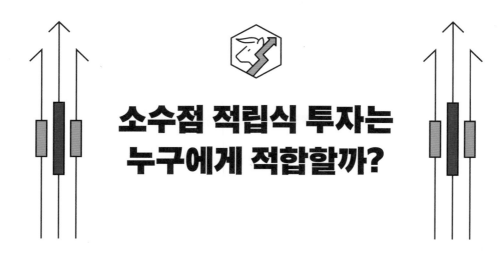

소수점 적립식 투자는
누구에게 적합할까?

미국 주식 소수점 적립식 거래란?

투자(investing)의 기본은 저축(saving)입니다. 모으는 습관이 잘 이루어져야 모은 돈을 잘 지키고 굴리는 '투자'가 시작될 수 있습니다. 돈을 모으는 방법에는 여러 가지가 있습니다. 대표적으로 가장 안전하다고 여겨지는 은행 적금이 있지요. 장기 성장성이 있는 주식을 꾸준히 모아가는 주식 저축도 있습니다. 사실 주식을 저축하듯이 모은다고 할 때 미국 주식만큼 장기투자하기 적합한 자산도 없을 것 같습니다. 물론 어떤 종목을 고르는지도 매우 중요합니다.

그러나 막상 어떠한 종목을 꾸준히 모아가는 것은 경험해본 사람들은 알겠지만 여러모로 어려운 일입니다. 바쁜 현대사회를 살다 보면 정기적으로 주식을 사다가도 그 시기를 놓치기가 쉽습니다. 막상 주식을 사려는 시점에 장이 빠지면 '더 빠질까 고민', 장이 올라도 '비싸서 고민'을 하게 됩니다.

그리고 미국 주식의 경우 우리가 좋아하는 우량주들은 대부분 한 주에 수백 달러를 넘는 경우가 많습니다. 우리에게 너무나 잘 알려진 워런 버핏의 버크셔헤 서웨이 A주는 한 주에 무려 67만 5,000달러(9억 4,000만 원)이고 대부분의 빅테크 기업 주가는 한 주에 200달러가 훌쩍 넘는 수준입니다.

미국 주식을 부담 없이 꾸준하게 모아가는 가장 좋은 방법은 '소수점 적립식 거래'를 활용하는 것이라 생각하는데요. 최근 증권사들이 주식 투자자들을 위해 제공하는 서비스로 제가 학생 때 이런 기능이 있었으면 정말 주저 없이 이 방식으로 목돈을 만들었을 겁니다. 종종 대학생들을 대상으로 글로벌 투자에 대한 특강을 다니고 있는데, 이 소수점 적립식 거래를 소개하면서 오히려 이 투자를 학생 때부터 할 수 있는 이 친구들이 부러울 정도입니다.

적립식 거래 서비스는 투자자가 4~5종목을 선택하여 특정 주기(주간, 월간)로 자동적으로 매수를 할 수 있게 하는 기능입니다. 여기에 소수점 거래를 추가하게 되면 더욱 완벽해집니다. 보통 우리의 현금흐름은 원화이고 매달 투자에 쓸 수 있는 자금은 대체로 고정되어 있습니다. 이를 고려해서 원화를 기준으로 적립식 거래를 하게 되면 내가 고른 종목을 설정한 금액(원화)만큼 매 주기 자동 매수하게 됩니다.

이러한 투자법은 미국 주식으로 목돈을 모아가는 투자자들에게 적합하며, 적은 금액이라도 장기적 성장성이 높은 우량주에 꾸준히 투자하여 장기 성과를 만들기가 용이합니다.

적립식 투자는 저축이다

재테크에 있어서 가장 좋은 방법은 적게 쓰고 '강제로' 저축하는 것입니다. 원하는 소비를 다 하고 남은 돈을 모으면서 원하는 부를 만들어내는 것은 불가능에 가깝습니다. 젊은 시기에 소비를 줄여서 종자돈을 빠르게 모으는 것이 재테크 성공의 가장 빠른 지름길입니다. 강제 저축을 위한 가장 좋은 솔루션은 바로 자동이체라고 생각합니다. 소수점 적립식 거래를 통해 미리 골라놓은 주식을 정기적으로(자동으로) 모아간다면 시간이 지남에 따라 스노우 볼이 굴러가는 것을 틀림없이 경험할 수 있을 것입니다.

💡 참고 1

워런 버핏처럼 투자하기: 우량자산 모아가기

투자의 귀재로 불리는 버핏의 연평균 투자수익률은 몇 퍼센트 정도 될까요? 결론부터 말씀드리면 연평균 20% 정도가 됩니다. 며칠 만에도 20% 이상 수익을 올리는 경우도 있지만 버핏의 수익률이 대단한 것은 수십 년간 복리로 해당 수익률을 유지했다는 것입니다.

그리고 연평균 수익률 20%는 무리한 투자로 얻은 수익률이 아니라 리스크를 엄청나게 고민한 수익률이란 것입니다. 워런 버핏의 투자철학과 관련된 책을 보면, 투자의 제1원칙은 "절대로 손실을 보지 말자"이고 제2원칙은 "제1원칙을 절대로 지켜야 한다"고 말하는 것처럼 손실을 보지 않기 위한 노력을 엄청나게 기울입니다.

버핏의 연평균 수익률을 따라가기는 어렵더라도 그 방식은 따라 할 수 있습니다. 수익률 좋은 자산을 모으고 현금흐름을 일으켜서 재투자하는 것입니다. 버핏의 투자는 싸게 사서 비싸게 파는 것이 아니라 좋은 자산을 모아가는 것임을 잊어서는 안 됩니다.

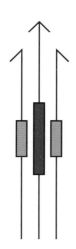

나만의 주간, 월간 적립식 포트폴리오를 만들자

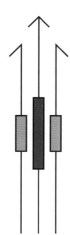

이제 여러분이 자신의 적립식 포트폴리오를 만들어볼까요?

투자주기 정하기

먼저 투자주기를 고민해보도록 하겠습니다. 보통 주간 단위, 월간 단위로 투자를 할 수 있는데 월급이 들어오는 것을 기준으로 매월 특정일을 선택할 수도 있습니다. 주기를 좀 더 나누어서 '적은 금액을 빠르게 모으는 효과'를 보고 싶을 경우에는 주간 기준으로 특정일(예를 들면 월요일)을 정해도 됩니다. 일반적으로 월요일은 경제지표 이벤트가 없고 변동성이 적기 때문에 개인적으로는 월요일을 선호하고 있습니다.

금액 설정하기

주기가 정해졌으면 해당 주기 동안 현실적으로 투자할 수 있는 금액을 설정해야 합니다. 꾸준히 동일 금액을 모으면서 성과 변화를 점검하는 것도 중요하기 때문에 꾸준히 투자할 수 있는 현실적인 금액을 설정하는 게 좋습니다. 다소 타이트하게 금액을 설정한다면 그만큼 소비를 줄이게 되므로 좋은 저축 습관을 만든다는 차원에서는 긍정적이지만 너무 무리한 금액 설정은 투자의 지속성을 떨어트릴 수 있습니다.

종목 선택하기

마지막으로 주기적으로 특정 금액만큼 모아갈 주식 종목을 선택해야 합니다. 적립식 거래가 보통 5개 이하의 종목을 고를 수 있기 때문에 이 점을 활용해서 한 종목보다는 4~5개 종목으로 구성된 포트폴리오를 만들어서 투자하는 것이 좋습니다. 포트폴리오를 만들 때에는 투자목적과 투자기간, 종목 간 상관관계를 고려하기 바랍니다.

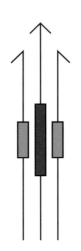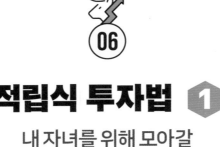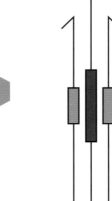

적립식 투자법 ①

내 자녀를 위해 모아갈
적립식 포트폴리오는?

많은 부모님들이 '내 자녀가 잘 먹고 잘살 수 있을까?', '어떤 도움을 주어야 할까?'라는 고민을 하십니다. 고민 끝에 무리해서 비싼 학원비를 들여가며 자녀 공부 뒷바라지를 하게 되죠. 통계자료에 따르면 2015년부터 2022년까지 사교육비가 26조 원 수준으로 꾸준히 증가하고 있는데 중요한 것은 학생수는 줄어들고 있음에도 불구하고 사교육비가 증가하면서 '1인당 사교육비'는 점점 커지고 있다는 사실입니다. 일반적으로 평균 사교육비로 부모의 소득의 1/4가량을 고정지출로 사용하는데, 이로 인한 만성적인 빈곤 상태와 부족한 부모의 은퇴 준비가 사회적 이슈로 대두되고 있습니다.

자녀를 위해 무리한 사교육에 투자하는 것이 과연 정답일까 하는 의문이 드는데요. 무리해서 자녀를 교육시킨다고 하더라도 경제, 금융 교육이 전혀 이루어지지 않는다면 내 자녀가 본인이 모은 돈을 잘 지키고 불려나가기 어려울 것이고 분명 시행착오도 겪게 될 것입니다. 그것보다는 내 자녀가 어린 시절부터 부모와 함께 돈에 대한 가치를 이해하고 투자 공부를 해나간다면 여러모로 긍정적인 효과를 많이 얻게 됩니다.

저는 '10대 자녀와 함께하는 금융투자 교육'이라는 주제로 외부 특강을 여러 차례 진행했는데 앞서 잠시 설명한 대학생 투자자뿐만 아니라 비교적 젊은 나이의 투자자, 그리고 어린 자녀를 두고 있는 부모님들에게 권장하는 투자 방법 역시 바로 '소수점 적립식 거래'입니다. 적은 금액부터 스스로 고민해서 포트폴리오를 짜고 꾸준하게 모아가면서 투자의 경험치를 올리는 매우 유용한 투자 방법이기 때문입니다.

이 책을 보는 어린 자녀를 둔 부모님들은 내 자녀의 10년, 20년을 함께 성장할 수 있는 기업을 찾아보고 해당 기업을 자녀에게 주는 선물처럼 본인 계좌 혹은 자녀 계좌로 소수점 적립식 투자를 할 수 있습니다. 5장에 나오는 ISA와 달리 소수점 적립식 거래는 일반 주식 계좌를 통해 거래할 수 있기 때문에 미성년 자녀도 본인 계좌를 통해 주식 투자가 가능합니다.

10년, 20년 갈 종목을 찾기가 어렵다고요? 그건 걱정하지 않아도 됩니다. 언제든 투자 종목의 교체가 가능합니다. 물론 긴 호흡으로 투자하는 것이기 때문에 신중히 종목을 골라야 하겠지만 미래의 불확실성까지 우리가 컨트롤하기는 어렵습니다. 일단 투자를 시작하면서 정기적으로 관심을 갖고 본인 스스로 공부하고 예측하면서 포트폴리오를 관리해나가면 됩니다. 실제 투자를 하는 과정에서 투자에 대한 관심과 실력이 자연스럽게 향상될 것입니다.

내 자녀와 성장을 함께할 수 있는 미국 주식을 찾아보자

아이와 함께 나무를 심고 같이 키우는 마음처럼 자녀의 성장과 함께할 기업을 찾는 일은 매우 설레는 일입니다. 단순히 높은 수익이 기대되는 종목을 고르기보다는 해당 기업이 하는 일이 내 자녀와 관련이 되고 자녀 스스로 흥미를 가질 만한 비즈니스를 하는 기업을 찾아보는 것이 좋습니다. 아무리 장기 성장성이 좋은 종목이라고 해도 록히드마틴(LMT) 같은 전투기, 미사일을 만드는 회사나 필립모리스(PM) 같은 담배 생산기업을 선택하는 것은 적합하지 않을 것입니다.

물론 장기투자이다 보니 해당 기업의 안정성도 중요합니다. 성장 가능성이 높고 배당성향도 높으면 좋겠지만 배당에 대해서는 배당주 투자법에서 집중적으로 다루었기 때문에 이번 내용에서는 내 자녀가 자신의 기업처럼 관심을 갖고 부모와 함께 이야기를 나눌 수 있는 기업을 찾아보려고 합니다.

투자 포트폴리오 설명

알파벳(GOOGL)

구글은 대표적인 미국 빅테크 기업으로 안정성과 성장성을 고루 갖춘 기업입니다. 우리가 여기서 구글에 주목하는 사업은 검색광고와 AI 사업이 아니라 바로 유튜브 사업입니다. 내 자녀는 유튜브라는 플랫폼을 매우 적극적으로 활용하는 세대라는 관점에서 투자 후보 1순위로 선정했습니다. 최근 숏폼 플랫폼에 대한 성장세가 높지만 유튜브에 대한 노출도와 활용도 역시 지속적으로 높아질 전망입니

알파벳(GOOGL) 장기 차트

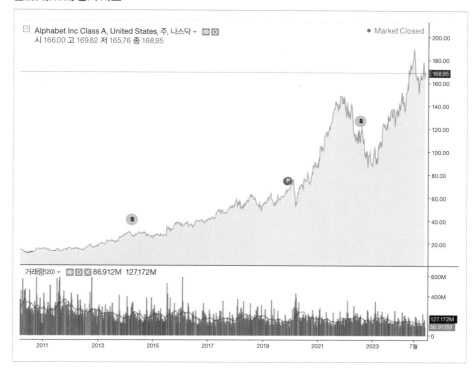

다. 구글은 유튜브뿐만 아니라 광고, 클라우드 서비스, AI 등 미래 성장동력도 보유하고 있기 때문에 자녀와 함께 투자하기에 적합한 기업입니다.

디즈니(DIS)

아마도 자녀나 부모에게 가장 친숙한 기업 중의 하나가 바로 디즈니일 것입니다. 부모 세대도 〈인어공주〉, 〈알라딘〉 같은 영화를 보며 자랐고 최근까지도 〈스타워즈〉와 마블 영화를 재밌게 보았을 것입니다. 자녀 입장에서도 디즈니랜드에 대한 설렘을 가지고 있고 디즈니 플러스를 통해 많은 콘텐츠를 보고 있을 것입니다. 이렇듯 강력한 IP(지적재산권)와 다각화된 수익구조를 가지고 있는 콘텐츠계의 타

디즈니 장기 차트

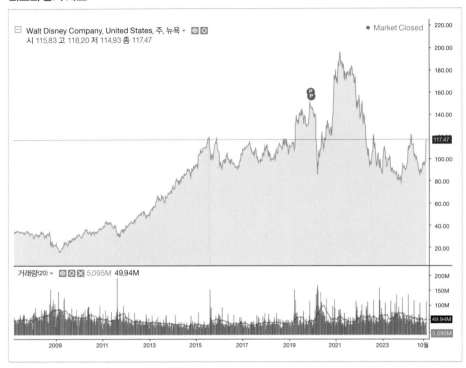

노스가 디즈니인데, 코로나 이후 경영성과 부진으로 주가는 10년 전 주가로 되돌아가 있는 상황입니다. 장기적인 관점에서 보았을 때 밸류에이션 매력도 가지고 있다는 점에서 자녀와 함께 투자하는 종목으로 관심을 가질 수 있을 것 같습니다.

로블록스(RBLX)

로블록스는 부모님보다는 자녀들이 훨씬 친숙하게 느낄 기업으로 메타버스 게임 플랫폼의 선두 기업입니다. 전 세계적으로 수억 명의 사용자를 보유하고 있으며, 특히 10대 청소년들에게 인기가 높습니다. 메타버스는 AI 혁명이 진행되기 이전부터 미래 산업으로 주목받는 분야입니다. 현재는 엔비디아를 중심으로 한 AI

로블록스 장기 차트

인프라 분야에 밀려 관심도가 낮아졌지만 미래 성장성은 상당할 것으로 보고 있습니다. 부모님 입장에서는 단순한 게임이 아니라 교육 및 학습 콘텐츠로도 확장이 가능하고 디지털 경제를 직접 경험할 수 있다는 점을 고려한다면 자녀와 함께 투자할 기업으로 좋은 선택지가 될 수 있을 것입니다.

하스브로(HAS)

하스브로는 전통적인 장난감 제조업체에서 디지털 콘텐츠와 엔터테인먼트 사업을 성공적으로 확장시켜 나가고 있는 기업입니다. 인기 장난감 브랜드인 트랜스포머, 마이 리틀 포니, 플레이 도우 등 다양한 인기 브랜드를 보유했으며, 특히 어

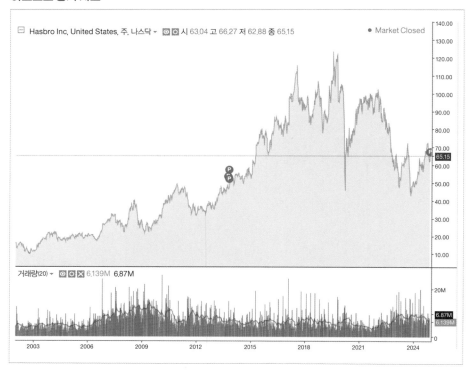

린 자녀에게 인기와 관심이 높은 기업입니다. 장난감 제조를 넘어 디지털 게임과 영화 등 엔터테인먼트 분야로 사업을 다각화하고 있으며, 지속적인 배당으로 대표적인 배당 기업으로도 사랑을 받고 있습니다. 〈토이 스토리〉를 재밌게 보았다면 자녀에게 장남감이 어떤 의미인지 공감하고, 이를 통해 자녀와 함께 동반성장할 수 있는 기업으로 고민해볼 수 있을 것입니다.

소니(SONY), 닌텐도(7974 JP) 혹은 마이크로소프트(MSFT): 게임주

부모님들은 다소 싫어할(?) 수도 있지만 게임 산업은 내 자녀와의 밀접도를 떼어놓기 어려운 산업입니다. AI와 메타버스 산업이 발전하면서 게임 산업은 킬러

소니 장기 차트

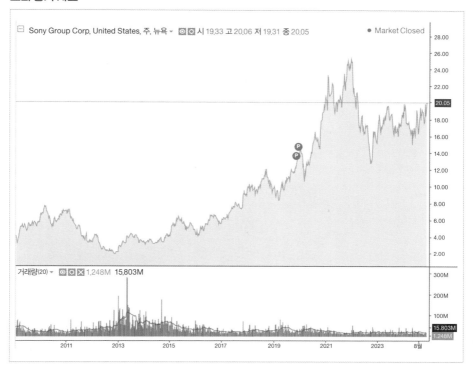

콘텐츠로서의 가능성이 높아지며 성장산업으로 주목받고 있습니다. 일반적으로 게임 플랫폼을 제공하는 회사는 주요 게임 제작사를 보유하거나 협력적 관계이기 때문에 투자자 입장에서는 게임 플랫폼을 중심으로 투자를 하는 것이 효율적입니다.

대표적인 게임 플랫폼 회사는 플레이스테이션(PS)의 소니, 닌텐도 스위치의 닌텐도, XBOX의 마이크로소프트가 있습니다. 현재 플레이스테이션이 가장 큰 시장을 점유하고 있으며, 닌텐도의 경우는 일본에 상장되어 있습니다. 그리고 마이크로소프트의 경우 XBOX 플랫폼을 보유하고 있을 뿐만 아니라 현재 최대 게임 IP 회사인 액티비전 블리자드의 인수 작업을 진행 중에 있습니다. 3개 기업 모두 강점과 특징을 가지고 있기 때문에 투자자의 판단을 통해 선택받을 수 있을 것 같습니다.

　　소수점 적립식 투자 포트폴리오는 종목 추천이 아닌 투자 콘셉트에 따른 포트폴리오의 예시입니다. 당연히 종목에 대한 선택도 개인적인 주관으로 이루어져 있으며 현시점을 기준으로 판단할 수밖에 없습니다. 콘셉트에 맞는 투자 포트폴리오를 구성하는 예시로 이번 장을 활용하기 바랍니다.

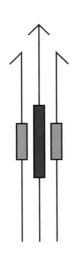

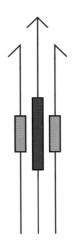

적립식 투자법 ❷
Ver. 2023 목남챌린지 포트폴리오
(공수 밸런스형)

2023년은 제가 대학교 투자 동아리 학생들을 대상으로 투자 강연회를 본격적으로 시작한 해입니다. 대학생들이 모인 강연장에서 미국 주식이 처음인 학생 입장에서는 소수점 적립식 거래를 활용하는 것이 좋다고 조언했는데요. 제가 직접 투자하지 않고 누군가에게 조언을 한다는 것은 진정성이 부족하다고 느껴서 저 역시 소수점 적립식 포트를 만들어 '목남챌린지'라는 이름으로 공개하고 그 성과를 정기적으로 블로그에 게시했습니다.

당시 여러 가지 고민 끝에 만든 포트폴리오로 실제 현재까지 해당 포트폴리오대로 1년 넘게 챌린지를 이어오고 있습니다. 투자 콘셉트는 10년 이상의 장기투자 관점에서 공격과 방어를 적절히 조합해서 수익률과 리스크 관리를 동시에 만족시키는 것입니다. 종목 선정의 이유와 편입 시점과 현재 시점의 차트를 함께 비교해가며 보기 바랍니다.

(챌린지 시작일: 2023.10.23)

투자 포트폴리오 설명

애플(AAPL)

당시 글로벌 시총 1위 기업으로 성장성과 안정성을 고루 갖춘 명품 기업입니다. 보통 주식을 보유하면서 불안한 마음을 갖는 경우도 있지만 애플은 보유 시 가장 마음이 편한 종목일 것입니다. 버핏이 한때 전체 자산의 50%를 애플로만 채웠을 정도로 아꼈던 종목이며, 다양한 제품 라인업(맥, 아이패드, 아이폰, 에어팟, 애플워치 등)과 막대한 자사주 매입, 그리고 온디바이스 AI 시대의 최대 수혜주로 지목받고 있습니다.

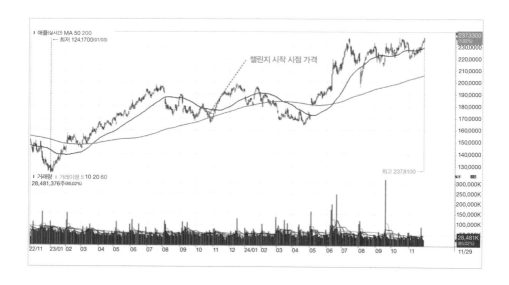

아마존(AMZN)

아마존은 4대 빅테크(애플, 구글, 마이크로소프트, 아마존) 중에서 최근 2~3년간 행보가 가장 아쉬운 기업입니다. 전자상거래 시장을 평정하고 AWS로 클라우드 시대를 열었을 때는 가장 혁신적인 모습을 보여주었으나 최근 빅테크 AI 경쟁에서 선도자가 아닌 추격자의 역할을 하고 있습니다. 한편으론 이러한 약간 뒤처진 모습을 뒤로하고 아마존의 DNA와 업력으로 볼 때 다시 한번 AI 랠리의 선두주자로 달릴 수 있는 역량이 충분하다고 보이며, 따라서 저평가 차원에서 4대 빅테크 중 향후 주가 상승 여력이 가장 높다고 볼 수 있습니다. 10년 이상의 장기적 관점에서 위대한 기업임에도 불구하고 빅테크 중에서는 상대적으로 뒤처져가고 있는 아마존의 '재도약에 대한 기대'가 바로 이 기업의 투자 포인트입니다.

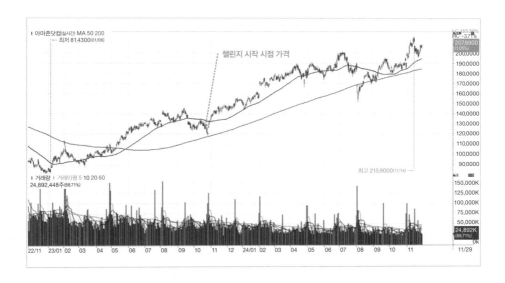

디즈니(DIS)

내 자녀와 함께 성장하는 포트폴리오에서도 언급한 종목으로 10년 이상 모아가는 투자전략 관점에서 볼 때 디즈니의 매력은 IP에 기반한 시장지배력의 힘과 현재의 낮은 밸류에이션입니다. 코로나 국면에서 디즈니랜드의 타격과 신규 콘텐츠의 부진, 디즈니 플러스의 수익성 악화 등의 다양한 경영부문 이슈로 무려 10년 전 주가로 되돌아갔기 때문에 가격 매력도는 충분하며, 이를 역사적 지지선으로 판단했습니다. 단기적으로는 해결해야 할 이슈들이 많지만 업력이 뛰어난 기업은 쉽게 무너지지 않고 고통스러운 구간을 이겨내며 다시 시장의 재평가를 받을 가능성이 높습니다. 장기 저평가 종목을 매수하는 관점에서 방어적인 전략으로 선택한 종목입니다.

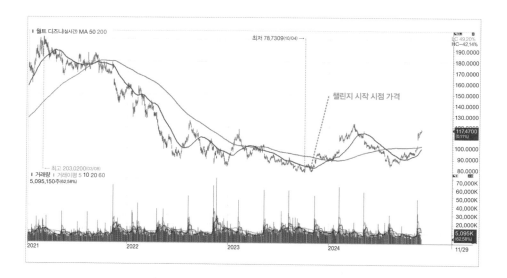

넥스트에라에너지(NEE)

넥스트에라에너지는 미국의 대표 배당주로 디즈니와 함께 방어적 성격의 종목으로 선택한 기업입니다. 일반적으로 배당주는 방어주의 성격을 가지고 있으나 2022년 급격한 금리상승 국면에서는 배당주가 금리 대비 배당 매력을 크게 잃게 되면서 큰 폭의 조정으로 받아 4년 전 주가로 되돌아갔습니다. 포트폴리오에 테크

주의 비중이 높은 편이기 때문에 전통 인프라 관련주를 함께 담음으로써 얻을 수 있는 분산 효과를 고려했습니다.

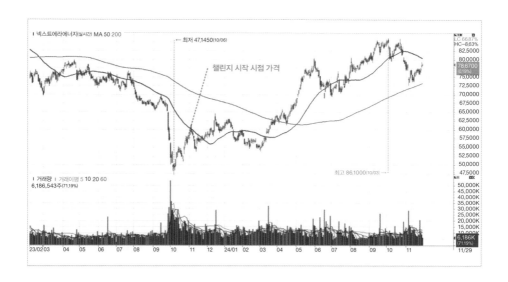

테슬라(TLSA)

기술주 2종목과 방어주 2종목을 고르고 보니 여전히 포트폴리오의 허전함이 있었고 미국 주식에 투자하는 결정적인 이유가 높은 기대 수익임을 고려할 때 강하게 치고 나갈 수 있는, 혹은 그러한 기대감을 주는 종목이 추가되었으면 좋겠다는 생각을 했습니다. 그러한 고민 끝에 마지막으로 선택한 종목이 바로 테슬라입니다. 2021년 전성기를 보인 뒤 전기차 시장이 캐즘(Chasm)에 돌입하면서 M7 기업 중 가장 낮은 퍼포먼스를 보여주었습니다. 하지만 테슬라의 이러한 부침 속에 향후 성장을 위한 카드(사이버트럭, ESS, FSD, 옵티머스, 로보택시, 저가형 모델 등)가 꾸준히 쌓여가고 있고 시간이 지나면서 새로운 비즈니스에 잠재력이 터질 때 주가의 재상승 가능성이 높다고 판단했습니다.

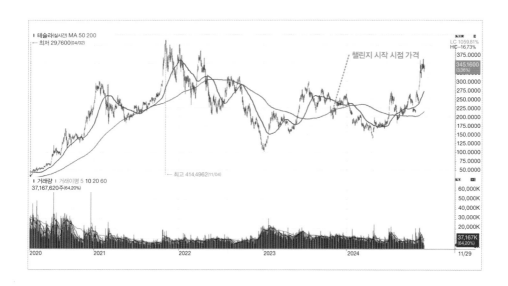

포트폴리오 요약

기업명	업종	경기 민감도	주가 부담(PER)	배당수익률
애플	빅테크(제조)	높음	39배	0.4%
아마존	빅테크(클라우드)	높음	44배	0%
디즈니	엔터테인먼트	낮음	43배	0%
넥스트에라에너지	유틸리티	낮음	23배	2.56%
테슬라	소비재	높음	94배	0%

　　포트폴리오 선정 기준은 우선적으로 10년 뒤에도 살아남아 있을 가능성이 높은 기업이어야 한다는 것입니다. 공수 밸런스형 포트폴리오로서 애플과 아마존은 빅테크로 공격적인 포지션을, 디즈니와 넥스트에라에너지는 밸류에이션 매력과 방어주 성격으로 안정적인 포지션을 맡겼고, 테슬라는 밸류에이션 매력을 가진 성장주로 최전방 공격수의 역할을 부여했습니다.

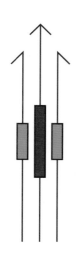

적립식 투자법 ③
Ver. 2024 AI 집중 포트폴리오

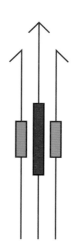

2023년에 목남챌린지를 시작하고 2024년이 되면서 소수점 적립식 포트폴리오를 선택하는 기준을 제가 아닌 이제 투자를 시작하는 젊은 투자자(2030) 관점에서 다시 접근해보았습니다. 그 시대를 살아가는 주인공으로서 향후 자신들의 10년, 20년은 어떠한 테마가 주도할 것인지를 고민해보았을 때 내린 결론은 바로 AI와 신약(바이오)이었습니다. 두 가지 테마를 정하고 저의 관점에서 이를 대표할 수 있는 기업을 조합하여 각각 AI 집중 포트폴리오와 바이오 포트폴리오를 구성했습니다.

참고로 바이오 포트폴리오의 경우 신약개발을 메인 테마로 정했지만 아직 뚜렷한 성과가 나오기 전이기 때문에 성급하게 종목을 선택하기보다는 현재 바이오 시장을 주도하는 비만치료제 기업과 함께 투자하면서 향후 포트폴리오를 조정하는 것이 적합하다고 생각하고 있습니다.

투자 포트폴리오 설명

엔비디아(NVDA)

AI 집중 포트폴리오 관점에서 엔비디아는 가장 먼저 선택해야 할 종목입니다. 현재까지 이어지고 있는 AI 랠리의 주인공이며 가속 컴퓨팅(Accelerated Computing) 혁명을 통해 AI 생태계를 구축하고 있는 기업입니다. AMD와 인텔이라는 경쟁자가 있으나 일찍이 개발자 생태계를 CUDA를 통해 장악하고 한발 빠른 AI 반도체 로드맵을 통해 독점에 가까운 시장지배력을 보여주고 있습니다. 높은 주가에 대한 부담으로 성장 속도 둔화 우려가 제기되고 있으나 향후 1~2년 이상 현재의 헤게모니를 유지하며 성장을 이어갈 것으로 보고 있습니다.

에이알엠홀딩스(ARM)

AI 혁명이 진행됨에 따라 주요 빅테크들은 신규 반도체 설계 경쟁에 뛰어들고 있으며, AI 시장이 고도화됨에 따라 첨단 반도체 수요도 동반해 급증할 것으로 예상하고 있습니다. 이러한 환경에서 첨단 반도체 설계의 근원적인 IP를 제공하면서 판매의 로열티까지 받고 있는 기업이 바로 ARM입니다. 저효율 저전력의 설계 기술로 스마트폰 시장을 점령했으나 스마트폰 시장의 정체로 성장에 대한 진통을 겪었던 ARM은 AI 시대에 전력 이슈가 강조되면서 서버 시장과 PC 시장이라는 새로운 성장동력을 얻게 되었습니다. AI 시장의 성장에 투자한다면 ARM은 빼놓을 수 없는 선택지입니다.

TSMC(TSM)

지금의 엔비디아가 존재할 수 있게 만든 기업이 바로 대만의 국민기업 TSMC

입니다. '우리는 고객과 경쟁하지 않는다'는 모토로 반도체 위탁생산만을 전문적으로 하는 파운드리(Foundry) 기업의 효시로 첨단의 반도체 생산 기술로 엔비디아의 놀라운 성장세를 가능하게 했습니다. 엔비디아가 아무리 대단한 칩을 설계한들 TSMC가 제때 필요한 물량만큼 생산하지 못한다면 지금의 엔비디아는 없었을 것입니다. 그만큼 TSMC의 기술력이 AI 시대에 있어서 대단하고 중요한 역할을 하고 있는 것입니다. 앞으로 도래할 온디바이스 AI 시대에도 TSMC의 중요성은 더욱 강조될 것이며, AI 투자에 있어서 꼭 포함되어야 할 기업으로 볼 수 있습니다.

버티브홀딩스(VRT)

엔비디아의 AI GPU 등장으로 하이퍼스케일러(Hyperscaler)인 클라우드 사업자(구글, 아마존, MS 등)들은 앞다투어 AI 데이터센터를 구축하기 시작했고 압도적인 성능 개선은 불가피하게 엄청난 전력 소모 이슈를 불러일으켰습니다. 데이터센터에서 사용하는 전력의 40%가 냉각에 사용되는 만큼 AI 시대에 냉각 기술의 발전이 절대적으로 필요한 상황입니다. 버티브홀딩스는 가장 앞선 데이터센터 냉각 기술을 가진 기업으로 평가받고 있으며, 데이터센터 관련 수주가 급증하고 있는 상황입니다. 역시 AI 생태계의 성장에 투자할 때 빼놓을 수 없는 기업이라고 할 수 있습니다.

팔란티어(PLTR)

AI 밸류체인의 발전 단계를 보면 AI 인프라인 하드웨어에서 시작해 대형언어모델(Large Language Model, LLM) AI 서비스와 AI 솔루션으로 전개될 것으로 예상됩니다. 팔란티어는 빅데이터 솔루션 기업으로 AI 기술을 자신의 서비스에 성공적으로 적용하면서 AI 솔루션 기업으로는 가장 앞선 기술력을 보여주고 있습니다. 특히 AI로 돈을 벌 수 있냐는 질문에 기업 실적으로 답하며 시장에 큰 주목을 받고 있습니다. AI 시장이 성장해갈수록 AI 기반 서비스를 제공하는 팔란티어의 가치는 더욱 높아질 것으로 예상되며 AI 투자 후보로서 가치가 충분하다고 볼 수 있습니다.

포트폴리오 요약

기업명	업종	경기 민감도	주가 부담(PER)	배당수익률
엔비디아	IT	높음	54배	0.02%
ARM	IT	높음	222배	0%
TSMC	IT	높음	29배	1.06%
버티브홀딩스	IT	높음	84배	0.08%
팔란티어	IT	높음	339배	0%

포트폴리오 선정 기준은 AI 산업의 성장을 해당 기업이 얼마나 함께할 수 있느냐는 것입니다. AI 집중 포트폴리오로서 AI 인프라를 제공하는 엔비디아, AI 반도체 설계 IP를 가진 ARM, AI 반도체를 위탁생산하는 TSMC, AI 데이터센터의 냉각 문제를 해결하는 버티브홀딩스, AI 서비스의 강점을 가진 팔란티어를 함께 투자함으로써 AI 전체 생태계 성장을 추종하도록 했습니다.

적립식 투자법 ④

Ver. 2024 신약개발/비만치료제 집중 포트폴리오

투자 포트폴리오 설명

엔비디아(NVDA)

GPU를 통한 가속 컴퓨팅으로 AI 시대의 승기를 잡은 엔비디아는 바이오 영역에 있어서도 시장을 장악할 준비를 하고 있습니다. 바로 신약개발이라는 미개척지에서 AI를 기반으로 신약개발의 혁신을 이끌고 가겠다는 것인데요. 벌써부터 빅테크가 아닌 빅파마(Big Pharma)들과의 협력이 적극적으로 진행되고 있는 상황입니다. 엔비디아는 빅파마와 바이오테크 기업들의 신약개발을 돕는 AI 플랫폼을 개발해서 제공하고 있으며 이미 신약개발 사업에 적극적으로 뛰어들었습니다. 이 것이 바이오 포트폴리오에 엔비디아를 가장 먼저 포함한 이유입니다.

리커전(RXRX)

바이오(신약개발) 포트폴리오에 리커전이라는 다소 생소한 기업을 포함시킨 것은 앞서 엔비디아를 포트폴리오에 담은 것과 비슷한 맥락입니다. 바로 엔비디아가 신약개발 시장을 선점하기 위해 대거 지분투자를 한 기업이 바로 리커전이기 때문입니다. 리커전은 2023년 7월 엔비디아로부터 5,000만 달러의 투자유치를 받아 AI 기반 신약개발 모델의 훈련을 진행하고 있습니다. 아직 AI를 통한 신약개발의 성과가 가시화되지 않은 상황에서 가능성이 높은 투자 선택지로 엔비디아의 안목과 자금이 들어간 리커전에 관심을 갖게 되었습니다.

일라이릴리(LLY)와 노보노디스크(NVO)

아직 신약개발의 성과가 뚜렷하게 나오지 않는 상황에서 바이오 시장은 비만치료제를 개발한 일라이릴리와 노보노디스크가 주도하고 있습니다. 당연히 현재 시장의 주도 기업이 바이오 포트폴리오에 포함되어야 한다고 생각합니다. 현재 제약회사들의 개발 로드맵으로 볼 때 2027~2028년까지도 두 회사가 시장을 양분할 것으로 예상하고 있습니다.

바이킹테라퓨틱스(VKTX)

바이킹테라퓨틱스는 비만치료제를 개발하는 바이오테크 기업입니다. 바이킹은 2024년 2월 말에 비만치료제 임상 2상 데이터 공개 직후 하루 만에 120% 급등했습니다. 일라이 릴리의 비만치료제인 잽바운드와 유사한 기술의 후보 제품의 임상 데이터가 너무 뛰어났기 때문인데요. 이로써 바이킹은 일라이릴이와 노보노디스크라는 빅파마의 비만치료제 경쟁에서 손가락만 빨고 있던 다른 빅파마의 M&A 타깃이 될 가능성이 높아지게 되었습니다.

포트폴리오 요약

기업명	업종	경기 민감도	주가 부담(PER)	배당수익률
엔비디아	IT	높음	54배	0.02%
리커전	헬스케어	매우높음	–	0%
일라이릴리	헬스케어	높음	87배	0.63%
노보노디스크	헬스케어	높음	34배	0.96%
바이킹테라퓨틱스	헬스케어	매우높음	–	0%

포트폴리오 선정 기준은 신약개발과 비만치료제 시장 성장에 있어서 해당 기업이 얼마나 이를 대표하느냐는 것입니다. 신약개발 시장에 아직 다양한 후보군이 있고 가시적인 성과가 아직은 미미하기 때문에 엔비디아와 리커전의 조합으로 성공 가능성을 최대한 높였습니다. 현재 시장을 리드하는 비만치료제 탑2 기업인 일라이리리와 노보노디스크를 포트폴리오에 담아서 헬스케어 시장의 성장을 추종했고 비만치료제 시장에서 M&A 타깃 가능성이 있는 바이오테크 기업인 바이킹테라퓨틱스를 추가하여 공격적인 역할을 맡게 했습니다.

적립식 투자법 5

Ver. 2025 목남챌린지 포트폴리오

(연간 투자모델)

시장의 색깔은 계속 변화합니다. 기업의 성과 역시 예상대로 움직이지 않고 외부환경, 내부환경에 따라 지속적으로 변화합니다. 2023년 처음으로 만든 소수점 적립식 포트폴리오가 10년을 보고 공격과 방어를 함께 고려한 포트폴리오였다면, 2024년에 만든 포트폴리오는 20대 대학생들의 관점에서 이들의 10년을 함께할 기술, 즉 AI와 신약(바이오)에 집중된 포트폴리오 투자전략이었습니다. 이제 2025년 트럼프 2.0 시대를 맞이해 한 해를 함께 헤쳐나갈 새로운 포트폴리오를 고민했습니다.

투자 포트폴리오 설명

팔란티어(PLTR)

팔란티어는 이 책의 집필 시점인 2024년 말 기준으로 가장 뜨거운 기업 중 하나입니다. 저는 이 기업을 텐베거 후보군 중 하나로 발굴하여 2023년 초부터 투자해왔습니다. 제2의 테슬라로 세상을 바꾸는 기술혁신으로 높은 성장을 보여줄 수 있는 기업을 찾고자 하는 노력으로 발견했고 현재도 가장 좋은 성과를 보여주는 종목입니다. 장기적으로 기업을 보유하기 위해서는 해당 기업의 경영철학과 보유 기술에 대한 깊은 이해가 필요합니다. 팔란티어의 앞선 AI 기술력과 경영능력은 이미 시장에서 검증되어 있으며 2025년의 퍼포먼스 기대감도 당연히 높은 상황입니다. 이것이 팔란티어를 연간 투자 포트폴리오에 1순위로 편입한 이유입니다.

테슬라(TLSA)

테슬라에게 있어, 그리고 일론 머스크에 있어 2024년도는 정말 잊지 못할 한 해일 것 같습니다. 같은 M7(Magnificent 7)으로서 엔비디아가 랠리를 펼치는 사이 3년 가까이 주가는 하락세를 보였고 전기차의 캐즘은 예상보다 길어졌습니다. 야심차게 준비하고 있는 신사업에 많은 비용을 투자했지만 가시적인 성과를 내기 위해서는 좀 더 시간이 필요했습니다.

그러나 사실 자율주행(FSD)과 로봇 사업(옵티머스)을 준비하고 있는 테슬라의 리스크는 '기술 리스크'가 아닌 '규제 리스크'였고 일론 머스크는 일생일대의 승부수를 내놓았습니다. 바로 '트럼프 지지 선언'이었죠. 2024년 말 개선된 테슬라의 실적발표와 함께 트럼프 당선으로 테슬라는 새로운 전기를 맞이했고, 정부효율부의 실질적 수장이 된 일론 머스크는 테슬라의 규제 리스크를 일거에 해소했습니다. 2025년은 테슬라에게 있어 리스크보다는 성장의 기회가 더욱 부각되는 한 해로 예상됩니다.

이번에는 팔란티어나 테슬라와는 반대로 트럼프 당선으로 리스크가 부각되는 두 기업을 살펴보도록 하겠습니다.

TSMC(TSM)

TSMC는 미국 팹리스(fabless) 기업들의 반도체를 위탁생산하고 있는 대만 기업입니다. 트럼프 눈에는 타국의 기업이 자국 기업들의 돈을 엄청나게 벌어가는 것이 못마땅할 것이고 당연히 트럼프의 재등장 후 TSMC에 대한 우려의 목소리가 높아졌습니다. 하지만 미국 테크 기업들에게는 TSMC를 대체할 수 있는 선택지는 없습니다. 인텔과 삼성전자가 파운드리 산업에서 경쟁을 하고 있지만 첨단 공정 수율에 있어서 빅테크에 눈높이를 맞추지 못하고 있습니다. 반도체의 원활한 양산에 기업의 사활이 걸린 만큼 반도체 업계에서 TSMC의 중요성과 대체 불가능성은 더욱 견고해질 것으로 보입니다.

이러한 결과가 TSMC의 가격 인상으로 이어지고 있으며 트럼프의 존재에도 매달 발표되는 매출 실적은 기록을 경신하는 상황입니다. 따라서 트럼프 대통령으로 인한 우려가 가격을 억누르고 있는 점이 오히려 TSMC를 바라보는 매력 포인트이며 2025년 한 해에도 안정적인 성장을 할 것으로 예상합니다.

EQT코퍼레이션(EQT)

미국의 천연가스 생산기업인 EQT코퍼레이션은 대표적인 트럼프 수혜주로 볼 수 있습니다. 미국이 관세를 무기로 주요 무역 상대국을 위협하고 있는데 특히 중국과 유럽은 이러한 압박에 대응하여 대미 무역수지를 맞추기 위해 미국산 천연가스를 대거 수입하고 있습니다.

천연가스 가격(P)이 올라가지 않더라도 천연가스의 운송량이 크게 증가하기 때문에 킨더모건(KMI) 같은 미들스트림(운송) 기업의 주가가 선제적으로 상승을 했습니다. EQT는 업스트림(생산) 기업으로 천연가스의 가격(P)과 수요(Q)에 모두 영향을 받는데 운송량은 크게 증가하고 있으나 아직 천연가스의 재고가 넉넉한 상황이라 가격 효과는 낮습니다. 하지만 이후 수요 급증에 따라 천연가스 가격이 상승한다면 상당한 실적 개선이 예상되는 상황입니다. 트럼프 대통령의 관세 정책과 함께 지속적인 정책 수혜를 받을 수 있는 기업이 바로 EQT입니다.

JP모건(JPM)

대형 은행주인 JP모건은 테크주 못지않게 최근 52주 신고가를 기록하며 꾸준한 상승세를 보여주고 있습니다. 은행주는 대표적인 배당주로 안정성을 가지고 있음에도 트럼프 당선 이후 수혜주로 분류되어 성장성도 매우 뚜렷한 상황입니다. 금융 규제완화 기대감, 인프라 투자 확대로 인한 대출 증가 기대감, 감세정책으로 인한 대출 수요 증가 기대감이 상승세의 주된 요인입니다. 여러모로 JP모건의 2025년 주가 흐름이 긍정적일 것으로 예상되는데 더욱 중요한 것은 포트폴리오의 분산 효과를 크게 높일 수 있는 선택지라는 것입니다.

포트폴리오 요약

포트폴리오 선정 기준은 2025년 한 해를 기준으로 양호한 주가 퍼포먼스를 보여줄 수 있느냐는 것입니다. 당연히 적립식 소수점 거래 포트폴리오로서 2025년

기업명	업종	경기 민감도	주가 부담(PER)	배당수익률
팔란티어	IT	높음	339배	0%
테슬라	소비재	높음	94배	0%
TSMC	IT	높음	29배	1.06%
EQT	유틸리티	중간	62배	1.19%
JP모건	금융	낮음	13배	1.84%

도에만 투자할 것이 아니기 때문에 장기적인 성장성 또한 고려했습니다. 최근 주가 모멘텀이 우수한 팔란티어와 테슬라를 우선 담고 트럼프 리스크로 주가 상승이 비교적 제한된 TSMC와 트럼프 수혜주인 EQT를 함께 담아서 포트폴리오에 균형을 맞추었습니다. 대체적으로 경기에 민감한 기업들로 구성되었기 때문에 안정성 차원에서 JP모건을 함께 담아서 확실한 수비수의 역할을 맡게 했습니다.

5장

절세계좌 투자법

ISA, 연금저축, IRP
100% 활용법

절세는 투자의 기본
나라가 주는 혜택은 모두 꼼꼼히 챙기자

　투자의 영역에 있어서 수익을 내는 노력도 중요하지만 가장 확실하고 기본적인 노력은 비용을 줄이는 노력입니다. 투자에서 발생하는 비용은 크게 수수료와 세금이 있습니다. 수수료는 다양한 증권사 이벤트를 활용한다면 효율적으로 줄일 수 있습니다. 환전 수수료도 수수료의 한 종류로서 환율에 민감한 고객들의 니즈를 충족시키기 위한 거래 증권사의 우대 환율 서비스를 알아보는 것을 추천드립니다.

　거래 빈도가 많지 않은 투자자이고 거래 규모와 수익 규모가 크다면 수수료보다 본질적으로 고려해야 하는 비용이 바로 세금입니다. 기본적으로 미국 주식의 경우 분리과세 22%라는 고율의 세율이 적용되기 때문에 이를 줄이는 노력을 기울이는 것이 바로 수익률을 높이는 가장 확실한 방법이기도 합니다.

　미국 주식을 거래하면서 꼬박꼬박 세금을 내는 투자자 입장에서는 일단 나라에서 주는 절세 혜택은 꼭 챙겨야 합니다. 내가 세금을 많이 낸다고 해서 국가에서 알아서 절세 혜택을 챙겨주지 않기 때문에 스스로 잘 챙기는 수밖에 없습니다.

투자자가 누릴 수 있는 현존 필수 절세 상품은 크게 세 가지가 있는데 바로 ISA, 연금저축, 퇴직연금(IRP)입니다. ISA는 국민들의 목돈 마련을 돕기 위해 도입된 제도이고, 연금저축과 퇴직연금은 국민연금만으로는 국민 개인의 노후를 100% 보장하기가 어렵기 때문에 세제 혜택을 통해 국민 스스로가 노후에 대한 대비를 하도록 유도하기 위해 만들어졌습니다. 이렇듯 정부가 특정 목적을 달성하기 위해 세금을 활용해서 절세 혜택을 주는 경우에는 이를 놓치지 않고 활용하는 것이 매우 중요하고, 이것이 '투자의 기본기'라고 할 수 있겠습니다.

🔆 참고 1

연말 250만 원 공제를 활용해서 절세 트레이딩하기

미국 주식 투자를 하면서 속상한 일이 있다면 그것은 바로 세금 때문일 것입니다. 물론 수익에 대한 과세이긴 하지만 22%라는 다소 높은 세율이 적용됩니다. 한 해의 손익에 대해 세금이 확정되고 다음 해 5월에 납부를 하는데 그사이 장이 좋지 않아서 손해를 보았다면 세금 때문에 또 주식을 팔아야 하는 경우가 발생할 수도 있습니다.

이런 상황 속에서 투자자가 할 수 있는 최선의 노력이 바로 양도세 절세 매매입니다. 해외 주식 양도세는 250만 원까지 공제가 됩니다. 즉 250원까지는 연간으로 수익을 내도 세금을 내지 않는다는 것이죠. 그런데 이 수익의 기준이 평가손익이 아닌 매도 후 실현손익이기 때문에 절세 매매가 필요합니다. 거래 증권사를 통해 미국 주식 투자자의 양도소득세 예상 금액을 미리 확인할 수 있습니다. 이미 매도 후 실현손익이 발생했고 그 금액이 250만 원을 넘을 경우에는 추가적으로 매도할 필요가 없습니다.

하지만 장기투자를 하는 경우 매도 없이 종목을 보유하고 있어서 250만 원 이상의 수익이 생겼다면 실현수익이 250만 원 이상 발생할 수 있는 만큼만 매도하고 경우에 따라 바로 재매수한다면 양도소득세 250만 원을 절약하고 계좌 잔고상의 변화는 없을 것입니다. 미국 주식 투자자라면 12월이 지나기 전에 꼭 체크해야 할 미션입니다.

ISA가 국민 재테크 필수템이라고 하는 이유

ISA란?

4장에서 내 자녀를 위한 투자법으로 소수점 적립식 거래를 활용한 주식 모으기를 소개해드렸는데요. 이제는 미성년 자녀가 아닌 성년 자녀 또는 이제 성년이 된 투자자들이 가장 기본적으로 챙겨야 할 금융상품을 소개해드리겠습니다.

ISA는 이제 갓 성인이 된 투자자에게 가장 필요한 투자수단이며 세대 불문, 국민 필수 계좌라고 해도 과언이 아닙니다. 3~5년 이상 장기적 관점에서 다양한 상품을 통해 자유롭게 투자하며 수익에 대해 절세 혜택을 주는 계좌는 현재 ISA가 유일합니다.

ISA(Individual Savings Account, 개인종합자산관리계좌)란 하나의 계좌에 국내 상장 주식, ETF, 펀드 등의 상품을 담아 자유롭게 운용하면서 절세 혜택을 누릴 수 있는 통합 계좌입니다. ISA 도입 초기에는 혜택이 다소 애매해서 많은 분들이 가입하지는 않았지만 이후 한 차례 제도 개편으로 업그레이드되었으며 조만간 예정된 제도 개편을 한 번 더 거치게 되면 한도와 혜택 차원에서 완성형에 가깝게 변하게 됩니다.

ISA를 통한 절세와 수익 증대 효과

연 납입한도 누적

ISA의 연 납입한도는 2,000만 원입니다. 최소 가입기간인 3년간 최대 6,000만 원, 최대 불입기간인 5년간 최대 1억 원까지 납입할 수 있고 세제 개편이 된다면 한도가 2배로 늘어날 예정입니다. ISA를 개설한다고 해서 매해 2,000만 원씩 납입해야 하는 것은 아닙니다. 납입한도는 연간으로 누적되는데, 예를 들어 올해 납입을 전혀 하지 못했다면 2차년도에는 작년 납입한도가 누적된 4,000만 원(2,000만+2,000만)까지 납입이 가능하기 때문에 미리 가입해둘수록 좋다고 볼 수 있습니다.

ISA 계좌 내 손익 상계

일반적으로 국내 주식, 펀드, 해외 주식 투자 시 계좌별로 각각 손익 상계가 됩니다. ISA는 한 계좌 내에서 다양한 투자상품을 거래할 수 있으며 상품별 손익이 계좌 내에서 손익 상계가 되는 이점이 있습니다.

비과세 및 분리과세 혜택

ISA 계좌의 직접적인 혜택은 비과세 혜택입니다. 현행 기준 ISA 계좌에서 3년 만기 이후 해지 시 수익에서 200만 원까지는 비과세 혜택을 받으며 초과분에 대해서는 9.9%의 비교적 낮은 이율의 분리과세 혜택을 받습니다. 일반적으로 이자 배당세가 15.4%이기 때문에 비과세가 아니더라도 분리과세 역시 분명한 이점이 있습니다.

분리과세를 통한 금융소득종합과세 미통산

비과세 혜택 한도가 비교적 크지 않아서 아쉬운 점은 있지만 초과분이 모두 분리과세인 점은 금융소득종합과세 대상자에게는 매우 중요한 절세 포인트입니다. 이자 배당소득이 연간 2,000만 원을 넘어가게 되면 종합소득과세로 적용되어 최대 45%의 세율을 적용받게 되지만 이를 9.9%로 분리과세하면 종합소득과세를 피할 수 있습니다.

과세이연을 통한 수익 증대

ISA 계좌의 복리 효과로 볼 수 있는 부분인데 일반적인 과세 구조가 연간 단위임에도 ISA 계좌는 만기 해지 시에 과세를 적용하기 때문에 만기 전까지 3~5년간 과세가 이연되어 해당 기간 동안 재투자를 통한 복리 효과를 극대화할 수 있습니다.

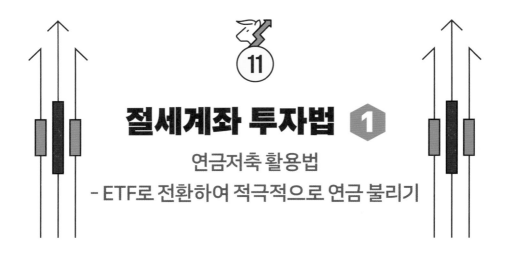

절세계좌 투자법 ①
연금저축 활용법
- ETF로 전환하여 적극적으로 연금 불리기

연금저축이란?

개인연금은 크게 은행을 통해 가입하는 연금신탁과 보험사를 통해 가입하는 연금보험, 증권사를 통해 가입하는 연금저축으로 나뉩니다. 다양한 투자상품을 통한 투자성과에 집중하는 경우에는 증권사의 '연금저축'을 통해 연금을 관리하는 경우가 많습니다.

연금저축의 필요성: 연말정산 소득공제(절세)와 노후 보장

성년이 되어 직장을 갖게 되면 13월의 월급이라고 하는 연말정산이란 이벤트를 경험하게 됩니다. 이때 '한 해 동안 얼마나 연말정산 준비를 꼼꼼히 하느냐'에 따라 희비가 엇갈리며, 연말정산을 한 번이라도 경험해본 직장인이라면 소득공제에 대한 고민을 갖게 됩니다. 이때 직장인이 선택할 수 있는 가장 효율적인 연말정산 수단이 바로 '연금을 통한 소득공제'입니다.

참고로 연금 관련 팁을 드리자면 연금저축이든 퇴직연금이든 간에 최대 900만 원까지 소득공제 혜택이 주어지지만 연금의 특성상 퇴직연금의 경우 천재지변이 아닌 한 투자금을 긴급하게 사용하기 어렵기 때문에 대게 연금저축 600만 원을 먼저 채우고 퇴직연금 계좌에 나머지 한도인 300만 원을 채우게 됩니다.

당장의 목적인 절세를 위해 연금을 납입하더라도 결국 은퇴 시점에는 이러한 과거의 노력이 다른 의미에서 빛을 발하게 됩니다. 소득공제 혜택을 받기 위해 꾸준히 납입했던 연금 자산이 은퇴 시점에서는 투자자의 노후를 보장할 수 있는 든든한 버팀목이 되기 때문입니다. MZ세대 투자자들 중에서는 당장에 상황에 집중하여 연금 투자를 하지 않는 경우가 많다고 하는데, 이 책을 보는 투자자분들은 절세와 노후를 한 번에 해결하는 좋은 수단을 놓치지 않길 바랍니다.

연금저축, ETF로 전환해서 직접 운용하자

최근 연금 시장에서 매우 의미 있는 제도적 변화가 있었는데요. 연금저축 계좌에서 투자할 수 있는 금융상품이 기존에는 대부분 펀드상품(간접투자)으로 제한되었는데 이를 ETF로 전환해서 연금 가입자가 '직접 투자'할 수 있게 되었습니다. 이제는 연금저축 계좌 자산을 어떤 ETF를 활용해서 투자하는지가 매우 중요해졌고, 이를 노린 운용사들이 연금 투자를 위한 신규 상품을 공격적으로 출시하면서 연금 ETF 시장이 급격히 커졌습니다.

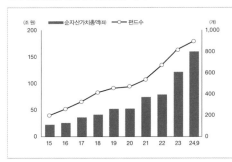

자료: 한국거래소

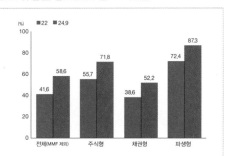

자료: 금융투자협회

하나금융연구소에 따르면 현재 ETF 시장은 연금 ETF 시장의 확대에 힘입어 2024년 9월 기준 순자산가치 150조 원을 돌파했고 ETF가 공모펀드를 지속적으로 대체하며 성장해오고 있습니다. 연금 자산의 적극적인 운용 니즈가 증가하면서 공모펀드에 비해 거래가 편리하고 수수료가 낮은 ETF의 연금 계좌 편입이 더욱 확대될 전망이며, ISA 세제 혜택과 맞물려 손익통산이 가능한 ISA 계좌를 통한 ETF 투자 역시 함께 증가될 것으로 보입니다.

연금저축 계좌에서 펀드를 통해 간접 투자하는 방식을 수동적 투자라고 한다면, ETF로 전환하여 직접 투자하는 방식을 능동적 투자라고 볼 수 있습니다. ETF로 거래한다고 해서 펀드보다 무조건 높은 수익을 보장할 수는 없지만 미국 주식을 통해 장기적인 수익을 추구하는 미국 주식 초보자 입장에서는 ETF를 활용해서 연금을 투자할 때 얻는 이점이 많이 있습니다.

연금 ETF 전환의 장점

일단 연금이라는 규모 있는 자산을 장기적인 관점에서 ETF로 운용하는 것이기 때문에 별도의 ETF 투자자금을 만들 필요 없이 바로 투자할 수 있습니다. 또한 장기 성장성 측면에서 상대적으로 유리한 점 있는 미국 주식 투자를 연금 계좌에서도 투자할 수 있습니다.

물론 연금 계좌에서는 미국 개별 주식이나 미국 거래소에 상장된 ETF를 직접 매수할 수는 없지만 국내 운용사들이 만든 '국내 상장 해외 ETF'를 활용할 수 있습니다. 미국 ETF는 세계에서 가장 큰 규모와 오랜 역사를 가지고 있기 때문에 미국 시장을 따라가는 국내 ETF 운용사들은 미국의 인기 ETF를 벤치마크하는 신규 ETF를 지속적으로 출시하고 있는 상황입니다.

미국 ETF를 벤치마크한 국내 상장 해외 ETF의 예

상품명	종목 코드	벤치마크 ETF
TIGER 미국S&P500 ETF	360750	SPY
KODEX 미국나스닥100 ETF	304940	QQQ
SOL 미국배당다우존스 ETF	446720	DVY
KBSTAR 미국장기국채선물(H) ETF	267440	TLT

또한 이는 절세 효과도 포함되는데 주식 계좌에서 미국 주식을 거래할 경우 22%의 분리과세를 적용받지만, 연금저축 계좌에서 동일한 효과의 벤치마크 ETF를 거래할 경우 낮은 이율의 세율(3.3%)만 연금 개시 이후 납부하게 됩니다.

단점이라면 연금 계좌의 경우 급할 때 사용할 수 없고 연금 개시까지 보유해야 세제 혜택이 유지되는 점인데, 반대로 생각하면 장기적인 판단으로 미래의 노후를 위해 흔들림 없이 연금 자산을 불려나갈 수 있습니다.

연금 계좌에서 투자할 수 없는 ETF는?

연금 계좌에서 ETF를 투자할 수 있게 되었지만 안정성이 중요한 연금 계좌의 특성에 맞게 모든 ETF를 투자할 수는 없습니다.

아쉽게도 세제 혜택의 목적에 국내 증시 활성화가 포함되기 때문에 세제 혜택이 있는 ISA 와 연금저축 계좌에서는 해외 ETF(해외 상장)는 투자할 수 없습니다. 또한 파생상품형 ETF 인 파생상품을 기초자산으로 한 ETF와 레버리지 ETF, 인버스 ETF도 연금 투자에 부합하지 않은 투기성 상품으로 분류되어 연금 계좌에서는 투자할 수 없습니다.

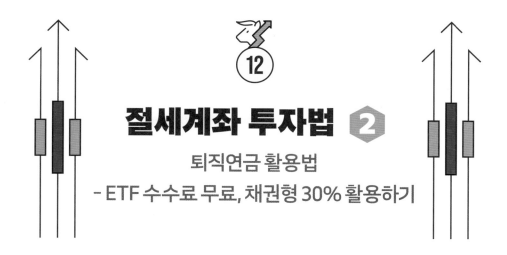

절세계좌 투자법 ②

퇴직연금 활용법
– ETF 수수료 무료, 채권형 30% 활용하기

퇴직연금(IRP)이란?

퇴직연금 IRP는 Individual Retirement Pension의 약자로 근로자의 은퇴 이후 안정적인 소득 보장을 위해 퇴직금을 적립하거나 추가 납입을 통해 운용하는 개인형 연금 계좌입니다. 일반적으로 퇴직금이 발생하기 전에는 소득공제를 위해 매년 추가 납입을 하면서 연금 계좌를 운용하게 되며 퇴직 시에는 퇴직금이 한 번에 IRP 계좌로 들어오게 됩니다.

퇴직연금 투자의 경우 대부분 연금저축과 비슷한 효과와 투자전략을 공유합니다. 당연히 퇴직연금 계좌도 연금저축 계좌처럼 연금 자산을 ETF로 전환해서 운용하는 것이 미국 주식을 장기적인 관점에서 접근하는 투자자에게 동일한 장점을 제공합니다. 따라서 연금저축과 마찬가지로 퇴직연금 계좌도 ETF로 전환 신청을 하면 국내 상장 해외 ETF를 통해 미래의 노후 자산을 지금부터 불려나갈 수 있습니다.

중요한 차이점이 몇 가지 있는데, 하나는 퇴직연금 계좌에서는 ETF 거래 수수료가 무료이며 연금 자산의 30%에 한해서는 채권형(안전자산)을 무조건 투자해야 한다는 점입니다. 참고로 거래 수수료가 무료이기 때문에 ETF 거래가 빈번한 경우에는 퇴직연금 자산을 연금저축으로 이전하지 않고 그대로 퇴직연금 계좌에서 거래하는 것이 비용절감 차원에서 유리합니다.

채권형 혹은 채권혼합형 ETF 필수 비중 30%, 어떻게 활용하면 좋을까?

연금을 ETF로 전환해서 투자하는 경우 연금저축과 다르게 퇴직연금 계좌에서는 다소 번거로운 상황을 맞이하게 되는데 바로 안전자산 30% 규정 때문에 연금저축과 동일한 포트폴리오를 가져갈 수 없다는 것입니다.

채권형 혹은 채권혼합형 ETF로 안정형 자산 비중을 채울 때 크게 두 가지 접근 방법을 사용할 수 있습니다. 하나는 보수적 투자자의 경우 IRP 제도의 의도에 맞게 안정적 성향을 가진 채권형 ETF의 비중을 채우는 것입니다. 다른 하나는 제가 선호하는 방식으로 월배당 커버드콜 포트폴리오에 맞는 ETF를 선택하는 것입니다.

바로 다음 절에서 인컴형 월배당 포트폴리오에 대해 자세히 다룰 예정인데 ISA, 연금저축, 그리고 퇴직연금 계좌의 70% 한도를 월배당 커버드콜 ETF로 채운 경우라면 IRP 계좌의 30%인 안전자산 비중도 유사한 특성의 ETF를 투자함으로써 월배당 전략의 극대화가 가능합니다.

테슬라 커버드콜 수익과 채권이자를 매달 받는 ETF가 있다?

미국에서도 ETF 시장의 트렌드가 계속 변화하고 있습니다. TSLY는 테슬라의 높은 옵션 프리미엄에 착안해서 만든 월배당형 ETF로 미국 내에서도 상당한 인기를 얻었습니다. 이를 국내 운용사에서 벤치마크해 채권혼합형으로 만든 ETF가 KODEX 테슬라커버드콜채권혼합액티브(475080)입니다.

TSLY가 테슬라의 높은 변동성을 고려해서 커버드콜 옵션 프리미엄 수익을 극대화하는 ETF라면, 해당 ETF의 경우 테슬라 커버드콜 전략에 국내 채권 투자를 혼합하여 '채권혼합형'의 조건을 맞췄습니다. 수익구조를 보면 테슬라 커버드콜 수익에 더해 채권이자를 매달 지급받는 형식으로 만들어져 있습니다.

커버드콜 전략을 이용하면 정기적으로 옵션수익을 얻게 되는데 기초자산의 변동성이 클수록 더 큰 옵션수익이 발생합니다. 테슬라의 경우 나스닥 종목 중에

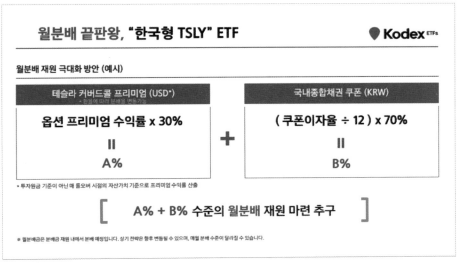

자료: 삼성자산운용 제공

서도 가장 높은 수준의 변동성을 가진 종목으로서 상대적으로 높은 옵션 프리미엄을 가지고 있습니다.

이렇게 될 경우 퇴직연금 계좌의 안전자산 조건(채권형, 채권혼합형)에 부합하기 때문에 퇴직연금뿐만 아니라 연금저축, ISA 계좌의 월배당형 ETF와 함께 포트폴리오를 구성해서 월배당형 투자법으로 활용할 수 있습니다. 월배당형 투자법에 대해서는 이어지는 절세계좌 투자법에서 자세히 설명드리도록 하겠습니다.

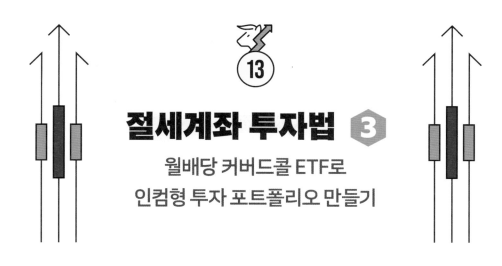

절세계좌 투자법 ③

월배당 커버드콜 ETF로
인컴형 투자 포트폴리오 만들기

ETF 시장은 150조의 국민 재테크 시장이 되었고 이 중 월배당 ETF 시장은 2022년 6월 이후 74개 종목이 상장되어 12조 규모로 성장하고 있는(2024년 8월 기준) 가장 뜨거운 자산운용시장입니다. 그렇다면 월배당형 ETF 시장이 왜 이렇게 빠르게 성장을 하고 있는 것일까요? 바로 연금 자산이 월배당형 ETF를 중심으로 유입되고 있기 때문입니다.

이는 단순히 국내 연금 시장만의 흐름이 아니라 미국을 중심으로 한 글로벌 트렌드이기도 합니다. 부머 캔디(Bommer Candy)라는 시대적 용어가 있는데 바로 은퇴자들을 위한 금융상품을 의미합니다. 베이비 부머(Baby Bommer) 세대가 은퇴 시기를 대거 맞이하면서 이들의 노후 보장에 적합한 금융상품의 존재가 절실해졌습니다. 이때 미국 ETF 시장에서 '커버드콜 혁명'이 진행되면서 커버드콜 ETF가 은퇴 세대들의 의미 있는 선택지가 된 것입니다.

월배당형 ETF 순자산 추이

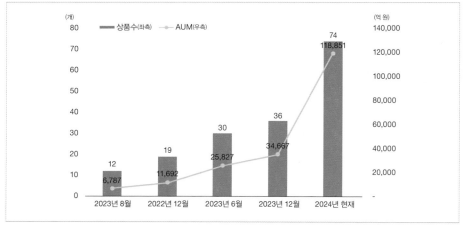

자료: 미래에셋자산운용 제공

미국 커버드콜 혁명

커버드콜 혁명은 미국 투자자들 사이에서 커버드콜 전략을 기반으로 하는 ETF의 인기가 폭발적으로 증가하고 있는 현상을 의미합니다. 미국에서도 은퇴자 및 인컴 투자자들의 안정적인 현금흐름 선호가 점점 증가하는 추세로 순수 커버드콜 ETF가 아닌 주식을 보유하고 보조적으로 옵션 프리미엄을 수취하는 변형된 커버드콜 ETF의 관심이 크게 높아졌습니다.

대표적인 배당주 ETF인 SCHD보다 QYLD, JEPI, JEPQ 같은 ETF에서 월등히 높은 월 분배금을 지급하면서 투자자들의 관심이 몰렸고, 특히 분배금이 높은 경우 주가 자체가 배당금 수익 이상으로 하락하는 경우가 많았지만 해당 커버드콜 ETF의 경우에는 장기 우상향하는 S&P와 나스닥 지수를 기초자산으로 하여 원본 안정성이 상대적으로 높다는 평을 받고 있습니다.

국내 자산운용시장에서도 커버드콜 경쟁 심화

미국에서 커버드콜 혁명이 진행되면서 JEPI, JEPQ, QYLD와 같은 지수+커버드콜 혼합 ETF 상품이 크게 인기를 끌었고 국내 운용사에서 이를 벤치마크한 ETF를 대거 출시하면서 국내에서도 월배당 커버드콜 ETF 경쟁이 강하게 벌어졌습니다.

특정 자산운용사에서 출시한 월배당 커버드콜 상품이 크게 인기를 끌면서 '기본지수+X%'라고 하는 일종의 커버드콜 수익률 경쟁이 치열해졌으며 여러 자산운용사를 통해 3%, 7%, 10%에 이어서 15%짜리 커버드콜도 출시되었습니다. 금융당국에서는 커버드콜 상품에 대해 투자자들이 명확하기 이해하기 어려운 상황에서 마치 수익률처럼 표시되는 상품명에 대해 규제를 하기 시작했고 현재는 '기본지수+X%' 식의 상품명을 쓰지 못하게 되었습니다.

저도 이러한 경쟁을 지켜보면서 '좀 과하지 않나?'라고 생각을 했었는데요. 중요한 것은 유행이 아니라 해당 ETF의 투자전략이 과연 투자자에게 얼마나 적합한지, 숨겨진 리스크는 없는지를 파악하는 것입니다. 이러한 타깃 프리미엄 전략의 경우 탄생된 지 얼마 되지 않았기 때문에 단순히 유행과 현재의 분배금에 끌려서 투자하는 것은 다소 위험하며, 투자자 스스로 어느 정도의 위험분석을 하고 투자를 해야 한다고 생각합니다.

커버드콜 상품의 수익구조를 이해하자

커버드콜은 선물옵션 파생상품에서 나오는 투자전략 개념이기 때문에 주식 투자만 해온 경우 다소 생소할 수 있습니다. 하지만 막연한 두려움을 가질 필요는 없고 어떠한 구조로 이루어지는지 명확히 이해하면 될 것 같습니다.

커버드콜은 주식을 매수하고 함께 콜옵션을 매도해서 '아래 [그림] 왼쪽'과 같은 수익률 곡선을 만들게 됩니다. 주식 매수와 콜옵션 매도를 동시에 투자하면 상승은 막혀 있고 하방은 열려 있는 대신 옵션 프리미엄을 받기 때문에 횡보 구간에서 꾸준한 수익을 얻을 수 있습니다. 어떻게 보면 상승 여력을 포기한 대신 정기적인 인컴을 받아서 하락장과 조정장에 대비하는 전략이라고 볼 수 있습니다.

최근 나온 커버드콜 ETF의 경우에는 타켓 프리미엄 전략을 사용하기 때문에 순수한 커버드콜이라기보다는 대표지수의 상승세에 더해서 보조적으로 옵션 프리미엄을 활용하는 전략입니다. 따라서 '아래 [그림] 오른쪽'과 같은 상승이 막혀 있지 않고 곡선의 기울기가 감소하는 스타일로 변형됩니다. 즉 기초지수의 상승도

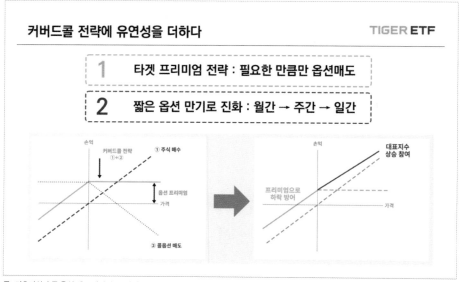

주: 기초자산과 콜 옵션 매도 대상이 동일함을 가정
자료: 미래에셋자산운용 제공

추구하면서 인컴 수익도 추구하는 복합적인 구조입니다. 어떻게 보면 최근 나타난 커버드콜 수익률 경쟁은 일종의 조삼모사일 수 있는 것이 더 높은 커버드콜 수익을 만들려고 한다면 그만큼 기초자산의 상승 시 수익을 줄이는 것이기 때문에 큰 의미가 없으며 본인의 투자성향에 맞춰서 선택하면 됩니다.

정리하면 커버드콜이 포함된 월배당 ETF의 투자법은 하방은 인정하면서 지수 상승 시에 얻는 수익을 줄여서 정기적인 인컴을 만드는 것이기 때문에 지수가 장기적으로 우상향한다고 판단할 경우에 적합하며, 지수가 하락하고 횡보하는 기간 동안 벌어들인 인컴 수익을 재투자함으로써 장기투자 성공률을 크게 높일 수 있는 투자법입니다.

월배당 ETF 포트폴리오로 건물주가 되어보자

지금까지 커버드콜의 개념에 대해 설명드렸는데, 여기서 말씀드리고 싶은 월배당 포트폴리오 전략의 핵심은 단순히 커버드콜 수익을 얻는 것이 아니라 배당수익, 채권이자, 커버드콜 옵션 프리미엄 등 쌓인 인컴 수익을 자동 재매수를 하면서 복리 효과를 얻는 것에 있습니다.

모든 이들의 꿈이 건물주라고 하죠. 내가 보유한 건물에서 월세를 받는다는 것은 상상만 해도 기분 좋은 일인 것 같습니다. 문제는 건물이 너무 비싸다는 것이죠. 그런데 월배당 ETF를 보유하고 있으면 마치 건물 월세처럼 월 분배금을 줍니다. 금액에 제한 없이 내가 가진 ETF 자산 규모에 비례해서 월 배당금을 줍니다.

건물주도 건물을 매입하고 시간이 지나면서 시세차익을 기대하기도 하지만 꾸준한 현금흐름이 나오는 자산을 짧은 기간 보유하고 파는 경우는 많지 않고 보통

자료: DALL-E

월세 수익에 집중을 합니다. 월배당 ETF도 장기적으로 지수가 상승하면서 시세차익이 나올 것을 기대하지만 당장에 주가가 빠졌다고 하더라도 매도를 고민하기보다는 매달 받는 현금흐름에 집중하면서 미래에 현금흐름을 극대화하려고 할 것입니다.

대표적인 월배당 커버드콜 ETF인 TIGER 미국배당다우존스타겟커버드콜2호 (458760)의 경우 미국 배당성향 주식에서 연 3% 수준의 배당이 나오고 커버드콜에서 연 7% 수준의 옵션 프리미엄을 추구하기 때문에 연기준으로 10%, 월 기준으로는 0.9%(약 1%) 수준의 월 분배금이 지급됩니다. 실제 분배금 지급 현황을 보면 꾸준히 목표치에 맞는 분배금이 지급되고 있으며 2,000만 원 매수 가정 시 매달 18만 원의 분배금을 받게 됩니다.

TIGER 미국배당다우존스타겟커버드콜2호(458760)의 실제 분배금 지급 현황

지급기준일	실제 지급일	분배금액(원)	주당과세표준액(원)
2024년 10월 31일	2024년 11월 04일	92	92
2024년 09월 30일	2024년 10월 04일	92	92
2024년 08월 30일	2024년 09월 03일	94	94
2024년 07월 31일	2024년 08월 02일	98	98
2024년 06월 28일	2024년 07월 02일	95	95
2024년 05월 31일	2024년 06월 04일	95	95
2024년 04월 30일	2024년 05월 03일	90	90
2024년 03월 29일	2024년 04월 02일	88	88
2024년 02월 29일	2024년 03월 05일	88	88
2024년 01월 31일	2024년 02월 02일	88	88
2023년 12월 28일	2024년 01월 03일	90	90
2023년 11월 30일	2023년 12월 04일	90	0
2023년 10월 31일	2023년 11월 02일	81	0
2023년 09월 27일	2023년 10월 05일	90	90
2023년 08월 31일	2023년 09월 04일	90	90
2023년 07월 31일	2023년 08월 02일	89	89

월배당 ETF 포트폴리오 장기투자 시뮬레이션

그럼 이제 월배당 포트폴리오를 통한 장기투자의 가장 긍정적인 시뮬레이션을 돌려보도록 하겠습니다. ISA, 연금저축, 퇴직연금을 전부 월배당 포트폴리오로 투자하고 매달 지급되는 분배금을 재투자해야 합니다. 일단 ISA가 가장 큰 목돈을 모을 수 있는데 현재 연간 최대 2,000만 원 납입한도가 개정 후 4,000만 원으로 늘어날 경우 10년간 5년 만기를 2회 채우게 되면 약 4억의 원금을 모을 수 있고 10년간 복리 투자수익을 추가하면 그 이상이 되어 있을 것입니다.

직장인의 연금 소득공제 한도를 연금저축 600만 원, 퇴직연금 300만 원으로 900만 원씩 채우는 과정을 10년간 진행하게 되면 1억 이상의 원금이 모여 있을 것이고 10년간의 재투자 복리수익도 발생하게 될 것입니다.

매년 ISA 계좌에서 2,000만~4,000만 원까지 모으기 어렵다고 하더라도 원금을 제외한 복리 투자수익을 고려하면 확실히 원금을 월등히 뛰어넘는 자산이 쌓여 있게 될 것입니다. 10년 동안 절세 계좌를 총동원해서 월배당 ETF 자동 재투자 전략으로 투자할 경우 5억의 원금을 모을 수 있으며(복리 효과에 따라서 5억 달성 기간이 크게 단축될 수 있습니다) 그렇다면 연 분배금률 10% 가정 시 매월 450만 원 수준의 월 분배금이 발생하게 됩니다.

해당 전략의 진정한 가치는 연금 투자를 진행하는 과정에서 나타납니다. 10~20년간 월배당 ETF에서 월 분배금을 직접 재투자하는 과정에서 시간이 흐름에 따라 현금흐름이 지속적으로 성장하는 복리 효과를 몸소 체험할 수 있으며, 연금 인출이 발생되는 은퇴 시점에 연금 자산 자체에서 나오는 연금과는 별도로 추가적인 연금(인컴) 흐름을 극대화할 수 있습니다. 나의 노후를 위해 지금부터 시작하는 한 걸음이 얼마나 위대한지를 이러한 시뮬레이션을 통해 간접적으로 확인할 수 있습니다.

참고로 미래에셋자산운용의 통계자료에 따르면 국내 월배당 커버드콜 ETF 투자자 42%가 2030 투자자라고 합니다. 어떻게 보면 기성세대 투자자들이 실험적인 상품에 대한 선택을 주저하고 있기 때문으로 보이며, 향후 고령 투자자들의 활용이 이어지면 해당 시장은 더욱 커질 것으로 전망됩니다.

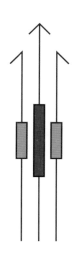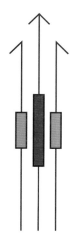

절세계좌 투자법 ④

ISA, 연금도 미국 투자로
- 국내 상장 해외 ETF 활용하기

앞서 연금 투자 시 ETF를 활용해서 적극적으로 노후 자산을 관리할 수 있다고 설명했는데, 기본적으로 연금 계좌에서 거래할 수 있는 ETF는 세제 혜택 차원에서 국내에 상장된 ETF에 한정됩니다. 국내 ETF는 대표적으로 코스피나 코스닥 혹은 국내 업종을 대표한 ETF들이 주로 떠오르겠지만 국내 상장된 해외 ETF를 활용한다면 연금 계좌에서도 미국 주식 투자를 직간접적으로 할 수 있게 됩니다. 따라서 국장보다 미장 투자를 선호하는 투자자들 역시 연금 투자에서도 일관되게 미국 주식 투자를 할 수 있습니다.

그렇다면 연금 투자 시 국내 상장 해외 ETF는 어떠한 전략적 관점으로 선택하는 것이 좋을까요?

연금 투자는 공격적 혹은 단기적 투자보다는 연금 자산의 특성상 장기적으로 모아갈 수 있는 자산이 적합합니다. 따라서 안정성과 장기 성장성이 뛰어나며 세제 혜택도 극대화할 수 있어야 합니다. 이 점은 ISA 계좌 투자 시에도 비슷하게 적용되지만 만기가 3~5년인 ISA보다 55세 이후에 만기가 도래하는 연금 계좌는 만기 차원에서 보다 장기적인 관점에서 접근해야 합니다.

연금 ETF 선택의 기준점: 메가트렌드를 가져가자

연금 ETF 투자 시 국내 상장 해외 ETF를 고를 때는 앞으로의 메가트렌드에 대한 예측을 기반해서 선택하는 것이 좋습니다. 이러한 관점에서 앞으로의 메가트렌드를 주도할 업종을 고민해보았을 때 참고할 만한 세 가지 ETF를 소개해드리도록 하겠습니다.

TIGER 글로벌온디바이스AI(480310)

ETF 개요

글로벌 온디바이스 AI 관련주로 구성된 ETF로 현재 시장을 주도하고 있는 AI 데이터센터의 다음 AI 사이클로 주목을 받고 있습니다. AI 시장의 성장이 고도화됨에 따라 엔비디아를 중심으로 한 생성형 AI 관련주들의 성장세가 둔화되고 내 손안의 AI인 온디바이스 AI 시대가 열릴 것으로 기대됩니다. 이에 따라 ETF의 장기 성장성을 기대할 수 있습니다.

투자 정보

AUM: 1,443억 원

총보수: 0.49%

상장일: 2024.4.16

배당주기: 분기 배당

주요 구성종목(Top 5)

1위 퀄컴 13.87%, 2위 ARM 12.81%, 3위 애플 9.55%, 4위 시놉시스 8.67%, 5위 케이던스디자인 8.06%

KODEX 글로벌비만치료제TOP2Plus(476070)

ETF 개요

골드만삭스에 따르면 글로벌 비만치료제 시장은 2030년까지 연평균 50% 성장하며 약 1,000억 달러 규모의 시장으로 성장할 것이 예상됩니다. 해당 ETF는 2028년까지 시장을 양분할 것으로 예상되는 일라이릴리와 노보노디스크 두 기업을 Top 2로 선정하여 전체 포트의 절반을 채우고 현재 임상 진행 중인 비만치료제 바이오테크 기업에 나머지를 투자하고 있습니다.

투자 정보

AUM: 880억 원

총보수: 0.45%

상장일: 2024.2.14

배당주기: 분기 배당

주요 구성종목(Top 5)

1위 일라이릴리 24.94%, 2위 노보노디스크 20.82%, 3위 리듬파마슈티컬스 9.80%, 4위 질랜드 7.71%, 5위 바이킹테라퓨틱스 7.31%

TIGER 미국AI빅테크10(490090)

ETF 개요

현 시장의 메가트렌드라고 할 수 있는 AI 섹터를 빅테크를 중심으로 추종하게 설계한 ETF입니다. 단순 시가총액 상위 기준 10개 기업이 아니라 재무 데이터를 추가적으로 고려해 선정한 상위 AI 빅테크 10개 기업에 투자하며 해당 기업의 시가총액을 가중해서 비중을 조절하고 있습니다.

투자 정보

AUM: 1,144억 원

총보수: 0.3%

상장일: 2024.8.27

배당주기: 분기 배당

주요 구성종목(Top 5)

1위 애플 19.31%, 2위 엔비디아 18.82%, 3위 마이크로소프트 18.15%, 4위 아마존 11.17%, 5위. 알파벳 10.98%

연금 ETF도 꾸준한 포트폴리오 관리가 핵심!

처음 투자 종목을 선정할 때 최대한 신중히 고민하겠지만 아무래도 개인적인 관심과 성향이 영향을 크게 미칠 것입니다. 이 책을 보는 투자자들이라면 투자 종목을 골라놓고 무관심으로 일관할 리는 없을 것입니다. 시장의 색깔이 항상 동일하지 않고 글로벌 증시 트렌드가 지속적으로 변하기 때문에 자신의 투자 포트폴리오에 대한 지속적인 관심이 필요합니다. 시대의 변화에 따라 적절하게 종목을 교체하는 게 중요하고 투자 실력은 이러한 과정 속에서 자연스럽게 성장할 것입니다.

참고로 국내 자산운용사들이 경쟁적으로 신규 ETF를 출시하고 있습니다. 매달, 매주 쏟아져 나오는 새로운 ETF를 분석하기가 어려울 정도인데요. 그만큼 ETF 시장의 관심과 수요가 높아졌기 때문에 자산운용사들도 경쟁적으로 자기 일을 열심히 하고 있는 것으로 보입니다. 경쟁이 심화된다는 것은 어떻게 보면 투자자에게는 좋은 일입니다. 경쟁 속에서 비용도 절감되고 투자자에게 다양한 선택지가 제공됩니다. 지속적으로 신규 ETF에 관심을 갖고 스스로 분석해보면서 종목 교체를 해보길 추천드립니다.

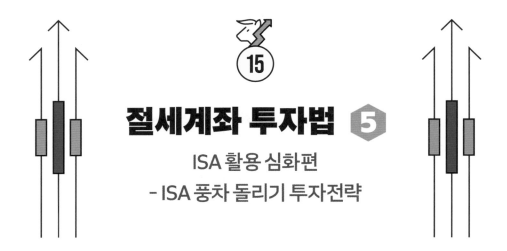

절세계좌 투자법 ⑤

ISA 활용 심화편
- ISA 풍차 돌리기 투자전략

ISA는 수익에 대해 절세 혜택을 줄 뿐만 아니라 모은 자금의 일부를 연금저축으로 이전하여 추가 소득공제 혜택까지 제공합니다. 이 부분이 단순한 장기투자 계좌인 ISA 투자를 노후를 위한 연금 투자로 연결시키는 다리입니다. 그럼 이제부터 ISA를 가장 적극적으로 활용하는 방법인 'ISA 풍차 돌리기' 전략을 설명드리도록 하겠습니다.

ISA 풍차 돌리기란?

ISA는 해지 시 모은 투자금을 연금저축 계좌로 이전할 수 있는데 이때 추가 세액공제까지 받을 수 있습니다. 예를 들어 최소 만기인 3년이 지난 시점에서 비과세 혜택 이상의 수익이 발생했을 시 만기 해지하고 그동안 쌓은 투자금에서 3,000만

원까지 연금저축 계좌를 이전할 수 있고 이때 이전 금액의 10%인 300만 원의 세액공제를 받게 됩니다.

현재 연간 연금저축 600만 원, 퇴직연금 IRP 300만 원으로 총 900만 원의 소득공제가 최대 금액이지만 ISA 만기가 도래하는 해에는 300만 원을 추가해서 총 1,200만 원의 소득공제가 가능하고 연간 납입한도가 1,800만 원인 연금 계좌에 3,000만 원이란 목돈이 증가하게 됩니다.

일반적으로 연금 계좌 자체에 낮은 이율의 절세 혜택이 들어가기 때문에 이 혜택을 받을 수 있는 투자금이 많을수록 좋지만 연간 한도가 1,800만 원입니다. 소득공제는 최대 900만 원까지 가능하지만 (소득공제를 받지 못하더라도) 연금 혜택을 받을 수 있는 한도는 더 넣고 싶어도 1년에 1,800만 원으로 제한되는 것입니다. 이러한 상황에서 ISA 연금 이전으로 3,000만 원을 추가적으로 납입할 수 있는 것은 매우 중요한 포인트이고, 이를 통해 노후자금이 크게 증가됩니다.

따라서 ISA 가입 후 3년이 지나면 능동적으로 해지 후 연금저축 이전을 하고 다시 ISA에 재가입하고 다시 3년 만기를 목표로 투자하는 ISA 풍차 돌리기 투자 전략은 목돈 마련과 연금 노후자금 확보라는 두 마리 토끼를 잡는 효율적인 방법이라고 할 수 있습니다.

6장

ETF 투자법

모두가 만족하는
대세 중의 대세

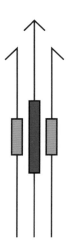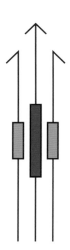

ETF는 어떻게 자산운용시장의 대세가 되었나?

ETF란?

우리가 자주 언급하는 ETF는 Exchange Traded Fund의 약자로 상장지수펀드, 즉 거래소에 상장되어 거래할 수 있는 펀드입니다. 사실 ETF도 펀드에 포함되어 있지만 간접투자의 대표격인 펀드에 비해서는 직접투자로 분류되고 있습니다.

주식시장에서 거래되지만 운용 방식은 '회사'라기보다는 '펀드'와 매우 유사한데 운용사가 투자자들의 자금을 모아서 구성한 포트폴리오를 통해 해당 지수나 자산의 수익률을 복제하여 운용됩니다. 따라서 투자자가 ETF를 매수하면 ETF 구성자산을 운용사가 대신 매수하는 것이고, 반대로 ETF를 매도하면 운용사는 해당 구성자산을 시장에서 매도해야 합니다. ETF 시장이 기하급수적으로 커진 만큼 ETF 거래량이 시장에 미치는 영향도 따라서 높아졌으며 종종 시장의 급격한 변동성의 원인으로 지목되기도 합니다.

ETF가 대세가 된 이유

    개인투자자들의 직접투자 니즈가 확대되고 ETF 운용사들의 지속적인 신상품 출시에 힘입어 국내 자산운용시장에서 ETF의 시장규모는 최근 10년간 매우 빠르게 성장하고 있습니다. 일반 공모펀드에 비해 저렴한 거래비용과 주식처럼 HTS에서 실시간으로 차트 분석을 통해 거래가 가능하며 트렌드가 반영된 다양한 투자 선택지가 있기 때문에 투자자들의 선택이 일반 공모펀드에서 ETF로 넘어오는 것은 투자 문화가 성숙해나가는 자연스러운 과정이라 생각됩니다.

    국내 ETF 시장의 놀라운 성장세뿐만 아니라 해외 직투족 사이에서도 한국인의 ETF 사랑은 엄청납니다. 예탁결제원 정권정보포털(seibro.or.kr)에서 확인할 수

최근 1개월(24.10.15~24.11.15) **순매수 상위 20위**

단위 : USD

순위	국가	종목코드	종목명	매수결제	매도결제	순매수결제
1	미국	US25459W4583	DIREXION DAILY SEMICONDUCTORS BULL 3···	2,584,580,176	2,428,472,656	156,107,520
2	미국	US9229083632	VANGUARD SP 500 ETF SPLR 3932600218···	214,744,529	83,750,589	130,993,940
3	미국	US8085247976	SCHWAB US DIVIDEND EQUITY ETF	196,049,337	85,157,783	110,891,555
4	미국	US5949724083	MICROSTRATEGY INC CL A	621,722,216	524,687,266	97,034,951
5	미국	US69608A1088	PALANTIR TECHNOLOGIES INC CL A	400,957,310	313,280,874	87,676,435
6	미국	US25460G1388	DIREXION DAILY 20 YEAR PLUS DRX DLY 2···	532,736,608	450,935,398	81,801,210
7	미국	US26923N4622	T-Rex 2X Long MSTR Daily Target ETF	386,493,850	315,241,350	71,252,500
8	미국	US88634T8247	TD YILDMX CN ETF	145,499,754	84,626,104	60,873,649
9	미국	US26923N8276	T-REX 2X INVERSE TESLA DAILY TARGET ···	202,859,888	144,698,379	58,161,509
10	미국	USN070592100	ASML HOLDING NV ADR	157,541,425	99,753,935	57,787,490
11	미국	US1912161007	THE COCA COLA COMPANY	76,426,672	22,975,250	53,451,421
12	미국	US78462F1030	SPDR SP 500 ETF TRUST	682,519,692	629,755,974	52,763,718
13	미국	US46144X8671	AXS TSLA BEAR DAILY ETF	126,495,290	80,670,096	47,825,194
14	미국	US92864M4006	2X ETHER ETF	98,903,402	54,988,698	43,914,704
15	미국	US74349Y7040	PROSHARES ULTRA BITCOIN ETF	244,202,224	201,966,699	42,235,525
16	미국	US0079031078	ADVANCED MICRO DEVICES INC	208,824,066	171,739,098	37,084,968
17	미국	US88634T4931	TIDAL TRUST II YIELDMAX MSTR OPTION IN···	75,561,205	39,092,592	36,468,612
18	미국	KYG651631007	JOBY AVIATION INC EXOF 008448244 KYG7···	131,184,188	97,534,414	33,649,774
19	미국	US78464A8541	SPDR PORTFOLIO SP 500 ETF	58,097,618	25,731,758	32,365,860
20	미국	US02156V1098	ALTC ACQUISITION CORP	229,757,026	199,501,415	30,255,611

있는 서학개미 거래 상위 자료를 검색해보면 거래 상위 종목의 절반이 항상 ETF로 채워져 있습니다. 최근 1개월 순매수 기준으로 조회를 해보아도 상위 20개 종목 중 13개가 ETF란 점은 시사하는 바가 매우 큰 것 같습니다.

ETF의 종류

ETF가 많은 투자자들의 니즈를 담는 만큼 다양한 종류의 ETF가 현재까지 만들어져 왔는데요. 크게 9가지로 분류해서 설명을 드리도록 하겠습니다.

시장 대표 ETF

특정 지수(S&P500, 나스닥100 등)를 추종하며 시장 전체 성과를 복제하며 비교적 안정적인 수익을 추구합니다.

예: SPY(S&P500), QQQ(나스닥100), VTI(미국 전체 주식시장)

섹터 ETF

특정 산업군(IT, 헬스케어, 에너지 등)에 투자하며 특정 산업의 성장성과 트렌드를 활용한 투자라고 볼 수 있습니다.

예: XLK(IT), XLE(에너지), XLV(헬스케어)

테마 ETF

주식시장의 영향을 미치는 사건이 생기면서 투자자들의 관심이 집중되는 것을 테마라고 하며 테마 ETF는 투자자의 다양한 요구에 맞춰서 새로운 테마를 형성하는 종목에 투자하는 ETF를 말합니다. 비교적 높은 변동성과 고수익 추구를 특징으로 가지고 있습니다.

예: ARK Innovation ETF(ARKK), Global X Lithium & Battery Tech ETF(LIT)

스타일 ETF

기업의 특성과 형태가 유사한 집단으로 구성된 ETF로 가치주, 성장주 등 특정 투자 스타일에 맞는 자산배분을 특징으로 가지고 있습니다.

예: iShares S&P500 Growth ETF(IVW), iShares Russell 2000 Value ETF(IWN)

해외 ETF

특정 지역 또는 국가(유럽, 중국, 인도 등)에 투자하며 글로벌 분산 투자 및 지역 별 성장 기회를 추구하는 ETF입니다.

예: iShares MSCI Emerging Markets ETF(EEM), iShares MSCI Europe ETF(IEUR)

채권 ETF

국채, 회사채, 지방채와 같은 채권자산에 투자하며 다른 주식형 ETF에 비해 안정적인 이자수익과 원금 보존을 추구합니다.

예: iShares 20+ Year Treasury Bond ETF(TLT), Vanguard Total Bond Market ETF(BND)

통화 ETF

달러, 엔화, 유로화 등 특정 국가 통화에 투자하는 ETF이며 환율 변동을 예측 해서 수익을 추구합니다.

예: Invesco DB US Dollar Index Bullish Fund(UUP)

상품 ETF

원유, 금, 은, 곡물 등 원자재(Commodity)에 투자하는 ETF이며 원자재 현물에 직접 투자하는 경우와 원자재 선물을 가지고 만드는 경우, 원자재 관련 기업에 투자하는 경우로 나누어집니다. 원자재 가격 상승을 추구하거나 인플레이션 방어를 목적으로 투자합니다.

예: SPDR Gold Shares(GLD), United States Oil Fund(USO)

파생상품 ETF

한국인이 선호하는 레버리지, 인버스가 포함되며 파생상품을 활용한 ETF입니다. 단기에 고수익을 추구하거나 시장 하락을 방어하는 헤지 목적으로 투자에 활용됩니다.

예: ProShares UltraPro QQQ(TQQQ), ProShares Short S&P500(SH)

일반 개별 주식보다 ETF 투자가 유리한 경우

ETF의 가장 큰 특징은 포트폴리오 투자가 가능하단 것입니다. 한 종목에 올인하지 않고 ETF 하나를 선택하는 것만으로 포트폴리오 효과를 누릴 수 있다는 것인데, 특히 한 종목을 선택하기 어려운 상황일 때 ETF 투자가 빛을 발하게 됩니다.

예를 들어 코로나 위기 시 백신기업을 선택하는 문제를 생각해봅시다. 코로나 위기를 헤쳐나가기 위해 백신기업이 글로벌 차원의 지원을 받아 큰 성과를 낼 것을 기대해볼 수 있습니다. 당연히 활용할 만한 투자 아이디어이지만 문제는 과연 어느 기업이 백신 개발에 성공할 것이냐는 것입니다. 이때 한 종목을 선택하는 것은 도박에 가까운 결정이지만 백신 관련 ETF를 선택한다면 후보군 중에 누가 개발에 성공하더라도 투자 아이디어의 성과를 고스란히 얻을 수 있을 것입니다.

미래 유망산업도 마찬가지입니다. 미래를 예측하는 것은 항상 불확실성을 동반하는 것이고 여러 기업 중 해당 업종에서 최종 승자가 누가 될지를 초기 국면부터 예측하기는 어렵습니다. 로봇과 바이오 신약개발과 같은 초기 국면에 있으면서 높은 성장세가 기대되는 경우 해당 섹터 혹은 테마 ETF를 통해 투자한다면 종목 선택의 고민 없이 미래 유망산업에 대한 성과를 추구할 수 있습니다.

업종 내 우수한 기업이 다수가 존재할 경우에도 최종 승자를 판단하기 어렵기 때문에 ETF를 활용하기 좋습니다. 대표적으로 사이버 보안 업종을 꼽을 수 있는데 팔로알토, 포티넷, 크라우드스트라이크 등 업종 내 우수한 기업이 다수여서 개별 종목을 선택하기 어려울 경우 CIBR, HACK과 같은 사이버 보안 ETF로 투자할 수 있습니다.

🔎 참고 1

ETF 투자 시 상품명만 보지 말고 구성종목을 꼭 확인하세요

2024년 초에 비만치료제 시장에 대한 관심이 높아지면서 거의 동일한 시점에 국내 ETF 운용사 3곳에서 '비만치료제 TOP2' ETF를 내놓았습니다. 기본 콘셉트는 Top 2인 일라이 릴리와 노보노디스크를 각각 25%씩 절반을 채워 넣는 것으로 동일하지만 나머지 50%를 채우는 선택은 각 ETF 운용사마다 다른 선택을 했습니다. 이러한 선택의 차이가 향후 수익률 격차를 만들기 때문에 단순히 ETF 이름만 가지고 선택을 해서는 안 되고 관심 있는 ETF의 구성종목을 꼭 확인하고 투자해야 합니다. 국내 상장 ETF의 구성종목은 해당 ETF

운용상의 홈페이지를 통해 쉽게 확인이 가능합니다.

미국 거래소에 상장된 ETF의 경우 해당 ETF 운용사 홈페이지를 찾아서 확인하기가 번거로울 수 있습니다. 이럴 때는 시킹알파 홈페이지에서 해당 ETF 티커를 검색한 뒤 'Holdings(보유종목)' 메뉴에 들어가면 상위 10개 종목의 종목명과 비중을 확인할 수 있습니다.

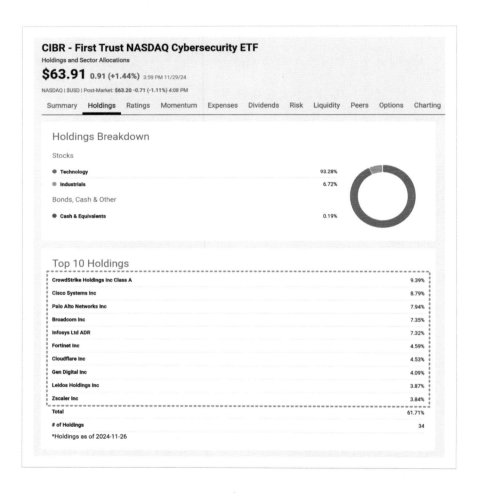

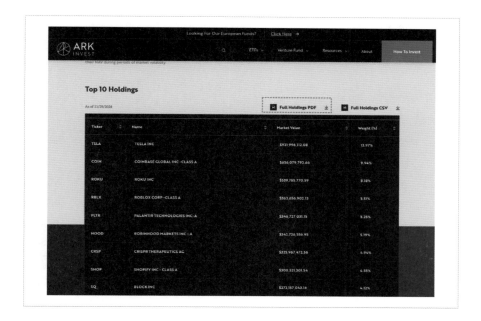

참고로 아크인베스트(ARK Invest)의 경우 ETF의 보유종목이 매우 많기 때문에 상위 10개 종목이 아닌 전체 포트폴리오를 확인하고 싶다면 아크인베스트 홈페이지(www.ark-funds. com)에서 해당 ETF의 보유종목을 전체적으로 확인할 수 있습니다.

글로벌 ETF 운용사 순위 데이터

ETF 자산운용사 Top 10

자산총액은 2024년 1분기 기준입니다.

자산운용사	자산총액($)	점유율(%)	운용 ETF(개)	대표상품
블랙록	2,768.8B	31.2	433	IVV
뱅가드	2,554.7B	28.7	86	VOO
스테이트 스트리트	1,312.2B	14.8	137	SPY
인베스코	512.2B	5.8	213	QQQ
찰스슈왑	342.9B	3.9	30	SCHD
퍼스트 트러스트	164.8B	1.9	163	RDVY
JP모건	150.2B	1.7	61	JEPI
디멘셔널	134.5B	1.5	38	DFAC
위즈덤트리	134.5B	0.9	78	USFR
반에크	78.1B	0.9	68	SMH

ETF 투자법 ①

주식보다는 채권이 좋아
– 채권형 ETF, TLT, TMF

우리가 흔히 투자를 이야기할 때 주식 투자에 국한되는 경우가 많습니다만 실제 투자자산 시장에서 주식보다 큰 규모를 차지하는 시장이 바로 채권시장입니다. 채권은 주식에 비해 안정적인 변동성을 가지며 채권가격 수익과 이자수익이라는 두 가지 수익원을 가진 자산이기 때문에 이를 잘 이해하고 활용한다면 '주식'만 투자하는 것보다 훨씬 여러분의 자산을 안정적이고 효율적으로 관리할 수 있습니다.

이러한 특징으로 인해 보수적인 투자자 혹은 자산 규모가 큰 투자자들의 경우 주식보다 채권 투자를 선호하는 경우가 있는데 비교적 적은 금액이라도 채권형 ETF를 활용한다면 부자들만의 전유물로 느껴지던 채권 투자가 충분히 가능합니다.

채권의 개념을 이해하자

채권은 기본적으로 은행 예금의 성격과 주식의 성격을 함께 가지고 있습니다. 즉 단순히 이자뿐만 아니라 이자율(금리) 변화에 따라 시장에서 가격 변화도 함께 발생합니다. 이자율(금리) 변화에 따른 채권가격 변화의 개념이 다소 난해하기 때문에 이를 최대한 쉽게 설명드리겠습니다.

예를 들어 10% 이자를 주는 채권을 1억을 주고 샀는데 하루 만에 이자율이 10%에서 5%로 떨어졌다면(이자율 하락) 10% 이자를 주는 내 채권은 레어템이 되어버리고 내 채권을 1억 1,000만 원이라는 웃돈을 주고 사겠다는 사람이 나타납니다(채권가격 상승).

그래도 이해하기 좀 어렵다면 아래의 공식을 외우면 됩니다.

> **이자율(금리)과 채권가격은 반비례한다**
> 이자율(금리) 상승 → 채권가격 하락
> 이자율(금리) 하락 → 채권가격 상승

주식 투자의 경우 다양하게 체크해야 할 변수가 많지만 채권 투자는 미래 가격을 예측할 때 금리와 듀레이션 개념만 확실히 이해하고 판단하면 됩니다. 듀레이션은 금리변동에 따른 채권가격의 변동폭으로 이해할 수 있는데, 예를 들어 듀레이션이 15인 경우 금리가 1% 떨어질 때 채권가격이 15% 상승하는 것을 의미합니다.

채권도 ETF로 투자하자

채권의 개념을 이해했다면 이제 우리가 투자해야 할 상품인 채권 ETF에 대해 알아보도록 하겠습니다. 채권 투자의 경우 기관이나 외국인들이 보통 큰 규모로 투자하는 경우가 많지만 ETF는 큰 금액으로 거래할 필요 없이 적은 금액으로도 채권 투자를 할 수 있다는 장점이 있습니다.

주식 투자로만 투자 포트폴리오가 이루어져 있을 경우 채권 ETF를 추가한다면 자산배분 효과를 얻을 수 있습니다. 주식이 하락하는 구간에 채권가격은 상대적으로 안정적인 흐름을 유지하면서 포트폴리오의 손실을 방어해줍니다. 실제로 레이 달리오의 올웨더 포트폴리오의 핵심은 주식과 채권의 자산배분이기도 합니다.

채권형 ETF는 다음과 같은 장점이 있습니다. 먼저 안정적인 이자소득과 금리 변동에 따른 투자전략을 추구할 수 있으며, 특히 주식시장이 하락하는 시기에 방어적인 효과를 얻을 수 있습니다. 여기에 ETF로서의 장점으로 저렴한 거래비용과 다양한 채권에 분산투자할 수 있는 점, 소액투자가 가능하며 투자 선택지(국채, 회사채, 하이일드 채권, 물가연동채 ETF 등)가 매우 다양하다는 점이 있습니다.

🔖 참고 3

레이달리오의 올웨더 포트폴리오

레이 달리오의 올웨더 포트폴리오(All Weather Portfolio)는 레이 달리오의 헤지펀드인 브릿지 워터의 자산배분 전략으로 '모든 날씨에서도 안정적인 성과를 추구'하는 전략입니다. 특정한 경제 상황을 예측하지 않고 자산 간 상관관계를 활용하여 분산투자를 통해 시장변동성에 대비하는데 크게 주식과 채권, 원자재에 나눠서 분산투자를 합니다.

채권형 ETF의 종류

종목명	티커	주요 특징	AUM
KODEX 국고채3년	114260	국고채 3년물 투자	약 2조 원
ARIRANG 국채선물10년	152380	국고채 10년물에 투자	약 5,000억 원
KODEX 미국30년국채울트라선물(H)	304660	미국 30년 국채에 투자	약 3,000억 원
iShares 20+ Year Treasury Bond ETF	TLT	미국 장기국채 20년 이상에 투자	약 150억 달러
Vanguard Total Bond Market ETF	BND	미국 전체 채권시장에 투자	약 600억 달러
iShares TIPS Bond ETF	TIP	물가연동국채(TIPS)에 투자 (인플레이션 헤지)	약 250억 달러

최근 장기채 투자가 급증한 이유, 왜 TMF는 인기를 끌었나?

한편 최신 채권형 ETF 투자 트렌드를 살펴보면 미국 연준의 금리정책 변화에 따른 투자법으로 장기 미국채 ETF를 투자하는 사례가 크게 급증했습니다. 연준의 기준금리 흐름을 보면 2022년 인플레이션에 대한 대응으로 어느 때보다 급격한 금리인상을 단행했고 금리인상에 따라 채권가격이 급락하면서 기관을 비롯한 채권 투자자들의 손해가 매우 컸습니다. 이렇게 급격하게 끌어올린 금리가 향후 인플레이션이 안정화되면서 내려갈 것이라는 시장 기대가 높았고 이를 예상한 서학개미들은 금리변동에 따른 채권가격 수익이 큰 장기채(듀레이션이 큼)를 중심으로 미국채 ETF를 대거 매수했습니다.

실제 미국 장기 ETF를 적은 금액으로 금리인상의 '마무리 무렵'부터 모아간다면 이후 금리가 내려갈 경우 채권가격의 상승을 노려볼 수 있습니다. 하지만 금리가 예상대로 내려가지 않거나 혹은 금리가 다시 올라가는 상황에서는 해당 ETF가 큰 손실을 볼 수밖에 없습니다.

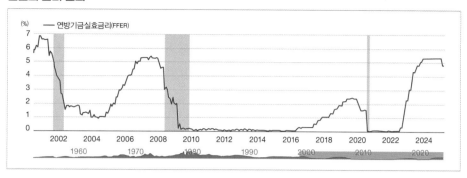

그리고 이때 투자한 ETF 중에 가장 비중이 높은 상품이 TMF로 미국 장기채 3배 레버리지 ETF입니다. 듀레이션 17 정도 되는 장기물에 3배 레버리지가 더해져서 이론적으로는 1% 금리가 떨어질 때 50%가량 수익이 발생하는 구조입니다. 하지만 금리 움직임이 예상과는 다르게 나타날 경우 손실이 커질 수 있고 레버리지 ETF의 특성인 '변동성 끌림 현상'으로 장기투자 시 손실이 누적될 수 있음을 주의해야 합니다.

따라서 채권 ETF의 장점을 확실히 이해하고 투자하는 것은 매우 긍정적이지만 단기의 고수익을 노리고 미국 장기채 레버리지 ETF에 투자하는 것은 해당 전략에 대해 깊은 이해가 필요하며 레버리지 상품이기 때문에 그만큼 노련함도 필요합니다.

미국 주식 초보자가 금리인하를 노리고 장기물에 투자할 경우 TMF 같은 레버리지 ETF보다는 장기물 현물 ETF인 TLT로 접근하는 것이 좀 더 안전합니다. 금리인하 시 수익률은 TMF에 비해 낮지만 변동성 끌림 현상이 발생하지 않고 원하지 않는 방향으로 시장이 움직일 경우 높은 분배금을 받아가면서 원하는 타이밍까지 기다릴 수 있기 때문입니다.

거래 상위 종목 중 미국 장기채가 상위권에 포진했으며 그중 TMF의 투자비중이 압도적

순위	국가	종목코드	종목명	매수결제	매도결제	순매수결제
1	미국	US25459W5…	DIREXION DAILY 20+ YEAR TREASURY BULL 3X …	2,113,194,937	1,240,450,064	872,744,873
2	미국	US46436E3…	ISHARES 20+ YEAR TREASURY BOND BUYWRITE	424,279,137	157,320,646	266,958,491
3	미국	US4642874…	ISHARES 20+ YEAR TREASURY BOND ETF	636,071,258	409,108,516	226,962,742
4	미국	US74347G4…	PROSHARES ULTRAPRO SHORT QQQ ETF	3,659,002,938	3,437,039,444	221,963,494
5	미국	US8085247…	SCHWAB US DIVIDEND EQUITY ETF	352,222,556	149,487,452	202,735,104
6	미국	US7561091…	REALTY INCOME CORP	215,273,414	100,064,492	115,208,922
7	미국	US33616C1…	FIRST REPUBLIC BANK	509,792,199	405,383,702	104,408,497
8	미국	US25460G2…	DIREXION DAILY TSLA BULL 1.5X SHARES	1,093,426,282	992,032,870	101,393,412
9	미국	US46641Q3…	JP MORGAN EQUITY PREMIUM INCOME ETF	391,088,364	305,476,438	85,611,926
10	미국	US5494981…	LUCID GROUP INC	357,404,064	289,508,667	67,895,397
11	미국	US46222L1…	IONQ INC	922,042,194	856,219,321	65,822,873
12	미국	US72919P2…	PLUG POWER INC	251,127,506	192,868,514	58,258,992
13	미국	US0758961…	BED BATH & BEYOND INC	213,491,752	156,622,366	56,869,386
14	미국	US76954A1…	RIVIAN AUTOMOTIVE INC	580,741,323	524,913,360	55,827,963
15	미국	US91332U1…	UNITY SOFTWARE INC	402,770,333	346,959,111	55,811,222
16	미국	KYG651631…	JOBY AVIATION INC EXOF 008448244 KYG7483N…	311,937,022	256,416,458	55,520,564
17	미국	US25460G3…	DIREXION DAILY SEMICONDUCTOR BEAR 3X ETF	3,702,083,318	3,650,699,825	51,383,493
18	미국	US74347Y8…	PROSHARES ULTRA BLOOMBERG NATURAL GA…	829,683,332	780,390,954	49,292,378
19	미국	US25490K3…	DIREXION DAILY SP BIOTECH BULL 3X SHS ETF	333,187,304	287,423,838	45,763,466

🔘 참고 4

레버리지 상품의 변동성 끌림 현상

레버리지 ETF는 기초지수 가격에 대해 일별로 수익률이 계산되어 반영됩니다. 만약 지수

가 하루는 10% 오르고 다음 날은 10% 내리는 장세가 반복된다고 가정한다면 레버리지

ETF는 기초지수가 상승할 때 2배인 20%가 상승하지만 하락할 때 또한 20% 하락하게 됩니다. 이렇게 손실이 복리로 쌓이게 되다 보면 기초자산의 움직임과는 달리 손실이 눈덩이처럼 불어날 수 있습니다. 이를 레버리지 ETF의 변동성 끌림 현상이라고 하는데, 그렇기 때문에 하락장뿐만 아니라 주가가 오르락 내리락하는 박스권 횡보 시에도 레버리지 ETF를 장기로 투자하지 않도록 유의해야 합니다.

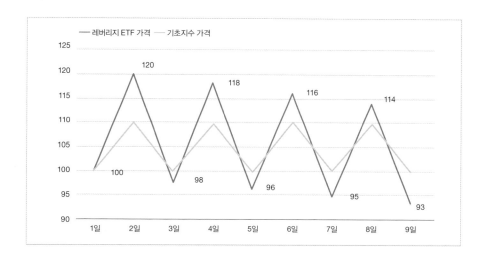

ETF 투자법 ②
종목보다는 지수가 좋아
- 미국 4대 지수 투자전략

인덱스 투자의 힘: 액티브 펀드의 뼈아픈 진실

2024년 KIW 자산운용 세션을 통해 3대 신용평가회사인 스탠더드앤드푸어스 (S&P)의 한국법인 대표님의 발표를 들을 기회가 있었는데 S&P에서 신용평가 업무와 인덱스를 관리하는 일 외에 매년 공을 들이는 일이 바로 SPIVA라는 통계자료를 발표하는 것이라고 합니다. SPIVA는 액티브 펀드가 인덱스를 이기는 확률이 과연 얼마나 되는지 추적하는 학술 자료입니다.

해당 자료에 따르면 액티브 펀드(ETF 포함)가 S&P500 지수보다 낮은 수익률을 기록하는 비율은 1년에 63% 3년에 71% 5년에는 78%에 육박한다고 합니다. 즉 아무리 날고 기는 매니저가 운용하는 펀드라고 할지라도 아무것도 하지 않고 인덱스만 추종하는 투자에 비해 이기는 경우가 절반이 되지 않고 해당 기준을 길게 가져갈수록 연속적으로 이기는 경우는 20%가 채 되지 않는다는 뜻이죠.

워런 버핏만큼이나 위대한 투자 성인으로 꼽히는 존 보글은 인덱스 펀드를 운용하는 뱅가드의 설립자입니다. 그의 투자철학은 '저비용 투자와 장기적 성장을 통한 투자자 중심의 전략'으로 설명할 수 있으며 인덱스 펀드의 아버지로도 불립니다. 글로벌 자산운용사 1위에 빛나는 뱅가드의 창립자 존 보글의 가장 유명한 발언인 "시장 전체를 보유하라"는 인덱스 투자의 중요성을 다시 한번 느끼게 해줍니다.

미국 대표 4대 지수

미국의 대표 인덱스는 크게 네 가지 지수로 구분할 수 있습니다.

다우존스 산업평균지수

다우지수로 불리며 뉴욕거래소와 나스닥에서 거래되는 30개 대형 우량기업으로 구성된 지수입니다. 18세기 말에 개발되어 100년 넘게 미국 주식시장을 대표하는 지수로서 미국 주식시장을 대표하는 단 30개 기업으로 구성되기 때문에 미국 대표지수 중에 가장 보수적인 지수이기도 합니다. (가격 가중 방식)

S&P500 지수

에센피 지수라고 불리며 미국 시장을 가장 잘 대표하는 표준 지수라고 할 수 있습니다. 종합적으로 고려한 상위 500개 기업으로 구성되어 있으며 현재 미국 전체의 70% 이상을 차지합니다. (코스피 지수와 같은 시가총액 방식)

나스닥100 지수

나스닥에 상장된 100개의 비금융 대형주로 구성된 주가지수로 주로 기술 중심의 대형 성장주를 포함하며 다우지수와 에센피 지수에 비해 변동성이 크며 고수익 고위험의 특성이 있습니다. (코스피 지수와 같은 시가총액 방식)

러셀2000

러셀2000 지수는 시총 상위 3,000개의 기업 중 1,000 종목을 제외한 중소형주 (small-cap) 기업 2,000개로 구성된 지수입니다. 중소형주는 대형주와는 다른 투자 효과를 제공하며 상대적으로 높은 성장잠재력과 위험성을 함께 가지고 있습니다. (코스피 지수와 같은 시가총액 방식)

미국 인덱스 투자 어떻게 접근할까?

4대 지수의 일간 움직임을 살펴보면 거의 비슷한 방향으로 움직이지만 움직임의 폭이 매일 다릅니다. 예를 들어 테크주, 성장주가 주도하는 시장에서는 나스닥이 4대 지수를 이끌고 지수 변동성도 더 높지만 금리인하 가능성이 높아지는 이벤트가 벌어지는 경우 중소형주의 상승이 다른 지수를 압도하기도 합니다.

따라서 지수별로 특성과 장단점을 모두 가지고 있기 때문에 특성에 맞게 선택해서 활용하는 것이 중요합니다. 일반적으로 안정성을 중요시하는 투자자는 다우지수와 에센피 지수 투자를 선호하며 기술주 중심의 성장주 투자를 원하는 경우에는 나스닥이 제일 적합합니다. 장기 성장잠재력과 금리인하 가능성을 높게 판단하는 투자자라면 러셀2000 지수 투자도 좋은 선택지입니다.

대표적인 인덱스형 ETF

지수	미국 상장 ETF	국내 상장 ETF
다우존스 산업평균지수	SPDR Dow Jones Industrial Average ETF Trust (DIA)	TIGER 미국다우존스30 ETF (245340)
S&P500 지수	SPDR S&P500 ETF Trust (SPY)	KODEX 미국S&P500TR ETF (379800)
	Vanguard S&P500 ETF (VOO)	TIGER 미국S&P500 ETF (360750)
나스닥100 지수	Invesco QQQ Trust (QQQ)	KODEX 미국나스닥100TR ETF (379810)
		TIGER 미국나스닥100 ETF (133690)
러셀2000 지수	iShares Russell 2000 ETF (IWM)	KODEX 미국러셀2000 ETF (280930)

ETF 투자법 ❸
지수보단 빅테크지
- MAGS(M7)의 의미

인덱스 ETF 투자가 여러모로 장점이 많지만 최근 글로벌 시장의 트렌드를 보았을 때는 특정 자산에 집중된 투자가 더 높은 성과를 보여주었습니다. 2023년부터 2024년 상반기까지 진행된 시장 트렌드는 빅테크 혹은 M7(Magnificent7)이라 불리는 미국의 7대 테크 기업에 집중투자하는 것입니다.

2024년 상반기 QQQ와 MAGS의 수익률 비교

실제 최근 수익률을 비교해보았을 때(2024년 7월 기준) 49% 대 23%로 약 2배의 수익률 차이가 나오고 있습니다. 2023년~2024년 상반기를 관통하는 글로벌 증시의 특징은 M7만 올라가는 장이라는 것입니다.

MAGS(M7)의 주가 상승이 과도했냐고 보았을 때 가장 중요한 주가 결정요인

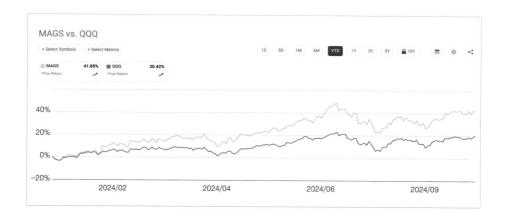

인 기업 실적 기준으로 살펴보면 그렇지도 않습니다. 2024년 기준 S&P500 기업 중 M7의 EPS 증가율은 43%였고 M7을 제외한 S&P 493의 EPS 증가율은 5%에 불과했습니다. 2023년에는 이 수치가 무려 73% 대 7%로 더욱더 극단적이 차이를 보였습니다.

무엇이 M7에 이익이 독점(monopoly)되는 역할을 했을까요?

M7의 독주 원인은 2022년 이후에 나타난 AI 기술혁명과 고금리라는 아주 묘한 조합 때문입니다. 챗GPT 등장 이후 AI 혁명이 시작되면서 기업들은 대규모 투

2022년에 벌어진 극심한 금리인상기

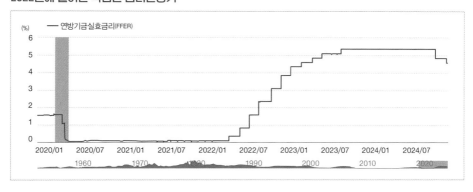

자를 해야 하는데 2022년 급격한 금리인상으로 극심한 고금리 상황에 처한 기업들 중에서 천문학적인 설비투자를 할 곳은 당시 빅테크뿐이었고, 이로 인해 AI 혁명의 과실 역시도 투자를 독점한 빅테크가 모두 차지한 것입니다.

M7에 집중투자하는 전략의 의미는?

M7은 시장을 선도하는 기업이기도 하지만 곧 글로벌 시가총액 상위 7개 기업이기도 합니다. 글로벌 시가총액 상위 기업 리스트를 보면 사우디에 아람코를 제외하고 M7 기업이 나란히 순위를 차지하고 있으며, 잠시 테슬라가 잠시 순위에서 밀리고 TSMC가 M7 사이에 들어오기도 했으나 트럼프 트레이딩의 영향으로 순위

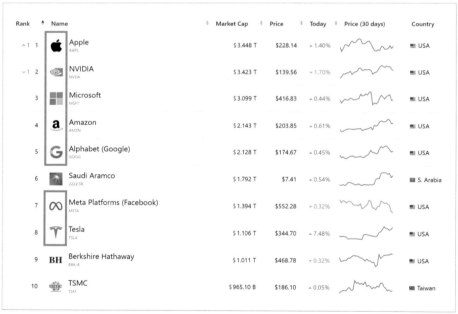

자료: companiesmarketcap.com

가 다시 바뀌었습니다.

M7 기업 간의 순위 경쟁은 생각보다 치열합니다. 엔비디아가 빠르게 순위를 올리면서 애플과 마이크로소프트를 따라잡았고 2022년 가장 부진한 기업인 메타는 엔비디아 다음가는 주가상승률을 보여주었습니다. 중국 매출 감소와 전기차 시장의 캐즘으로 M7 중 상대적으로 주춤하던 애플과 테슬라도 2024년 하반기에 갈수록 뒷심을 발휘하는 저력을 보여주었습니다.

그러나 M7 기업 사이의 순위 변화가 어떤 모습을 보이든 간에 향후 시장의 주도권이 이 7개 기업 외로 넘어가기가 어려운 환경이라고 볼 수 있습니다. AI를 중심으로 한 산업구조 변화에서 이미 헤게모니를 장악했고 그 격차는 점점 벌어지고 있는 상황입니다. M7 기업은 높은 성장성 외에도 막대한 현금 유동성 보유하고 있고 지분투자(M&A)와 자사주 매입도 매우 적극적으로 임하고 있습니다.

투자자 입장에서 이러한 헤게모니가 당분간 유지될 것으로 예상한다면 M7에 집중투자를 하면 됩니다. M7 중에 누가 1등이 될지는 모르지만 그 1등이 M7 중에서 나올 것이란 확신이 있고 글로벌 시총 상위 일곱 자리 중에서 M7이 대다수 자리를 차지할 가능성이 매우 높다고 판단한다면 M7을 함께 집중투자하는 것이 적합한 선택지일 것입니다.

💡 참고

시가총액 상위 분석

글로벌 시가총액 기준으로 상위 기업의 랭킹을 분석하고자 할 때는 컴퍼니스마켓캡(companiesmarketcap.com) 사이트를 활용하기 바랍니다. 시가총액 순위와 함께 기업별 시가총액, 현재 가격, 최근 가격 추이 등을 함께 확인할 수 있습니다.

ETF 투자법 4

시장이 하락해도 수익이 나는 자산은?
4대 안전자산, 인버스, VIX ETF

시장은 오르기만 하지 않습니다

주식이 항상 오르기만 하면 얼마나 좋을까요? 보통 초보자가 투자를 시작하는 계기를 보면 증시가 좋을 때, 그리고 남들이 돈을 번다고 하니 나도 이에 동참하려고 할 때 시작하는 경우가 많습니다. 그러나 막상 주식 투자를 시작하고 나면 마치 정해진 운명처럼 큰 하락장을 겪게 되고 당황하게 되는 모습을 많이 목격하게 됩니다.

이제부터 진정한 주식 투자가 시작된 것입니다. 시장이 상승장만 있으면 우리가 이렇게 어렵게 공부하면서 투자할 필요가 없겠죠. 바로 하락장이 존재하고 하락장에서 계좌를 지혜롭게 관리해야지만 장기적으로 우상향하는 계좌 수익률을 얻을 수 있습니다. 여기에 초보와 고수의 갈림길이 존재합니다.

흔히 하락 시에는 '존버'라는 밈이 있는데 경우에 따라서는 아무런 대응을 하지 않고 엉덩이 무겁게 자리를 지키는 게 가장 좋은 대응일 때도 있습니다. 하지만 그것은 단지 요행을 바라는 행동이지 올바른 대응이라고 보기 어렵습니다. 내 인생이 달린 투자를 운에 맡길 수는 없는 노릇입니다.

하락장에서 다소 힘들고 번거롭더라도 투자자가 하락 시 사용할 수 있는 대응책, 즉 투자의 카드들을 미리미리 준비하고 활용하는 습관이 중요합니다. 보통 하락 시 대응책을 방어 전략(defensive strategy), 헤지 전략(hedging strategy)이라고 하는데 이러한 전략도 자주 써보아야지 실전 실력을 갖출 수 있게 됩니다.

헤지는 내가 주식 자산을 보유한 상태에서 매도를 하지 않고 포트폴리오의 하락에 대한 방어를 하는 다양한 전략을 말합니다. 리스크 관리 차원의 현금 보유비중 관리를 넘어 시장 하락 시에 상승 효과가 있는 안전자산에 투자하거나 더 공격적인 헤지 수단인 인버스, VIX ETF 같은 자산에 투자하는 것입니다.

4대 안전자산에 대하여

역사적으로 혹은 논리적으로 주식시장이 하락할 때 상승하는 자산이 있는데 이를 안전자산(safety haven)이라고 부릅니다. 대체적으로 시장에서는 4대 안전자산으로 금, 달러, 미국채, 엔화를 꼽습니다.

금(Gold)

금은 전통적인 안전자산으로 환금성이 매우 뛰어난 자산입니다. 지구상에 한정량만 존재하는 자산이기 때문에 화폐량 증가에 따른 인플레이션이 발생하더라도 자산가치를 지킬 수 있는 중요한 화폐 대체제 성격을 갖습니다. 따라서 시장의 위험신호가 발생할 경우 자산가치를 지키기 위한 투자자들의 금 수요가 늘어나게 되고 자연스럽게 시장위기 시 금가격이 상승하는 안전자산 효과를 보이게 됩니다.

중앙은행과 개인투자자가 모두가 선호하는 안전자산이지만 금가격의 결정요소는 안전자산 선호현상뿐만 아니라 달러화의 가치, 금에 대한 실질 수요가 영향을 미치기 때문에 이를 종합적으로 판단해야 합니다.

대표 ETF

SPDR Gold Shares (GLD): 세계에서 가장 큰 금 ETF. 금 현물 보유

KODEX 골드선물(H) (132030): 국내 상장

달러(USD)

달러는 기축통화로서 총체적 위기상황에서 자신의 가치를 보호하는 뛰어난 안전자산입니다. 몇 차례의 글로벌 금융위기가 발생할 때마다 안전자산 선호현상으로 달러의 가격이 항상 급등했습니다. 아시아 금융위기처럼 위기의 근원이 미국 외 지역에서 발생한 경우 달러의 상승이 이해가 가지만 위기의 근원이 미국이었던 서브프라임 사태에도 달러가 급등하고 다른 주요국 통화들은 급락했습니다.

이는 슈퍼 파워인 미국이 어려울 정도로 심각한 위기에서는 미국 달러 말고는 투자자의 자산을 지켜줄 화폐가 없다는 인식이 작용하기 때문입니다. 최근 코로나19 위기 당시 신용위기가 발생하면서 금, 채권 할 것 없이 모든 자산이 급락할 때 전통적인 안전자산 중 유일하게 급등한 것은 달러였습니다.

US Dollar Index, United States, 일, 뉴욕 ▾ 시 106.26 고 106.27 저 106.23 종 106.24

대표 ETF

Invesco DB US Dollar Index Bullish Fund (UUP): 달러인덱스 추종

KODEX 미국달러선물 (261240): 국내 상장

미국채(U.S. Treasury Bonds)

미국채는 미국이라는 G1 국가가 보증하는 국채로서 거의 무위험 자산에 가까운 지위를 가지고 있습니다. 전통적으로 위기상황이 포착될 때마다 미 국채가격이 민감하게 반응을 하기 때문에 위기를 포착하는 신호로 활용되기도 했습니다.

그러나 앞서 금에서 보듯 어떠한 자산이 움직이는 요인이 한 가지만 있는 것은 아닙니다. 안전자산 투자 시 다른 가격변동 요인도 함께 체크해야 합니다.

미국채의 경우 연준의 금리정책이 가장 중요한 가격변동 요인으로 금리인상 기대감이 높다면 안전자산 선호현상이 발생하더라도 채권가격이 떨어질 수 있습니다. 실제 2022년 금리인상 국면에서는 미국채의 안전자산 성격은 제대로 작동하지 못했습니다.

대표 ETF

iShares 20+ Year Treasury Bond ETF (TLT): **미국 장기채 추종**

KODEX 미국채30년 (304670): **국내 상장**

엔화(JPY)

엔화가 안전자산으로 분류되는 이유는 다소 흥미롭습니다. 일본은 잃어버린 30년의 과정을 겪으면서 해외투자가 크게 늘었고 글로벌 위기상황이 오게 되면 해외에 투자되어 있던 자금이 국내에 들어오면서 엔화 수요가 급증하며 엔화 가치가 상승하게 되는 구조를 가지고 있습니다. 위기 시마다 상승하는 엔화의 성향과 함께 일본의 높은 국제 신용도로 인해 엔화는 안전자산이란 지위를 갖게 되었습니다.

그러나 최근 엔화는 통화가치에 직접적인 영향을 미치는 정부 정책을 아베노믹스를 기점으로 오랜 기간 동안 엔화 약세를 유도하는 방향으로 사용했기 때문에 안전자산 선호현상과 관계없이 장기간 하락을 지속해왔습니다.

대표 ETF

Invesco CurrencyShares Japanese Yen Trust (FXY): **대표 엔화 ETF**

TIGER 일본엔선물 (292560): **국내 상장**

안전자산 투자법은 이렇게 활용하세요

시장의 위기가 봉착되거나 예상될 때 포트폴리오의 일부를 안전자산인 금, 미국채, 달러, 엔화로 옮겨서 시장의 위험을 회피할 수 있습니다. 안전자산 투자를 미국 주식이나 국내 상장 해외 ETF를 활용할 경우에 먼저 해당 자산이 안전자산의 역할을 하고 있는 중인지 확인해야 합니다. 앞서 언급드렸지만 안전자산의 가격변동 요인이 안전자산 선호현상에만 국한되어 있지 않기 때문에 시장의 하락요인과의 관계성을 확인하고 적합한 안전자산을 선택해서 거래해야 합니다.

안전자산 투자 후 자신의 포트폴리오의 위험자산이 손실을 보고 안전자산이 수익을 보고 있다면 이후 위기가 해소되는 시점에 안전자산을 매도하고 하락한 위험자산을 추가 매수할 수 있습니다. 단순히 수익률을 방어할 뿐만 아니라 하락 시에 대응여력이 생겨서 투자자의 멘탈을 보호하는 역할을 하게 됩니다.

인버스 투자란?

대세 하락장에서는 '내가 왜 주식 투자를 시작해가지고…'라며 스스로를 원망

하기도 하지만 곧 시장이 하락해도 돈을 벌 수 있다는 '인버스'를 접하고 나면 투자자에게는 왠지 모를 호기심이 발동하게 됩니다. 그러나 초보자에게 '시장의 하락'에 투자하는 인버스는 매우 위험할 수 있습니다. 상승은 상당 기간에 걸쳐 천천히 오지만 하락은 매우 빠르고 강하게 나타나기 때문에 인버스 투자로 수익을 얻으려고 할 경우 자칫 매매 타이밍을 놓쳐서 오히려 손실이 커질 수 있습니다.

인버스 투자는 파생상품에 기인한 ETF로 파생상품은 사실 인베스팅(Investing)이 아닌 트레이딩(Trading)의 영역입니다. 잘못 활용하다가는 양날의 검이 될 수 있기 때문에 올바르게 이해하고 정확한 타이밍에 절제해서 사용해야 합니다. 일반적으로 미국 주식 초보자는 현금 보유와 방어자산 및 안전자산으로 헤지를 하고 경험이 많은 투자자에 한해 인버스나 VIX 투자를 활용하는 것이 적합하다고 생각됩니다.

대표 인버스 ETF

미국 ETF의 경우 ETF의 역사가 상당히 오래되었기 때문에 적극적이고 다양한 인버스 ETF 상품이 존재합니다. 단순 -1배 인버스 ETF뿐만 아니라 -3배 레버리지 인버스 상품도 있고 다양한 지수와 종목을 대상으로 한 인버스, 레버리지 인버스 ETF가 있습니다.

ProShares Short S&P500 ETF(SH): 에센피 지수를 역방향으로 1배 추종

ProShares Short QQQ ETF(PSQ): 나스닥 지수를 역방향으로 1배 추종

ProShares UltraPro Short QQQ ETF(SQQQ): 나스닥 지수를 역방향으로 3배 추종

Direxion Daily Financial Bear 3X ETF(FAZ): 금융 섹터를 역방향으로 3배 추종

인버스 투자법은 이렇게 활용하세요

인버스형 ETF는 시장의 하락이 예상될 때 적극적으로 대응하는 전략으로서 안전자산 매수에 비해 하락 시 성과가 우수합니다. 하지만 방향 예측이 틀리거나 타이밍을 잘못 잡았을 경우 인버스 투자하기 전보다 나쁜 상황에 빠질 수 있으므로 단기적인 관점에서 집중해서 거래를 해야 합니다.

또한 레버리지 인버스 상품을 거래할 때에는 일간 수익률의 배수를 추종하는 레버리지 ETF의 특성상 성과 왜곡이 발생할 수 있기 때문에 이 점도 필히 유의해야 합니다. 다양한 인버스 ETF가 있지만 유동성을 고려했을 때 운용사 선택이 중요하며 지수형 인버스는 프로셰어즈(ProShares) 사에서 나온 ETF가, 섹터형 인버스는 디렉시온(Direxion) 사에서 나온 ETF가 시장을 대표하고 있습니다.

VIX 투자란?

VIX는 공포지수라고도 불리며 S&P500의 옵션 변동성을 가지고 만든 지수입니다. 주가지수 하락 시 VIX가 크게 상승하는 경향을 보이기 때문에 대표적인 헤지 자산으로 분류됩니다. 어떻게 보면 인버스보다도 하락 대응 시 가장 효율적인 투자수단이라고 볼 수 있습니다. 예를 들어 과거 브렉시트 결정과 트럼프 1기 당선 등 시장의 예상을 벗어난 이벤트에 매우 민감하게 반응하며 하루 만에 10~20% 가량 급등했습니다.

대표 VIX ETF

> iPath Series B S&P500 VIX Short-Term Futures ETN (VXX): 가장 널리 사용되는 VIX ETF
>
> UVIX (2x Long VIX Futures ETF): VIX 선물의 2배 레버리지 추종

VIX 투자법은 이렇게 활용하세요

운용사에서 VIX ETF를 만들 때 VIX 인덱스를 기초자산으로 하는 것이 아니라 VIX 선물을 가지고 만들게 됩니다. 이때 VIX 선물을 보유하기 위한 보유비용이 ETF 가격에 반영되는데 시간가치가 감소하면서 ETF 가격이 지속적으로 하락하게 됩니다. 따라서 필히 단기적 관점에서 매수를 해야 하고 판단이 틀렸다고 생각이 들면 빠르게 정리해야 합니다.

자칫 매도 타이밍을 놓쳐서 길게 보유하게 되면 시장과 관계없이 자산가치가 지속적으로 감소하게 됩니다. 이건 제가 VIX ETF를 투자하는 과정에서 경험한 실제 사례로 꼭 유의하기 바랍니다.

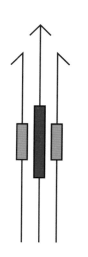

ETF 투자법 **5**

인플레이션 헤지를 원한다면?
원자재 ETF

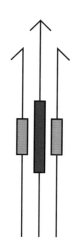

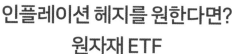

원자재 ETF 투자란?

원자재는 커머디티(Commodity)라고도 하며 주식과 채권 외에 매우 중요한 글로벌 투자자산 중의 하나입니다. 경제방송을 보면 글로벌 시장을 설명할 때 미국 3대 지수나 아시아 주요 지수에 대한 언급도 있지만 환율, 금리와 함께 금가격, 원유가격도 빠지지 않고 나오는 것을 확인할 수 있습니다. 그만큼 금, 원유와 같은 원자재 가격이 글로벌 시장에 미치는 영향이 크다는 것입니다.

실물자산인 구리, 금, 원유, 천연가스 같은 원자재는 산업 현장에서 쓰이기도 하지만 금융상품을 통해 투자자산으로 활용할 수 있습니다. 원자재 시장은 주식, 채권과의 상관관계가 낮아서 분산투자 효과를 제공하며 인플레이션 헤지에도 유용합니다.

원자재 ETF 거래는 금은방에서 골드바를 사는 것처럼 직접 원자재 현물을 매수하거나 난이도가 높은 선물거래를 할 필요 없이 주식처럼 간단하게 소액투자가 가능하다는 장점이 있습니다. 원자재 ETF는 ETF 운용사가 직접 현물을 매수하거나 파생상품을 이용해서 운용을 하는데 대부분 선물시장을 활용하여 상품을 운용합니다.

참고로 원자재 시장은 역사적으로 선물시장을 배경으로 성장했기 때문에 선물시장의 영향력이 큽니다. 이러한 배경이 원자재 투자 시 다른 상품과 다른 난해함을 주기도 합니다. 예를 들어 이론적으로 설명이 안되는 마이너스 유가를 기록했던 적이 있는데 선물에만 있는 만기라는 독특한 개념 때문에 발생했던 이슈로, 이로 인해 많은 투자자들이 예상치 못한 손실을 보기도 했습니다.

유가 선물 차트 - 마이너스 유가의 기록

투자자 입장에서는 원자재 ETF를 활용해서 진입장벽이 있는 선물시장이 아닌 주식시장을 통해 원활히 원자재 투자를 할 수 있다는 장점이 있습니다. 인플레이션 방어 및 포트폴리오 안정화를 위해 장기투자를 할 수도 있고 레버리지와 인버스 상품도 있어서 단기투자로도 활용할 수 있습니다.

원자재의 종류와 대표 ETF

귀금속

대표적으로 금(Gold)과 은(Silver)이 있으며 산업재로도 사용되지만 환금성이 있는 실물자산 또는 안전자산 수요도 함께 가지고 있습니다.

> SPDR Gold Shares (GLD): **금 투자**
>
> iShares Silver Trust (SLV): **은 투자**

비철금속

대표적으로는 산업재의 핵심 요소인 구리가 있는데 Dr. Copper로 불리며 경기 민감 원자재로 투자에 활용되고 있습니다.

> United States Copper Index Fund (CPER): **구리 투자**
>
> KODEX 구리선물(H) ETF (138910): **국내 상장**

에너지

대표적으로 원유(Crude Oil)와 천연가스(Natural Gas)가 있으며 인플레이션과 정유, 에너지 산업에 지대한 영향을 미칩니다.

> United States Oil Fund (USO): **원유 투자**
>
> United States Natural Gas Fund (UNG): **천연가스 투자**

농산물

대표 상품으로는 옥수수(Corn)가 있으나 ETF 시장에선 한 종류의 상품보다는 농산물을 한 번에 투자하는 종합 상품에 대한 수요가 더 많이 있습니다.

> Teucrium Corn Fund (CORN): **옥수수 투자**
>
> Invesco DB Agriculture Fund(DBA): **농산물 시장 투자**

원자재 ETF 투자법은 이렇게 활용하세요

인플레이션 방어 전략

일반적으로는 경기상승 국면에서 물가상승과 함께 원자재 가격이 동반 상승을 합니다. 지속적인 인플레이션으로 인해 원자재 가격 상승이 심해지면 비용 증가로 경기에 악영향을 미치게 되고 투자자의 포트폴리오 수익도 하락을 하게 됩니다. 이때 포트폴리오 자산에 원자재 ETF를 포함하게 되면 인플레이션에 대한 방어를 효율적으로 할 수 있습니다.

원자재 추세매매 전략

원자재의 가격은 경제학에서 배운 대로 수요와 공급이 만나는 지점에서 결정이 나는데 수요 혹은 공급 요인이 크게 꼬일 경우, 즉 불균형에 빠질 경우 한 방향(oneway)으로 강한 추세적 흐름이 나타나게 됩니다. 이러한 수요와 공급의 불균형을 예측하여 강한 시장변동성을 노린 투자가 가능합니다. 일반적으로 투기적 목적으로 원자재 ETF에 투자하는 경우 레버리지 ETF를 선호하는 경향이 높은데, 앞서 언급했듯이 파생상품에 가깝기 때문에 리스크를 고려해서 단기간에 승부를 보는 것이 좋습니다.

💡 **참고 5**

미국 원자재 ETF의 PTP 세금 이슈

미국 국세청은 2023년 1월 1일부로 공개거래파트너십((Publicly Traded Partnership, PTP) 세금을 신설해서 원자재 관련 ETF를 매도하는 외국인 투자자에게 매도금액의 10%를 원천징수하고 있습니다. 수익금액이 아닌 매도금액 기준이기 때문에 12% 이상 수익이 나지 않으면 오히려 손해를 볼 수 있는 매우 불리한 과세 제도입니다. 주로 원유, 천연가스, 금속 등 원자재에 투자하는 ETF에 해당되며 거래 전에 PTP 리스트에 포함되는지 꼭 확인하고 거래를 할 필요가 있습니다.

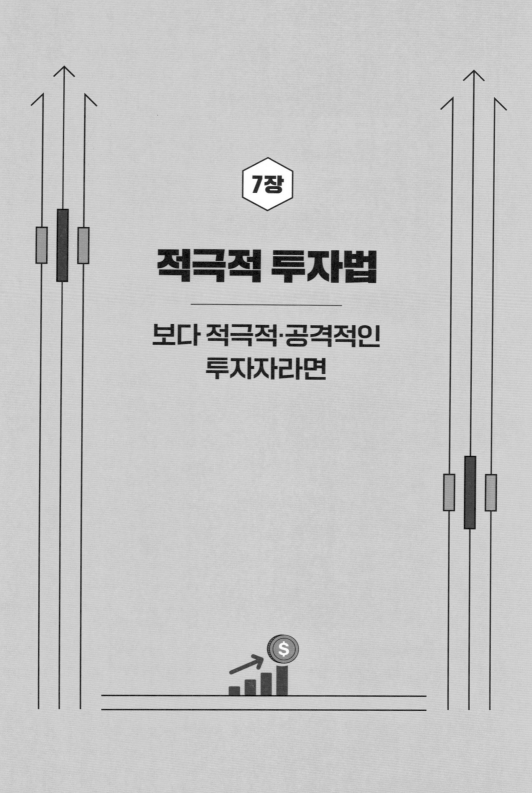

7장

적극적 투자법

보다 적극적·공격적인
투자자라면

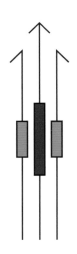

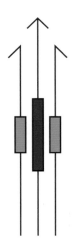

적극적 투자법 ❶

레버리지를 활용한 투자
– TQQQ, SQQQ, SOXL, TMF

서학개미를 정의하는 표현 중의 하나가 바로 '레버리지의 민족'입니다. 국내 미국 주식 투자자의 거래 상위 종목에는 ETF가 상당히 많으며 ETF의 상당수가 바로 레버리지 ETF입니다. 예탁결제원 통계자료를 통해 확인해보면 최근 1년간 거래량 기준(2023.11~2024.11)으로 상위에 랭크되어 있는 레버리지 ETF는 다음과 같습니다.

서학개미 거래 상위 종목 순위(2023.11~2024.11)

1위 DIREXION DAILY SEMICONDUCTORS BULL 3X SHS ETF (SOXL): 반도체 매수 3배

4위 DIREXION SEMICONDUCTOR BEAR 3X ETF (SOXS): 반도체 매도 3배

7위 PROSHARES ULTRAPRO QQQ ETF (TQQQ): 나스닥 매수 3배

10위 DIREXION DAILY 20 YEAR PLUS DRX DLY 20+ YR TREAS BULL

3X (TMF): 미국채 장기물 매수 3배

11위 PROSHARES ULTRAPRO SHORT QQQ ETF (SQQQ): 나스닥 매도 3배

23위 ISHARES 20+ YEAR TREASURY BOND ETF (TLT): 미국채 장기물 매수 1배

24위 INVESCO QQQ TRUST SRS 1 ETF (QQQ): 나스닥 매수 1배

31위 DIREXION DAILY FTSE CHINA BULL 3X SHARES (YINN): 중국 매수 3배

보관금액 기준이 아닌 매수+매도 결제금액 기준이기 때문에 레버리지 ETF를 활용한 단기성 거래가 그만큼 많았다는 것을 뜻합니다. 일단 반도체 매수 3배 ETF인 SOXL이 가장 압도적인 거래량으로 1위를 했고 바로 이어 4위에 반도체 매도 3배 ETF인 SOXS이 차지하고 있는 것을 보았을 때 ETF 투자자들이 고레버리지 ETF를 통해 매수·매도 트레이딩을 한 것으로 유추할 수 있습니다.

마찬가지 개념으로 7위의 나스닥 매수 3배 ETF인 TQQQ와 11위의 나스닥 매도 3배 ETF인 SQQQ의 조합도 나스닥 지수를 가지고 적극적인 매수·매도 트레이딩을 한 것으로 보입니다. 10위의 미국채 장기 매수 3배 ETF인 TMF가 자리하고 있는데 매도 ETF 조합인 TMV가 순위권에 없는 것을 보았을 때 트레이딩 목적보다는 금리인하를 노린 장기 채권 매수물량이 상당히 많았음을 알 수 있습니다.

레버리지 ETF는 아니지만 23위의 미국채 장기물 1배 ETF인 TLT와 24위의 나스닥 매수 1배 ETF인 QQQ의 순위를 보았을 때 확실히 1배수 ETF보다 3배수 ETF를 서학개미가 훨씬 선호하는 것을 확인할 수 있습니다.

반도체 업종 지수를 1배 추종하는 SOXX와 3배 추종하는 SOXL 간의 최근 1년간(2023.11~2024.11) 성과를 비교했을 때 반도체 섹터의 최고점을 찍었던

SOXL과 SOXX의 최근 1년간 투자성과 비교차트

2024년 7월 10일 기준 SOXX의 성과가 52%, SOXL의 성과가 183.66%로 레버리지 ETF의 압도적인 수익률을 보면 투자자들의 레버리지 ETF에 열광하는 것도 충분히 이해할 수 있습니다.

💡 참고

예탁결제원 통계자료 분석

예탁결제원 증권정보포털(seibro.or.kr)에 들어가면 종목별 내역(주식 TOP 50)을 확인할 수 있습니다. 결제금액 기준 혹은 보관금액 기준별 기간, 국가를 선택하여 상위 50위 내의 기업 리스트 조회가 가능합니다. 해당 자료를 통해 기간별 거래 상위 종목, 보유 상위 종목을 파악하거나 최신 서학개미의 미국 주식 투자 트렌트를 유추해볼 수 있습니다.

레버리지 ETF 투자법은 이렇게 활용하세요

대표적인 레버리지 ETF인 TSLT와 NVDX 같은 ETF 상품을 운용하고 있는 미국 ETF 운용사 REX 셰어스(REX Shares)에서는 자신의 상품을 거래하는 투자자들을 '숙련된 투자자'로 지칭합니다. 그만큼 레버리지 ETF는 초보자보다는 해당 상품에 대한 이해가 밝고 제대로 활용할 줄 아는 투자자가 거래해야 한다는 뜻이기도 합니다. 투자의 경험이 많은 적극적·공격적 투자자라면 레버리지 ETF를 활용해서 고수익을 추구할 수 있을 것입니다.

다만 이 책을 보는 미국 주식 초보자분들께서는 레버리지 ETF의 높은 수익률에만 현혹되지 말고 자신의 성향에 맞게 투자를 시작한 뒤 한 단계 한 단계 성장해나가기 바랍니다. 투자의 경험이 충분히 쌓인 뒤 자신의 성향이 단기 트레이딩에 적합하고 위험관리 능력이 뛰어나다고 판단된다면 그때부터 '레버리지 ETF'란 무기를 활용해도 늦지 않을 것입니다.

인베스팅(Investing)과 트레이딩(Trading)의 영역은 엄연히 다릅니다. 장기적 관점에서 자산의 가치를 판단하여 거래하는 행위는 인베스팅이지만 트레이딩은 리스크 관리라는 통제 속에서 상당한 집중력을 요하는 단기적 판단의 거래 행위입니다. 파생상품이 아닌 미국 주식을 거래한다고 해서 모두 인베스팅을 하는 것이 아닙니다. SOXL, SOXS, TQQQ, SQQQ 같은 상품을 거래할 때는 본인이 트레이딩을 하고 있다는 점을 충분히 인지하고 그에 걸맞은 매매원칙을 준수하는 것이 바람직합니다.

적극적 투자법 ❷

개별 종목도 레버리지를 이용한다
- TSLL, NVDL

앞서 언급한 예탁결제원 통계자료를 확인해보면 최근 1년간(2023.11~2024.11) 거래량 기준으로 상위에 랭크되어 있는 레버리지 ETF 중에서 개별 종목에 대한 레버리지 ETF도 다수 포함되어 있습니다.

> **서학개미 거래 상위 종목 순위**(2023.11~2024.11)
>
> 5위 DIREXION DAILY TSLA BULL 2X SHARES (TSLL): 테슬라 매수 2배
>
> 6위 GRANITESHARES 2.0X LONG NVDA DAILY ETF (NVDL): 엔비디아 매수 2배
>
> 21위 T-REX 2X LONG TESLA DAILY TARGET ETF (TSLT): 테슬라 매수 2배

무려 5위와 6위에 각각 테슬라와 엔비디아의 매수 2배를 추종하는 개별 주식 레버리지 ETF가 랭크되어 있습니다. 사실 ETF란 것이 투자자의 니즈에 맞춰

서 운용사들이 출시를 하는 경향이 있습니다. 순서상 테슬라에 대한 매수 레버리지 ETF(TSLL)가 먼저 등장하여 상당한 인기를 끌었고 이후 주도주인 엔비디아에 더 강하게 편승하려는 투자자들의 니즈가 급증하면서 엔비디아 매수 2배 ETF(NVDL)가 새롭게 출시되어 상당한 인기를 얻게 되었습니다.

한편 최근 1개월간(2024.11) 순매수 기준 상위 미국 주식을 검색해보았을 때 새로운 개별 종목 ETF 흐름이 등장하여 눈길을 끌고 있습니다.

> T-REX 2X INVERSE TESLA DAILY TARGET ETF (TSLZ): **테슬라 매도 2배**
>
> Tradr 2X Short TSLA Daily ETF (TSLQ): **테슬라 매도 2배**
>
> DIREXION DAILY TSM BULL 2X SHARES (TSMX): **TSMC 매수 2배**
>
> T-REX 2X LONG NVIDIA DAILY TARGET ETF (NVDX): **엔비디아 매수 2배**

테슬라가 최근 단기간에 급등세를 보이면서 이를 고점에서 매도하려는 투자심리가 높아졌고 이에 맞춰서 테슬라 매도 2배 ETF가 2종이나 거래 상위에 등장한 것입니다. TSMC라는 비교적 무거운 주식에 2배 레버리지를 적용해서 수익률을 극대화하려는 움직임도 포착되었습니다.

개별 주식 레버리지 ETF 투자법은 이렇게 활용하세요

개별 주식 레버리지 ETF를 거래하는 니즈는 크게 두 가지로 나눌 수 있습니다. 먼저 상승에 강한 확신이 있고 시장의 주목을 받고 있는 몇몇 종목에 있어서 상승세의 2배를 추종하는 레버리지 ETF가 상당수 출시되었습니다. 테슬라, 엔비디아, TSMC 같은 기술주 종목에 해당되며 주도주 랠리에 더 강하게 추종하려는 모습입니다.

두 번째는 단기 급등한 종목에 대한 매도(Short)의 니즈를 반영한 개별 주식 레버리지 인버스 ETF입니다. 현재는 테슬라 관련 레버리지 ETF가 거래 상위에 올라와 있는 상황이고 추후 시장상황에 맞춰 새로운 급등주에 대한 매도 2배 ETF를 출시할 것으로 보입니다. 시장의 니즈에 바로 반응하는 미국 운용사들이라 할 수 있는데, 대표적으로 메타버스가 한참 유행하다가 꺾이기 시작할 때 공매도를 치는 차원에서 메타버스 테마에 숏을 치는 테마형 ETF도 등장을 했었습니다.

개별 주식 레버리지 ETF도 인덱스, 섹터형 레버리지 ETF와 마찬가지로 단기적 트레이딩 관점에서 활용하는 선택지이며 상품 구성이 개별 종목으로 단일화되어 있기 때문에 ETF의 분산 효과는 전혀 누릴 수 없고 오직 레버리지만 활용하는 전략임을 확실히 이해하고 거래해야 합니다.

개별 주식 본주를 매수하기에는 자금여력이 부족하고 상승에 대한 확신이 있을 때는 좋은 선택지일 수 있으나 단기에 고수익이 발생했을 경우 빠른 투자 판단이 필요합니다. 자금관리 차원에서 자금이 넉넉함에도 개별 주식 레버리지 ETF를 활용할 수 있는데 개별 종목 투자에 레버리지를 일으키고 남긴 자금을 안전한 자산에 투자하여 알파수익을 추구하는 전략으로 사용이 가능합니다.

단, 개별 주식의 매도 2배를 추종하는 ETF의 경우 레버리지 공매도를 하는 것과 동일한 투자 결과를 가져오기 때문에 트레이딩 관점에서 철저한 준비를 하고 거래하는 것이 중요합니다.

적극적 투자법 ③
수익률 1,000%에 도전하는
텐베거 후보군 투자

10년 전 테슬라와 10년 전 엔비디아를 기억하시나요?

2021년도 마치 주가가 화성으로 갈 것처럼 정점을 보여주었던 테슬라는 불과 직전 2년 전까지만 하더라도 일론 머스크가 토크쇼에서 마리화나를 피우고 사기꾼 소리까지 들으면서 위태로운 주가 상태를 보이고 있었습니다. 2020년 3월 18일 저점을 찍은 테슬라는 이후 랠리를 거듭한 끝에 2021년 11월 4일 고점을 기준으로 무려 1,600%나 상승하게 됩니다.

엔비디아는 어떤가요? '겜돌이'들의 상징인 매우 성능이 좋은 그래픽 카드인 지포스(G-force)를 만들던 엔비디아는 이 그래픽 카드가 GPU로 탈바꿈하면서 그야말로 환골탈태하게 됩니다. 2010년대 후반에 가상화폐 채굴 열풍이 불며 첫 1,000%를 달성했고 이후 코로나 랠리 당시 클라우드 열풍에 다시금 2차 1,000% 상승률을 달성한 뒤 챗GPT가 일으킨 AI 붐을 맞이해서 다시금 1,000%가 넘는

테슬라 차트(2020.3.18~2021.11.4 +1602.44%)

상승률을 보인 마치 유명가수 아이유(IU) 3단 고음과 같은 차트 상승을 보여준 회

사입니다.

엔비디아 차트(1차 2016.2.8~2018.10.1 +948.73%, 2차 2018.12.17~2021.11.15 +918.28%, 3차 2022.10.10~2024.11.4 +1214.96%)

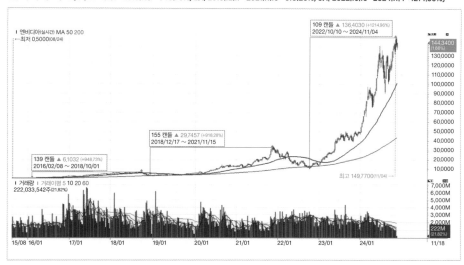

우리는 이러한 주식을 텐베거 종목이라고 합니다.

누구나 평생에 한 번이라도 이러한 인생 종목을 갖기를 원하고 제2의 테슬라, 제2의 엔비디아를 찾기 위해 오늘도 차트를 기웃거립니다. 코로나 랠리 이후 기술 혁명이 본격화되면서 지금은 비록 적자 상태에 갈 길이 멀어 보이지만 이러한 미래 성장기업을 인생 종목으로 보고 미리 선점하려는 노력이 바로 텐베거(10루타) 투자입니다.

현재 커뮤니티상에서 거론되는 텐베거 후보군

팔란티어(PLTR)

팔란티어는 2003년에 설립된 미국의 빅데이터 솔루션 기업으로 현재는 AI 기업으로 분류되어 시장의 평가를 받고 있습니다. 초기에는 CIA, FBI, 국방부와 같은 정부 기관을 고객으로 시작하여 현재는 민간기업에게 빅데이터 솔루션을 제공하며 빠르게 성장하고 있는 기업입니다.

아이온큐(IONQ)

아이온큐는 2015년에 설립된 양자컴퓨팅 기업으로 양자 컴퓨터의 상용화를 목표로 연구와 개발을 진행하고 있습니다. 현재 양자컴퓨팅 분야에서는 가장 앞선 기술의 상장회사로 알려져 있습니다.

조비에비에이션(JOBY)

조비에비에이션은 전기수직이착륙기(eVTOL)를 개발하는 기업으로 도심항공모빌리티(UAM) 시장의 선두기업입니다. UAM 시장은 향후 2040년까지 2,000조 원으로 성장할 것으로 전망되고 있는 잠재력이 높은 시장입니다. 조비(JOBY)는 2021년 상장되었으며 2025년 상업운항을 목표로 하고 있습니다.

뉴스케일파워(SMR)

뉴스케일파워는 소형 모듈 원자로(SMR)를 개발하는 회사로 종목 티커도 SMR 입니다. SMR은 기존 원자로보다 작고 안전하며 경제성이 높아 AI 데이터센터로 인한 에너지 부족을 해결할 수 있는 차세대 에너지원으로 주목받고 있습니다. 뉴스케일파워는 현재 2029년 상업운전을 목표로 공급계약을 체결하고 있습니다.

텐베거 후보군 투자는 이렇게 활용하세요

이 투자법은 장점과 단점이 명확합니다. 성공하면 10배가 넘는 수익을 얻을 수 있으나 단점은 그 성공률이 매우 낮고 텐베거 달성까지 많은 변수가 기다리고 있다는 것입니다. 따라서 해당 기업을 누구보다 깊이 이해해야 하는데 텐베거를 완성할 때까지 중간중간 들려오는 노이즈에 흔들리지 않고 장기 보유하기 위해서는 강한 확신이 필요하기 때문입니다.

주의할 점은 해당 기업에 대한 맹목적 사랑은 위험하다는 것입니다. 텐베거 투자가 합리적인 판단하에서 이루어져야 하며 초기에 투자한 이유가 유지되는지 면밀하게 체크하고, 만약 초기 매수 이유가 사라졌다면 더 이상 리스크를 키우지 말고 아쉽지만 보내줄 수 있어야 합니다. 텐베거 후보는 다시 또 찾으면 됩니다. 마치 스타트업 회사를 발굴하는 벤처캐피탈(VC) 투자라고 생각하면 좋을 것 같습니다.

벤처캐피탈의 투자 성공(회수) 확률은 25% 수준으로 낮습니다.

미래가 불투명한 텐베거 기업도 실적이 중요합니다. 초기에는 기대감으로 급등하지만 항상 기대감에 가치를 부여하지는 않습니다. 특히 금리인상기에는 시장에 유동성이 부족하기 때문에 실적이 뒷받침되지 않은 텐베거 후보들은 큰 조정을 받는 경우가 허다합니다. 텐베거 투자가 장기투자임을 고려할 때 기대감을 넘어서는 안정적인 실적 전환이 필수적으로 따라와야 합니다.

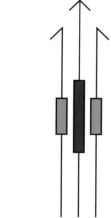

적극적 투자법 ④

이제는 코인도 제도권 투자로
- MSTR, 비트코인 ETF

비트코인과 가상화폐의 등장은 투자자산 시장의 큰 분기점이었습니다. 한때 펀더멘털이 없다는 이유로 제도권에서는 애써 외면했지만 오랜 부침 끝에 크립토 대장주인 비트코인은 1비트당 1억 원을 넘기고 이어서 10만 달러를 돌파했습니다.

블랙록 비트코인 ETF 승인의 의미

코인의 미래에 대해 논하는 자리가 아니기 때문에 비트코인을 미국 주식 투자 관점에서만 이야기하자면 투자자산으로서 비트코인은 세계 1위 자산운용사인 블랙록(BlackRock)의 비트코인 ETF 승인이라는 매우 중요한 분기점을 맞이했습니다.

1비트당 1억을 훌쩍 넘어선 비트코인

블랙록 비트코인 ETF가 승인을 얻게 되면서 비트코인은 제도권 금융상품으로 인정을 받게 되었습니다. 이는 암호화폐 시장의 신뢰도를 높이고 ETF 자산의 특성상 투자자들의 접근성을 크게 향상시켰습니다. 당연히 기관투자자들도 현물 가상화폐 투자 여부에 대한 운용상 제약 없이 비트코인을 포트폴리오에 포함시킬 수 있으며 이러한 기관투자자의 참여는 비트코인에 대한 투자 수요를 자극하게 될 것입니다.

또한 비트코인 ETF 승인을 시작으로 암호화폐에 대한 규제가 완화 방향으로 흘러가면서 다른 알트코인의 ETF 승인 가능성도 높아질 것이고, 이로써 크립토 시장은 더욱 안정화되고 확대될 수 있습니다.

비트코인의 가격변동 요인과 특징

비트코인 등장 초기에는 금이나 달러와 같은 화폐의 대체자산 성격을 보였지만 최근에는 나스닥과 같은 위험자산과 동기화되어 움직입니다. 그러나 가격변동성과 민감도 측면에서 비트코인을 비롯한 가상화폐, 크립토 자산의 경우 기존 전통자산보다 높은 변동성을 보입니다.

미국 주식시장을 통해 비트코인 성장성에 투자하는 방법은?

크립토 생태계에 투자하는 방법

가상화폐에 직접 투자하지는 않지만 가상화폐 생태계 관련 기업에 투자함으로써 가상화폐 성장을 함께 추구하는 투자법입니다. 전통자산 개념으로는 금 투자 시 금 현물에 직접 투자하지 않고 금광기업에 투자하는 VanEck Gold Miners ETF(GDX)를 거래하는 것과 비슷한 개념입니다. 금광기업 ETF인 GDX는 금 현물 ETF인 GLD보다 높은 변동성을 갖고 있는데 비트코인도 유사하게 비트코인의 변동성보다 관련 기업들의 변동성이 더 높은 성향을 보이고 있습니다.

> 코인베이스(COIN): 글로벌 가상화폐 거래소, 가상화폐 규제완화 이슈
> 라이엇플랫폼즈(RIOT): 비트코인 채굴기업
> 마라톤디지털홀딩스(MARA): 비트코인 채굴기업

비트코인 보유 가치에 투자하는 방법

특정 기업이 비트코인 자산을 직접 가지고 있는 경우 비트코인 자산가치 상승분이 주가에 반영됩니다. 투자자 입장에서 해당 기업의 주식을 매수한다면 비트코인에 직접 투자를 할 필요 없이 보유 효과로 인한 주가 상승을 추구할 수 있게

됩니다.

> 마이크로스트레티지(MSTR): 미국의 소프트웨어 기업으로 비트코인 자산을 꾸준
> 히 매수. 2024년 11월 현재 약 33만 개의 비트코인을 보유 중
> T-Rex 2X Long MSTR Daily Target ETF (MSTU): 마이크로스트레티지 매수
> 2배 ETF

비트코인 ETF로 투자하는 방법

최근 1개월간 순매수 기준 상위 미국 주식을 검색해보았을 때 비트코인 투자 관련 ETF가 대거 등장했음을 확인할 수 있습니다. 서학개미 사이에서도 비트코인 자산 관련해서 전통시장을 통한 투자 니즈가 크게 늘어나고 있는 상황입니다. 레버리지의 민족인 만큼 비트코인 관련 ETF 투자에 대해서도 현물 ETF보다는 레버리지 ETF를 선호하는 경향이 확인됩니다.

> iShares Bitcoin Trust (IBIT): 블랙록이 운용하는 현물 비트코인 ETF
> PROSHARES ULTRA BITCOIN ETF (BITU): 비트코인 매수 2배 추종
> 2X ETHER ETF (ETHU): 이더리움 매수 2배 추종

비트코인 관련 미국 주식 투자 시 유의사항

비트코인 및 크립토 시장이 고점을 갱신하게 되고 당연히 주목도가 올라가면서 관련 자산들이 동반 상승을 하게 됩니다. 그러나 코인 빙하기 시기에는 높은 가

치 하락을 보인다는 점도 꼭 유념해야 합니다.

ETF를 활용한 투자는 비트코인 직접투자에 비해 레버리지 ETF를 활용 시 적은 금액으로 투자할 수도 있고 거래소 보호장치로 인한 안정성도 얻을 수 있습니다. 다만 비트코인 투자 자체가 높은 변동성을 가진 공격적인 투자라는 점을 숙지해야 하며, 크립토 생태계에 대한 투자자 스스로의 강한 확신과 긍정적 전망이 필요합니다.

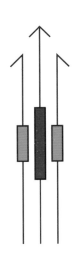

적극적 투자법 ⑤

혁신주 투자의 귀재,
돈나무 언니의 안목? ARKK

돈나무 언니를 아시나요?

우리에게 돈나무 언니로 알려
진 캐시 우드는 혁신적인 기업에
집중투자하는 ETF 운용사인 아
크인베스트의 설립자로 2020년
테슬라의 주가 급등과 함께 큰 주
목을 받았습니다. 아크인베트스
의 대표 펀드인 ARKK는 혁신적
인 기술과 산업에 종사하는 기업
에 투자하는 ETF로 고수익 고위
험 특성을 보이고 있습니다.

ARKK의 영광과 몰락

캐시 우드의 ARKK ETF는 주로 기술주, 혁신주 투자를 선호하며 겉으로는 ETF지만 헤지펀드를 운용하는 느낌을 줍니다(운용보수도 상대적으로 높은 편입니다). 코로나 랠리 당시에는 테슬라의 상승과 함께 ETF의 특성상 대중적 접근성이 높아서 많은 지지와 관심을 얻으며 큰 폭의 AUM 성장을 보였고 ARKK가 보유한 종목에 대한 시장 관심이 뜨거웠습니다.

당시 캐시 우드는 선견지명을 보유한 테크 장인의 느낌으로 추앙을 받았으나 급격한 금리인상 시기에 혁신주들이 대거 급락하면서 ARKK 펀드도 함께 고난의 길을 걷게 됩니다. 추락한 수익률로 시장의 관심은 멀어졌으나 이후 캐시 우드는 크립토 씬에서 강력한 스피커로 활약하며 다시 시장의 주목을 받기 시작했습니다.

급등과 급락 그리고 횡보, ARKK ETF 주봉

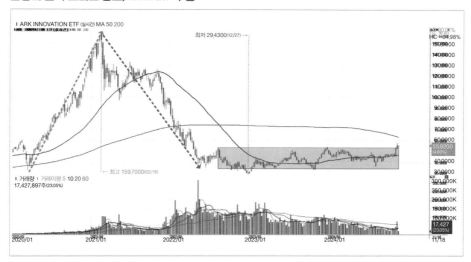

대표 ETF인 ARKK ETF 차트를 보면 2020~2021년도 급등으로 정점을 찍고 금리인상기에 급격한 조정을 보였습니다. 혁신주의 높은 시장변동성을 차트에서도 확인할 수 있는데요. 이후 2년 넘게 박스권에서 횡보하는 모습이 이어지고 있으나 금리인하에 대한 기대감으로 장기 박스권 상방 돌파를 시도하고 있습니다.

ARK가 다시 주목을 받다

크립토 씬에서 활약하던 캐시 우드와는 달리 사람들의 관심에서 잊혀가던 ARKK ETF가 새롭게 주목을 받았던 계기가 있습니다. 바로 2023년 말 금리인하 기대감이 고조되면서 그동안 조정을 받았던 중소형, 혁신주들이 대거 반등을 시작했기 때문입니다.

중소형주, 혁신주 랠리가 도래할 시 시장의 관심은 ARKK의 보유종목에 쏠리게 됩니다. 아무래도 오랫동안 혁신주 투자를 해온 ARKK 이기에 종목 선정에 있어서 나름의 노하우를 인정받았다고 볼 수 있을 것 같습니다.

아크인베스트 홈페이지에서 ARKK의 보유종목을 직접 확인할 수 있는데 현재 테슬라(TSLA)와 코인베이스(COIN)의 비중이 가장 많고 팔란티어(PLTR)와 로빈후드(HOOD), 메타(META) 같은 기업도 투자종목에서 확인할 수 있습니다. 현재 보유한 34개 종목 가운데에는 바이오테크 기업이 대거 포함되어 있는 점도 눈에 띕니다.

ARKK
ARK Innovation ETF

	Company	Ticker	CUSIP	Shares	Market Value ($)	Weight (%)
1	TESLA INC	TSLA	88160R101	2,854,003	$987,485,038.00	15.22%
2	COINBASE GLOBAL INC -CLASS A	COIN	19260Q107	2,129,869	$691,291,581.33	10.66%
3	ROKU INC	ROKU	77543R102	8,047,831	$592,400,839.91	9.13%
4	ROBLOX CORP -CLASS A	RBLX	771049103	7,588,785	$396,438,128.40	6.11%
5	PALANTIR TECHNOLOGIES INC-A	PLTR	69608A108	5,499,062	$346,330,924.76	5.34%
6	ROBINHOOD MARKETS INC - A	HOOD	770700102	9,428,971	$332,276,938.04	5.12%
7	CRISPR THERAPEUTICS AG	CRSP	H17182108	6,472,882	$304,031,267.54	4.69%
8	BLOCK INC	SQ	852234103	3,206,572	$296,351,384.24	4.57%
9	SHOPIFY INC - CLASS A	SHOP	82509L107	2,695,852	$281,959,160.68	4.35%
10	UIPATH INC - CLASS A	PATH	90364P105	12,852,046	$163,992,106.96	2.53%
11	META PLATFORMS INC-CLASS A	META	30303M102	271,095	$152,108,693.55	2.35%
12	DRAFTKINGS INC-CL A	DKNG UW	26142V105	3,337,229	$144,201,665.09	2.22%

나만의 혁신주 포트폴리오를 만들어보자

변동성이 높고 다소 위험하지만 혁신에 성공하면 높은 수익을 안겨다 주는 혁신주 투자에 관심이 있다면 ARKK와 같은 ETF 방식으로 접근하는 것이 여러모로 바람직합니다. 즉 일단 개별 종목 단위의 성공률이 낮기 때문에 위험도를 낮추는 방법으로 포트폴리오 분산 효과를 활용하는 것입니다. 제일 중요한 것은 좋은 혁신주를 찾아내는 것인데, 이때 오랜 혁신주 투자 경험을 가진 ARKK ETF의 보유종목을 참고해보는 것도 활용하기 좋은 전략 중의 하나입니다.

과거 경험으로 볼 때 좋은 종목 선정보다 중요한 것이 바로 시장의 방향, 특히 금리의 방향입니다. 앞서 말씀드렸듯이 중소형, 혁신주들이 반응하는 환경은 유동성이 넘치는 금리인하 시기입니다. 금리인상기에는 거의 코인 빙하기 같은 상황이 연출되기 때문에 상당한 주의가 필요합니다. 반대로 금리인하에 대한 확신이 있을 경우에는 중소형 혁신주 투자로 높은 성과를 추구할 수도 있습니다.

💡 참고

시킹알파: ETF 분석(구성종목 등)

미국 거래소에 상장된 ETF의 경우 해당 ETF 운용사 홈페이지를 일일이 찾아서 확인하는 것은 다소 번거로운 일입니다. 이럴 때는 시킹알파 홈페이지(seekingalpha.com)에서 해당 ETF 티커를 검색한 뒤 'Holdings(보유종목)' 메뉴에 들어가면 상위 10개 종목의 종목명과 비중을 손쉽게 확인할 수 있습니다.

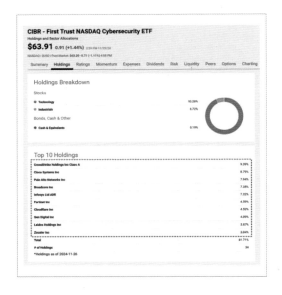

적극적 투자법 ⑥
투자 레전드의 포트폴리오 따라 하기

누구나 투자를 하다가 손실을 보거나 방향을 판단하기 어려울 때는 투자에 대한 스트레스를 강하게 받기 마련이고, 그럴 때면 투자를 잘하는 사람에게 대신 맡기고 싶다거나 그 사람의 포트폴리오를 훔쳐보고 싶다는 생각이 들게 됩니다.

그런데 그 투자를 잘하는 사람이 월가의 전설적인 투자자라면 어떨까요? 우리가 언론에서 많이 접하는 투자 레전드가 있습니다. 대표적으로 버크셔헤셔웨이의 워런 버핏이 있을 것이고, 브리지워터의 레이 달리오, 소로스 펀드의 조지 소로스, 리틀 버핏이라 불리는 빌 애크먼 등이 있습니다.

미국 증권거래위원회에 제출된 분기별 13F 보고서를 분석

이러한 레전드들이 운용하는 헤지펀드에서는 자신의 투자 포트폴리오를 대중에게 공개해야 하는데, 물론 실시간으로 포지션이 노출되는 것은 아니고 바로 미국 증권거래위원회(SEC)에 13F 보고서를 분기마다 공시합니다.

이 공시를 통해 헤지펀드의 포트폴리오를 직접 확인할 수 있는데요. 아무래도 투자업계의 거인이다 보니 이들이 매수하고 매도한 이력들을 참고해서 많은 기사가 쏟아지고 실제 참고할 만한 투자 아이디어도 얻을 수 있습니다.

예를 들어 버크셔의 워런 버핏 포트폴리오가 공시를 통해 공개되면 버핏이 왜 가장 비중이 컸던 애플을 팔았는지, 비중을 늘린 종목은 무엇인지, 새로 매수한 종목은 무엇인지를 꼼꼼히 확인하며 버핏의 투자전략을 분석합니다. 이때 포트폴리오에 들어오고 나간 몇몇 기업의 주가가 요동치기도 합니다.

또한 여러 투자 구루(Guru)들의 포트폴리오를 비교해보면서 투자에 대한 시각을 크게 넓힐 수 있습니다. '최근 투자 구루들이 담고 있는 업종과 종목은 무엇인지?', '이들은 시장을 어떻게 바라보고 있는지?', '혹시 상반된 시각을 보일 경우 어떠한 원인으로 의견이 갈리게 되었는지?' 같은 질문을 통해 많은 투자적 함의를 얻을 수 있습니다.

투자 구루들의 2024년 3분기 포트폴리오

워런 버핏의 포트폴리오

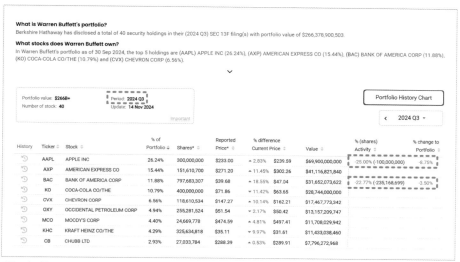

What is Warren Buffett's portfolio?
Berkshire Hathaway has disclosed a total of 40 security holdings in their (2024 Q3) SEC 13F filing(s) with portfolio value of $266,378,900,503.

What stocks does Warren Buffett own?
In Warren Buffett's portfolio as of 30 Sep 2024, the top 5 holdings are (AAPL) APPLE INC (26.24%), (AXP) AMERICAN EXPRESS CO (15.44%), (BAC) BANK OF AMERICA CORP (11.88%), (KO) COCA-COLA CO/THE (10.79%) and (CVX) CHEVRON CORP (6.56%).

Portfolio value: **$266B+**
Number of stock: **40**

Period: **2024 Q3**
Update: **14 Nov 2024**

Portfolio History Chart
‹ 2024 Q3 ›

History	Ticker	Stock	% of Portfolio	Shares*	Reported Price*	% difference	Current Price	Value	% (shares) Activity	% change to Portfolio
	AAPL	APPLE INC	26.24%	300,000,000	$233.00	▲ 2.83%	$239.59	$69,900,000,000	-25.00% (-100,000,000)	-8.75%
	AXP	AMERICAN EXPRESS CO	15.44%	151,610,700	$271.20	▲ 11.45%	$302.26	$41,116,821,840		
	BAC	BANK OF AMERICA CORP	11.88%	797,683,307	$39.68	▲ 18.55%	$47.04	$31,652,073,622	-22.77% (-235,168,699)	-3.50%
	KO	COCA-COLA CO/THE	10.79%	400,000,000	$71.86	▼ 11.42%	$63.65	$28,744,000,000		
	CVX	CHEVRON CORP	6.56%	118,610,534	$147.27	▲ 10.14%	$162.21	$17,467,773,342		
	OXY	OCCIDENTAL PETROLEUM CORP	4.94%	255,281,524	$51.54	▲ 2.17%	$50.42	$13,157,209,747		
	MCO	MOODY'S CORP	4.40%	24,669,778	$474.59	▲ 4.81%	$497.41	$11,708,029,942		
	KHC	KRAFT HEINZ CO/THE	4.29%	325,634,818	$35.11	▼ 9.97%	$31.61	$11,433,038,460		
	CB	CHUBB LTD	2.93%	27,033,784	$288.39	▼ 0.53%	$289.97	$7,796,272,968		

자료: valuesider.com

빌 애크먼의 포트폴리오

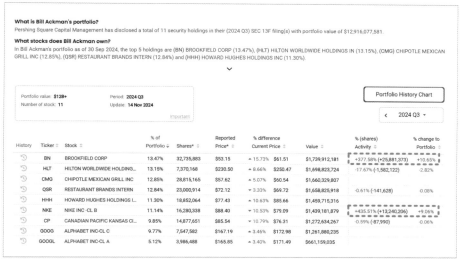

What is Bill Ackman's portfolio?
Pershing Square Capital Management has disclosed a total of 11 security holdings in their (2024 Q3) SEC 13F filing(s) with portfolio value of $12,916,077,581.

What stocks does Bill Ackman own?
In Bill Ackman's portfolio as of 30 Sep 2024, the top 5 holdings are (BN) BROOKFIELD CORP (13.47%), (HLT) HILTON WORLDWIDE HOLDINGS IN (13.15%), (CMG) CHIPOTLE MEXICAN GRILL INC (12.85%), (QSR) RESTAURANT BRANDS INTERN (12.84%) and (HHH) HOWARD HUGHES HOLDINGS INC (11.30%).

Portfolio value: **$12B+**
Number of stock: **11**

Period: **2024 Q3**
Update: **14 Nov 2024**

Portfolio History Chart
‹ 2024 Q3 ›

History	Ticker	Stock	% of Portfolio	Shares*	Reported Price*	% difference	Current Price	Value	% (shares) Activity	% change to Portfolio
	BN	BROOKFIELD CORP	13.47%	32,735,883	$53.15	▲ 15.73%	$61.51	$1,739,912,181	+377.58% (+25,881,373)	+10.65%
	HLT	HILTON WORLDWIDE HOLDING...	13.15%	7,370,168	$230.50	▲ 8.66%	$250.47	$1,698,823,724	-17.67% (-1,582,122)	-2.82%
	CMG	CHIPOTLE MEXICAN GRILL INC	12.85%	28,815,165	$57.62	▲ 5.07%	$60.54	$1,660,329,807		
	QSR	RESTAURANT BRANDS INTERN	12.84%	23,000,914	$72.12	▼ 3.33%	$69.72	$1,658,825,918	-0.61% (-141,628)	-0.08%
	HHH	HOWARD HUGHES HOLDINGS I...	11.30%	18,852,064	$77.43	▲ 10.63%	$85.66	$1,615,715,316		
	NKE	NIKE INC -CL B	11.14%	16,280,338	$88.40	▲ 10.53%	$79.09	$1,439,181,879	+435.51% (+13,240,206)	+9.06%
	CP	CANADIAN PACIFIC KANSAS CI...	9.85%	14,877,651	$85.54	▼ 10.79%	$76.31	$1,272,634,267	-0.59% (-87,990)	-0.06%
	GOOG	ALPHABET INC-CL C	9.77%	7,547,582	$167.19	▲ 3.46%	$172.98	$1,261,880,235		
	GOOGL	ALPHABET INC-CL A	5.12%	3,986,488	$165.85	▲ 3.40%	$171.49	$661,159,035		

자료: valuesider.com

마이클 버리의 포트폴리오

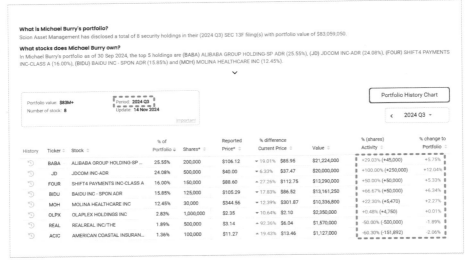

자료: valuesider.com

투자 구루의 ETF (GURU)

이러한 관점에서 등장한 ETF가 있는데 lobal X Guru Index ETF (GURU)는 주요 헤지펀드의 투자전략을 따라가기 위해 설계된 테마형 ETF로 미국 증권거래 위원회에 제출된 분기별 13F 보고서를 분석하여 헤지펀드 최상위 보유종목에 분산투자합니다.

최상위 헤지펀드가 보유한 포트폴리오를 최대한 추종하려는 전략인데 실제 운용성과를 보면 최근 1년간 S&P500 지수를 소폭 상회하는 수준을 보여주고 있습니다. 투자 대가들의 포트폴리오임에도 불구하고 ETF 운용보수를 생각할 때는 다소 아쉬운 점이 있는 것이 사실입니다.

GURU의 최근 1년 성과는 S&P500 지수를 소폭 상회하는 수준

구루 투자는 이렇게 활용하세요

구루 벤치마크 투자의 의미는 사람에게 투자한다는 것입니다. 그렇기 때문에 그 사람(투자 레전드)의 투자전략 및 투자철학에 대한 이해도가 무엇보다 중요합니다. 그리고 실시간 포지션과 3개월 뒤 발표되는 공시의 포트폴리오 상의 시차가 존재하기 때문에 해당 헤지펀드에 직접 투자하지 않는 이상 뒤따라가는 투자라는 점도 꼭 유념하기 바랍니다.

한편 일반 투자자와는 달리 시장에 영향을 미치는 투자 구루의 경우 시장의 스피커로서의 자신의 영향력을 활용하는 경우가 많습니다. 따라서 의도를 가지고 인터뷰를 하거나 SNS에 자신의 포지션을 공개할 때 투자자가 의심 없이 이를 마냥 맹신하는 경우 낭패를 볼 수도 있습니다.

그러한 의도가 없더라도 구루도 사람이기 때문에 당연히 투자에 실패하는 경우도 있을 수 있습니다. 대표적으로 빅쇼트의 실제 주인공으로 유명한 마이클 버리는 최근 시장과 반대로 가는 투자 포지션을 공개하는 경우가 늘고 있습니다.

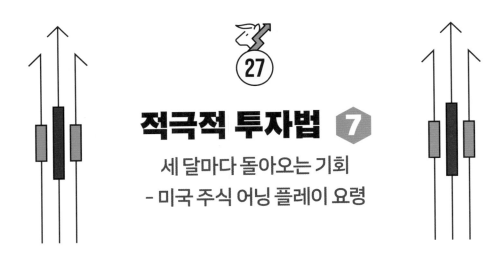

적극적 투자법 ⑦
세 달마다 돌아오는 기회
- 미국 주식 어닝 플레이 요령

어닝 플레이란?

미국 주식 어닝(Earning) 플레이는 1년에 4번 발생하는 분기 실적발표 시점에 어닝 서프라이즈가 기대되는 종목을 미리 매수하고 실적발표 후 주가 상승 시 적정한 목표가에서 매도하는 전략입니다.

미국 주식이 장기 우상향하는 매우 중요한 원인 중의 하나가 실적발표에 있다고 생각되는데요. 미국 주식은 내부자 정보 통제가 강력한 편이어서 어닝 발표 시점에 높은 변동성이 나타나고 어닝 서프라이즈의 경우 기존의 주가가 지속적으로 상승 중이었더라도 더 강한 갭 상승이 나오기도 합니다.

예를 들어 삼성전자와 같은 메모리 반도체 회사인 미국의 마이크론(MU)이란 기업은 어려운 업황이 개선되면서 실적도 함께 개선되는 모습을 보여주고 있는 상황이었는데, 실적발표에서 드디어 흑자전환된 어닝 서프라이즈가 나오자마자 이

마이크론 어닝 서프라이즈 시점의 갭 상승 차트

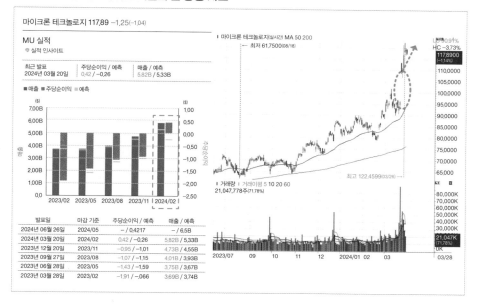

미 주가가 상승 중이었음에도 강한 갭 상승으로 추가 상승 모멘텀을 보여주었습니다.

그만큼 미국 주식은 미공개 정보에 대한 관리가 철저하여 어닝 플레이가 가능한 시장이라고 할 수 있습니다. 어닝 플레이도 하나의 투자전략으로 잘 활용한다면 단기적으로 효율적인 투자수익을 올릴 수 있지만 당연히 리스크가 없는 기대수익은 없기 때문에 주의가 필요합니다.

어닝 플레이 전 준비사항

그럼 어닝 플레이 시에 유의할 점과 투자 요령을 설명드리도록 하겠습니다. 일단 발표 시점의 시장 분위기가 매우 중요합니다. 아무래도 시장 분위기가 좋은 상승장에서 예상을 상회하는 실적을 내야 효과가 좋습니다. 시장이 하락장인 경우에는 예상을 뛰어넘는 실적이 나와도 시장 분위기에 묻히는 경우가 생기기도 합니다.

발표 전에 같은 산업 내에 있는 기업들의 최근 실적발표도 참고해야 합니다. 동종 업종에 있는 다른 기업이 먼저 실적발표를 한다면 이 기업의 실적 분석을 통해 업황을 미리 판단할 수 있습니다. 당연히 업황이 좋다면 같은 업종에 있는 기업의 실적도 긍정적으로 나올 가능성이 높아집니다.

발표 직전의 주가 상태도 중요합니다. 실적 기대감으로 이미 주가가 오른 경우는 경계할 필요가 있습니다. 흔히 선반영이라고 하는데 과한 선반영은 어닝 서프라이즈가 나와도 추가 상승이 제한될 수 있습니다. 제일 좋은 경우는 최근 주가가 다소 부진한데 호실적이 예상될 때입니다.

어닝 플레이 사후 대응

실적발표에서 기대에 미치지 못한 결과가 나왔을 때는 하락 시 빠르게 정리하는 것이 좋습니다. 어닝 플레이는 철저히 단기의 관점에서 들어간 전략이기 때문에 계획에 없는 장기투자로 전환되는 것은 바람직하지 않습니다. 단, 실적발표 내용으로 비추어보았을 때 하락이 과하다고 판단할 경우는 특정 시점을 정하고 좀 더 보유하는 방법도 선택할 수 있습니다.

기존에 포트폴리오에 가지고 있는 종목을 어닝 플레이 하는 경우는 기존 물량은 그대로 두고 추가로 진입한 물량만큼 단기적으로 거래하는 것이 어닝 플레이의 취지에 부합합니다. 평소부터 보유하고 싶었던 기업의 경우 어닝 플레이를 하면서 예상대로 좋은 실적이 나왔다면 더 길게 보유할 수도 있습니다. 단, 기본적으로 단기 전략인 만큼 어닝 플레이를 실패했을 때는 과감히 정리해야 합니다.

어닝 플레이 절차

1. 해당 주 혹은 해당 월에 예정된 기업실적 발표 일정 확인합니다.
2. 인베스팅 닷컴(kr.unvesting.com) 실적 탭에서 해당기업의 최근 실적내역과 가이던스(예상치)를 확인합니다.
3. 차트와 최근 시장 분위기를 참고하여 실적 발표전에 매수합니다.
4. 실적 발표 이후 시간외 장에서 나타나는 가격변동을 확인하고 대응합니다.

8장

매크로 투자법 ①

경기 사이클 활용하기

매크로 경제(Macro Economy) 요소인 금리, 물가, GDP, 고용, 환율, 정부 정책 등은 주식시장에 직접적이고 간접적인 영향을 미칩니다. 물론 기업 자체의 경영 능력도 중요하지만 바람의 방향이라고 할 수 있는 매크로가 어떻게 움직이는가에 따라 기업 성과가 크게 영향을 받게 됩니다. 우리가 주식 투자자로서 좀 더 수준을 높이겠다고 마음먹은 경우에는 매크로에 대한 이해도를 높이는 것이 중요합니다. 더 나아가 매크로 변수를 잘 활용한다면 변동성이 큰 시장에서도 더 나은 수익을 기대할 수 있습니다.

워런 버핏과 레이 달리오와 함께 현시대를 이끄는 투자 대가로 꼽히는 하워드 막스는 자신의 저서인《투자와 마켓 사이클의 법칙(The Most Important Thing)》에서 시장의 위치를 이해하고 심리적·경제적 사이클을 활용한 리스크와 기대수익을 조절하는 전략을 통해 투자자는 시장의 변동성을 극복하고 장기적으로 높은 수익률을 달성할 수 있다고 했습니다.

이 장에서는 핵심 매크로 요소라고 할 수 있는 경기 사이클과 금리 사이클을 활용한 미국 주식 투자법을 이야기해보도록 하겠습니다.

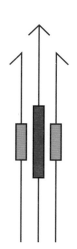

경기 사이클 4단계

회복, 활황, 후퇴, 침체

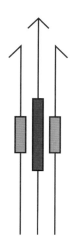

경기 사이클이란?

경제의 상황을 뜻하는 경기는 고정되어 있지 않고 계속 변화하며 움직입니다. 그리고 특정한 주기와 패턴을 가지고 있는데 이를 경기 사이클이라고 부릅니다. 시간이 지남에 따라 변화하는 자연스러운 주기로 회복기, 활황기, 후퇴기, 침체기의 4단계로 구분합니다.

경기 사이클의 단계별 특징과 섹터에 미치는 영향

회복기

회복기는 침체기 이후에 찾아오며 고용, 소비, 생산 등 경제활동이 긍정적으로 개선되는 시기입니다. 기업들의 투자심리가 회복되며 생산량이 점점 증가하고 금융시장에도 자금 수요가 증가하게 됩니다. 마치 겨울 뒤에 찾아오는 봄의 성격을 갖고 있으며 주식시장은 실물경제를 선행하기 때문에 회복기에 큰 폭의 주가 상승이 나타나게 됩니다.

섹터별 상승과 하락

침체기 때 낮아진 금리로 인해 금리 민감 섹터인 임의소비재, 부동산, 금융, IT 섹터가 좋은 성과를 보입니다. 반면 헬스케어, 유틸리티, 에너지 섹터는 '시장 대비' 낮은 실적을 보이는 경향이 있습니다.

활황기

활황기는 경기의 정점으로 투자, 생산, 소비가 모두 증가하는 시기입니다. 재고와 판매가 모두 증가하며 균형을 이루게 됩니다. 성장률 자체는 회복기보다 낮지만 꾸준한 성장을 보이는 시기입니다. 경기순환 사이클 중 가장 길며 보통 3년에서 3년 반 유지됩니다.

섹터별 상승과 하락

활황기는 전형적인 강세장으로 섹터 로테이션, 즉 순환매가 활발해집니다. 다양한 산업이 고루 오르는 시기이지만 그중에서도 IT, 커뮤니케이션 섹터의 상승세가 강하며 소재, 유틸리티, 임의소비재 섹터는 비교적 부진한 경향을 보입니다.

후퇴기

후퇴기는 경기의 정점을 겪고 나서 나타나는 경기 사이클로 과잉생산, 과잉투자로 기업 재고량이 증가하는 시기입니다. 활황기에 대한 반작용으로 긴축적인 통화정책이 나타나며 기업의 이익이 둔화, 악화되면서 일자리 감소, 소득 감소, 물가 하락이 일어나는 시기입니다. 기간은 1년에서 1년 반 정도 유지됩니다.

섹터별 상승과 하락

인플레이션과 후반기 경기 확장으로 에너지, 소재 섹터의 성과가 두드러지며 투자자들의 방어적인 경향이 올라가면서 헬스케어, 필수소비재가 긍정적인 성과를 보입니다. 반면 IT, 임의소비재 섹터에서는 자금 이탈이 일어나게 됩니다.

침체기

침체기는 경기하락의 정점으로 경제활동이 수축되고 생산량 급감하며 실업이 급증합니다. 기업이윤도 감소하게 되면서 모든 경제적 요인이 부정적인 상황에 놓이게 됩니다. 금융당국과 정부의 경기부양을 위한 금리정책과 재정정책이 동반되는 시기이기도 합니다. 기간은 4단계 사이클 중 가장 짧은 1년 미만으로 유지되는 경향이 있습니다.

섹터별 상승과 하락

가장 방어적 성향이 높아지는 구간으로 대부분의 섹터가 부진하며 방어주인 필수소비재, 유틸리티, 헬스케어 선호되며 산업재, 리츠, IT 섹터는 부진한 모습을 보입니다.

섹터의 분류(11개 업종)

섹터	대표기업	섹터 ETF
정보기술	애플, 마이크로소프트, 엔비디아	XLK
헬스케어	존슨앤존슨, 화이자, 유나이티드헬스	XLV
금융	JP모건, 버크셔해서웨이, 골드만삭스	XLF
커뮤니케이션 서비스	알파벳, 메타, 디즈니	XLC
임의소비재	아마존, 테슬라, 홈디포	XLY
산업재	캐터필러, 록히드마틴, 보잉	XLI
필수소비재	코카콜라, P&G, 월마트	XLP
유틸리티	넥스트에라에너지, 듀크에너지, 도미니언 에너지	XLU
리츠(부동산)	아메리칸타워, 프로로지스, 리얼티인컴	XLRE
에너지	엑스모빌, 쉐브론, 슐럼버거	XLE
소재	듀폰, 뉴몬트, 프리포트맥모란	XLB

현재 미국의 경기 사이클상 위치는?

피델리티 비즈니스 사이클 데이터에 따르면 현재 미국 경제는 2024년 1분기 후퇴기의 막바지에서 침체기(리세션)로 가는 흐름이었으나 2024년 2분기에 다시 후퇴기 초입 국면으로 이동했습니다. 오히려 2024년 3분기와 4분기에는 경기침체로 가는 경로에서 이탈하여 다시금 확장기 후반부로 이동했는데, 이는 경기 확장세가 다시금 진행되는 모습으로 판단해볼 수 있을 것 같습니다.

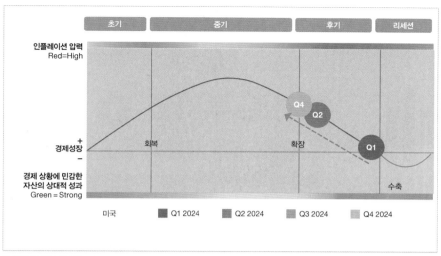

초기　　중기　　후기　　리세션

인플레이션 압력
Red=High

+
경제성장
−

경제 상황에 민감한
자산의 상대적 성과
Green = Strong

회복　　확장　　수축

Q4　Q2　Q1

미국　　　■ Q1 2024　　■ Q2 2024　　■ Q3 2024　　■ Q4 2024

자료: institutional.fidelity.com

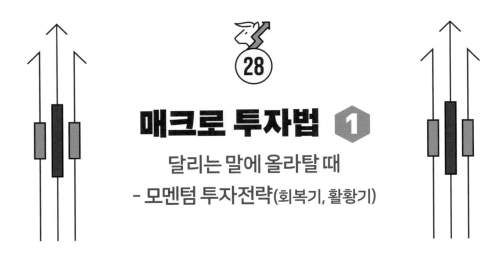

매크로 투자법 ①
달리는 말에 올라탈 때
- 모멘텀 투자전략(회복기, 활황기)

경기 사이클과 모멘텀 투자

경기순환 사이클을 기준으로 보면 주식 투자는 회복기와 활황기에 진행하는 것이 훨씬 유리합니다. 회복기와 활황기에서 주식시장은 대부분 강세장 국면이기 때문에 시장을 주도하는 강한 모멘텀을 가진 기업에 투자하는 것이 무엇보다 중요하며, 모멘텀 투자가 성공할 시 투자기간 중 대부분의 수익을 이 구간에서 얻을 수 있게 됩니다.

제시 리버모어, 윌리엄 오닐, 마크 미너비니, 니콜라스 다비스와 같은 모멘텀 투자의 대가들은 경기 사이클과 주도주의 흐름을 잘 활용하여 해당 기간에 높은 수익을 추구합니다. 모멘텀 투자는 고성장 산업과 주도기업에 집중투자하는 전략으로 경기 확장기에 나오는 새로운 메가트렌드를 파악하고 메가트렌드를 이끄는 리딩 기업을 잘 포착해야 합니다. 모멘텀 투자는 투자 타이밍이 매우 중요하기 때문에 차트 분석에 대한 이해도가 높을수록 매수와 매도의 타이밍을 파악하는 데 좀 더 유리합니다.

모멘텀 투자와 바텀피싱 투자의 비교

모멘텀 투자는 일종의 저가 매수 전략인 바텀피싱(bottom-fishing)과는 다르게 상승을 확인하고 상대적으로 비싸게 매수하는 전략입니다. 비싸게 매수하는 대신 확실한 상승이 아니면 들어가지 않기 때문에 기회비용을 최소화하는 장점이 있습니다.

모멘텀 투자는 일종의 추세를 추종하는 전략이기 때문에 높은 수익률을 특징으로 하지만 사실 모멘텀 투자의 가장 큰 장점은 '매도'에 있습니다. 매수 조건이 맞았을 때 매수하는 것처럼 추세가 반전되는 것이 확인되면 주저 없이 매도를 하기 때문에 철저한 리스크 관리를 하기에 용이한 전략이라고 볼 수 있습니다.

모멘텀 투자는 경기 활황기에 적합한 투자법입니다. 회복기에 종목을 포착하여 활황기에 수익을 올립니다. 반대로 후퇴기와 침체기에서는 자연스럽게 투자를 피하게 되면서 시장의 하락장을 벗어날 수 있습니다.

모멘텀 투자와 바텀피싱 투자

항목	모멘텀 투자	바텀피싱 투자
대상 종목	최근 상승세가 강한 주식	과도하게 하락했거나 저평가된 주식
시장상황	상승장이 지속되는 시장에서 유리	약세장, 조정장 후 회복기에서 유리
투자기간	단기~중기 (추세 지속 시 장기 가능)	중기~장기 (주가 회복에 시간 소요 가능)
투자심리	군중 심리를 활용하여 상승세에 동참	시장의 공포를 기회로 활용

미국 주식은 모멘텀 투자가 어울릴까?

미국 주식은 모멘텀 투자의 천국입니다. 구조적으로 세계에서 가장 큰 유동성을 가진 시장으로 상승 모멘텀을 강화하는 자금흐름이 매우 활발합니다. 그만큼 시장을 주도하는 모멘텀이 한 번 만들어지면 모멘텀이 이어지는 기간이 다른 시장보다 상대적으로 길기 때문에 모멘텀 투자에 있어 유리한 투자환경이라고 볼 수 있습니다.

또한 다른 시장에 비해 미국 증시에서 새로운 혁신기업이 등장하여 메가트렌드를 주도하는 사례가 많이 있습니다. 대표적으로 테슬라와 엔비디아를 꼽을 수 있을 것입니다.

모멘텀 투자법의 유의사항

모멘텀 투자를 잘 하기 위해서는 명확한 매수와 매도의 기준을 갖는 것이 중요합니다. 매수 시에는 모멘텀을 확인하는 돌파의 명확한 기준이 필요하고 매도 시에는 추세를 따라가며 성급하게 매도하지 않고 주가가 모멘텀을 유지할 경우 지속적으로 보유하여 수익을 극대화해야 합니다. 또한 추세가 종료되는 시점에 대한 명확한 기준을 세워 기계적으로 매도하고 수익을 보전하면서 하락장을 피하는 것도 중요합니다.

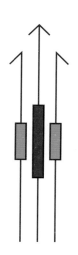

매크로 투자법 ②
하락에 미리 대비하고 싶다면
- 헤지 전략(후퇴기)

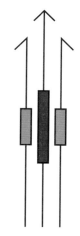

경기 사이클상의 꼭지(변곡점)를 미리 알기는 매우 어렵습니다. 시장이 과열되는 활황장에서는 버블 논란이 따라오기 마련인데, 이러한 과열 국면에서는 모멘텀 투자의 경우 상승하던 주가가 특정 지점까지 꺾이기 전까지는 주식을 보유하는 것이 일반적입니다.

그러나 방어적인 투자자의 경우 경기 사이클상 고점에 도달했다고 판단한다면 적극적인 헤지 전략을 통해 시장의 하락에 '미리' 대비할 수 있습니다. 이때 사용하는 헤지 전략의 경우 경기 사이클과 민감한 연관이 있기 때문에 경기 고점 신호와 침체 시그널에 대한 민감한 분석이 필요합니다.

시장의 고점 신호

활황장의 특징을 보면 증시가 과열을 동반한 상승세를 보이는 가운데 아직 투자를 하지 못한 사람들의 시장 참여의 욕구와 기존 투자자의 차익실현 욕구가 서로 부딪치게 됩니다. 활황기 초기에는 비교적 견조한 상승흐름이 전개가 되는 반면 활황기 후반부에는 이러한 매수세와 매도세의 충돌로 차트상 높은 변동성이 나타나게 됩니다.

또한 주가 상승과 함께 인플레이션 압력이 높아지면서 이를 잡기 위한 중앙은행의 긴축정책 가능성도 높아지게 됩니다. 즉 변동성 확대 이외에도 금리인상, 인플레이션 우려, 지정학적 리스트 등이 활황기에서 후퇴기로 전환되는 신호로 활용될 수 있습니다.

헤지 전략의 본질: 위험회피를 위한 보험료

헤지 전략은 닥쳐올 하락장에서 포트폴리오를 보호하고 시장변동에도 장기투자전략을 유지하기 위한 심리적 안정을 가져다줍니다. 단, 시장의 하락이 예상된다고 해서 100% 하락으로 이어지지 않기 때문에 방어 전략이 효과를 보지 못할 수도 있고 오히려 방어 전략을 사용하지 않을 때보다 포트폴리오 수익이 감소할 수도 있습니다.

이는 자연스러운 헤지(방어) 전략의 속성으로 포트폴리오를 지키기 위한 비용을 지불하는 보험료로 이해해야 합니다. 투자자의 우려대로 시장이 하락했을 경우에는 손실을 줄이고 향후 추가 상승의 원동력이 될 수 있지만 시장이 계속 강세장으로 이어질 경우에는 보험료만 지불하게 되는 것입니다. 그러나 미국 주식 투자로 장기적인 수익을 얻기 위해서는 이러한 보험료는 충분히 지불할 가치가 있습니다.

경기 사이클 주기가 설명하듯 시장은 항상 오르기만 할 수는 없습니다. 문제는 대부분의 초보 투자자들이 하락장에 별다른 대응을 하지 않기 때문에 하락장에서 치명적이 피해를 입고 투자를 중단하는 경우가 빈번히 발생한다는 것입니다. 헤지(방어) 전략은 미국 주식 초보자가 노련한 투자자로 성장하는 데 있어서 결정적 차이를 만들어내는 요소라고 볼 수 있습니다.

헤지 전략(방어 전략)에는 어떤 것이 있을까?

기초적 방어 전략: 보유종목을 매도하여 현금 보유비중을 늘리기

가장 기초적인 방어 전략은 시장이 과열된 상태에서 주식 일부를 매도하여 현금 비중을 늘리는 것입니다. 하락장이 오면 현금을 활용해 저가 매수 기회를 확보할 수 있으며 실행하기도 쉽고 하락 예측 실패 시 부작용이 가장 낮습니다. 중요한 것은 위험 판단 정도에 따라 현금 보유비중을 조절해야 하는 것인데 활황장에서 과도한 현금 보유비중은 자칫 포트폴리오의 수익 감소로 이어질 수 있음을 주의해야 합니다.

일반적 방어 전략: 방어주 매수, 안전자산 매수

일반적인 방어 전략은 시장의 하락이 예상될 경우 단순히 보유종목을 매도하고 현금을 늘리는 것에서 그치는 것이 아니라 경기 사이클상 침체기에 상대적으로 상승여력이 높은 섹터인 방어적 섹터(헬스케어, 유틸리티, 필수소비재)나 시장 조정 시에 수요가 높아지는 안전자산(금, 미국채, 엔화, 달러)의 투자비중을 높이는 전략입니다. 성장주와 방어주, 위험자산과 안전자산은 서로 상관관계가 낮고 상관관계가 낮은 종목군 간의 조합은 포트폴리오의 위험을 낮춰주게 됩니다. 위기상황이 해제되면 다시 원래의 포트폴리오로 되돌릴 수도 있습니다.

적극적 방어 전략: 단기적인 시장 충격에 대비하는 적극적 헤지

적극적인 방어 전략은 시장의 하락을 방어하는 데서 그치는 것이 아니라 하락을 예측하여 적극적으로 수익을 추구하는 전략입니다. 기존 보유종목을 매도한 현금으로 방어주 섹터나 안전자산을 매수하는 것이 아니라 시장 하락 시에 상승하는 인버스 ETF나 시장이 공포 국면으로 빠질 때 급등하는 VIX ETF를 매수하여 시장 하락에 적극 대응하고 경우에 따라서는 하락시에 포트폴리오 수익을 높일 수도 있습니다.

가장 적극적이고 효율적인 방어 전략이기 때문에 헤지 비율을 어떻게 정하는지가 투자의 성격을 나누게 됩니다. 효율적인 수단이기 때문에 헤지 비율을 낮게 가져가서(30% 이하) 상승 포트 비중을 최대한 유지할 수도 있고 헤지 비율을 높게 가져가서(30% 이상) 하락 시 적극적인 수익을 추구할 수도 있습니다. 하락에 대한 예상과 파급효과 정도를 판단해서 결정해야 하며 헤지 비율이 50%를 넘어갈 경우 방어가 아닌 공격 전략(투기전략)이 될 수 있다는 점도 유념해야 합니다.

적극적인 방어 전략은 주로 단기적으로 활용하게 되며 초보 투자자보다는 경험이 많은 투자자에게 적합합니다.

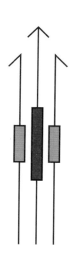

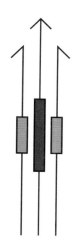

매크로 투자법 ❸

낙폭과대 우량주 줍줍은
이렇게 하세요(침체기)

시장이 후퇴기와 침체기를 거치게 되면 시장의 대부분의 종목, 특히 성장주들이 많이 하락을 합니다. 제아무리 방어(헤지) 전략을 썼더라도 시장의 총체적 위기 상황에서 계좌는 손실을 겪을 수밖에 없습니다. 하지만 개별적인 기업 이슈가 아니라 매크로 변수로 인해 시장 전체가 하락할 때에는 양호한 기업들도 함께 디스카운트를 받기 때문에 어떻게 보면 좋은 기업을 싸게 살 수 있는 바겐세일 시장이라고 볼 수도 있습니다.

손실 상태의 포트폴리오를 복구하기 위해 침체기에 투자자가 최우선 순위로 매수해야 할 종목은 바로 낙폭과대 우량주입니다. 침체기에는 소형주로 접근하는 것이 아니라 지수 하락 구간에서도 좋은 실적을 유지한 대표 우량기업을 낙폭과대 구간에서 매수하는 전략이 적합하며 일명 '줍줍(?)' 전략이라고도 불립니다.

1장에서 책 전체를 관통하는 미국 주식 투자전략으로 바로 '밀림의 사자' 전략, 즉 눌림목 매수 전략을 설명드렸습니다. 매력적인 기업을 비싸게 사지 않고 내가 원하는 가격까지 혹은 그 가격 이하로 내려오는 기회가 생겼을 때 과감히 매수하는 것이 미국 주식 투자의 알파이자 오메가입니다.

낙폭과대주 투자법은 이렇게 활용하세요

낙폭과대주를 매수할 때는 매우 중요한 기준이 있습니다. 바로 기업의 최근 실적을 잘 파악해야 한다는 것입니다. 침체기가 장기적으로 진행될 경우 기업의 본질 자체가 흔들릴 수도 있고 양호한 기업이라는 전제가 바뀔 수도 있습니다. 기업의 최근 실적발표를 자세히 분석해서 위험지표가 크게 올라가지는 않았는지, 비용 효율화와 매출 증가로 실적 개선이 이루어지고 있는지를 꼼꼼히 파악해야 합니다. 침체기임에도 지속적으로 실적개선이 이루어지고 있는 기업은 어려운 시기가 지나고 시장에 수급이 살아날 때 강한 상승세를 보여줄 가능성이 높습니다.

대표적인 낙폭과대주 투자 성공 사례는?

메타(META)

우리에게 페이스북으로 알려진 메타가 메타버스의 리딩 기업으로 탈바꿈하기 위해 '사명'뿐만 아니라 종목 '티커'까지 META로 변경했는데요. 오히려 너무 빠른(?) 메타버스에 대한 도전이 부작용으로 다가오면서 충격적인 하락세를 보여주었던 시기가 있었습니다. 당시 고점 대비 76%나 하락을 했는데 메타버스 도전에 대한 부정적인 시각과 주 수입원인 광고 매출의 감소, 그리고 2022년 급격한 금리

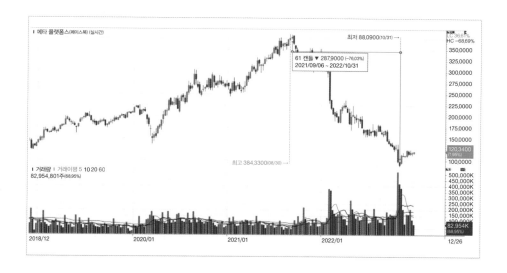

인상에 따른 성장주 조정의 이유로 타격을 받았습니다.

　그러나 메타라는 기업을 당시의 부정적인 요인을 제거하고 냉정하게 살펴보았을 때 이때의 조정이 과도하다고 판단할 수 있었는데요. 빅테크 기업으로 높은 시장점유율과 탄탄한 재무구조를 가지고 있었고 막강한 인적 자산을 보유하고 있었기 때문에 위기를 잘 헤쳐나간다면 이러한 과도한 조정은 매우 매력적인 매수 기회로 볼 수 있었습니다.

　다행히 메타는 메타버스에 대한 과도한 지출은 줄이고 인력 감축 및 투자 효율화를 달성하면서 2023년에 가장 크게 반등한 종목 중의 하나가 되었습니다. 메타의 낙폭과대 구간에서 실적발표 데이터를 면밀히 분석하여 이러한 주가 조정이 과도하고 반전의 여력이 있다고 판단했다면 좋은 투자 기회를 놓치지 않았을 것입니다.

엔비디아(NVDA)

엔비디아에 대한 설명은 따로 하지 않아도 이 회사가 위대한 기업이라는 것은 잘 알고 계실 거라 생각됩니다. 그런 엔비디아도 2022년도 급격한 금리인상 시기에 성장주 대조정 국면을 함께했습니다. 고점 대비 무려 60%가 넘는 조정을 받았고 이 당시 엔비디아에 대해 긍정적인 의견을 제시하는 월가의 하우스는 거의 전무했습니다.

이때 엔비디아의 실적발표 데이터를 보면 예상치를 다소 하회했고 가이던스도 낮아지고 있었지만 높은 수준의 매출이 유지되고 있었다는 점과 매출 하락이 단기적 이슈였다는 점, 낮아진 매출 가이던스는 그만큼 회사에서 보수적으로 데이터를 관리하고 있다는 점을 고려했을 때, 회사의 본질은 유지되고 있으며 오직 시장의 수급이 과도하게 디스카운트하고 있다는 판단을 할 수 있을 것입니다.

이후 엔비디아는 다 아는 것처럼 AI 혁명의 최대 수혜주로 이전보다 더 높은 수익률을 투자자에게 안겨주었습니다.

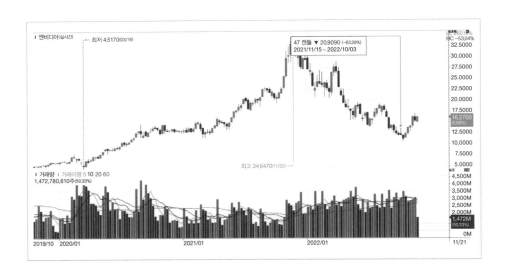

매크로 투자법 4

기업의 업력을 보라
– 바텀피싱 전략(침체기)

기업의 업력을 보자

낙폭과대주를 바텀피싱 할 때 단순히 고점 대비 크게 하락했다는 점만 봐서는 오히려 낭패를 보기 쉽습니다. 기업이 하락하는 데에는 이유가 있고 그것이 해소되지 않는다면 영영 반등을 하지 못할 가능성도 존재합니다. 바텀피싱 매수 전략에서 설명드린 대로 낙폭과대 종목 중 최근 실적 데이터를 냉정하게 판단하고 실제 데이터에 비해 시장이 과도하게 디스카운트하고 있다고 판단될 때 바텀피싱을 해야 하는데, 여기에 또 하나의 중요한 기준을 추가하자면 바로 그 회사의 업력을 봐야 한다는 것입니다.

실적 데이터 분석이 정량적 평가라면 업력은 정성적 평가에 가깝습니다. 해당 기업의 경영전략과 경영철학에 대한 이해도가 중요하며 경영자, 기업문화에 대한 투자자의 믿음이라고 볼 수도 있습니다. 대표적으로 테슬라와 팔란티어 같은 기업을 꼽을 수 있는데 다른 기업과는 차별화된 경영자와 다른 기업과는 다른 경영문화를 만들어가면서 혁신을 이끄는 기업은 시장상황에 따라 다소 부침이 있다고 하더라도 회복탄력성이 매우 뛰어날 가능성이 높습니다. 다만 업력에 대한 판단은 주관적인 부분이기 때문에 당연히 객관적인 실적 데이터와 함께 투자의 이론적 근거를 확보하는 것이 필요합니다.

바텀피싱 시 주의해야 할 기업

업력의 관점에서 바텀피싱 전략으로 기업을 매수할 때 주의해야 할 기업들은 바로 신규 상장한 지 얼마 되지 않은 기업군입니다. 유동성이 넘치는 시기에 시장의 기대감을 잔뜩 받으며 높은 밸류에이션으로 신규 상장된 기업들은 업력이 부족한 상황에서 위기를 맞이했을 경우 큰 조정을 받게 되고 이전의 주가 수준으로 되돌아가지 못하는 경우가 많이 있습니다.

시장의 분위기를 타면서 급등한 종목은 아무리 매력적인 가격으로 조정되었다고 하더라도 그 가격이 매력적으로 싼 가격이 아니라 오히려 제 가격일 수도 있습니다. 기대감으로 상승했던 종목이 이후 실적으로 자신을 증명하지 못한다면 즉각적인 밸류에이션 조정이 일어나는 것이 상·하한가가 없는 미국 주식시장의 주요 특징 중의 하나입니다. 앞서 말씀드린 메타와 엔비디아를 바텀피싱 할 때 물론 실적 데이터를 판단하여 기회를 포착한 점도 있겠지만 해당 기업이 빅테크 기업으로써 매우 탄탄한 업력을 가지고 있다는 점도 핵심 투자 포인트였습니다. 참고로 업력에 대한 이해는 가치투자의 개념과도 일부 맞닿아 있는 부분이 있기 때문에 종목 선택 시 종합적으로 판단해야 합니다.

매크로 투자법 ❺
사이클별 포트폴리오 리밸런싱 전략

미국 주식 장기투자로 안정적인 수익을 얻기 위해서는 경기 사이클에 맞춰서 포트폴리오를 유기적으로 교체할 필요가 있습니다. 경기 사이클상 시장 상승 국면과 시장 하락 국면에 따라 포트폴리오를 재구성하고 리밸런싱하는 요령을 알아보도록 하겠습니다.

시장 회복기와 활황기의 포트폴리오 관리

전반적으로 시장이 상승하는 구간이기 때문에 포트폴리오 관리의 난이도는 낮은 편입니다. 투자자 입장에서 수익 중인 종목을 정리할 때는 비교적 편한 마음을 갖기 때문인데요. 그래도 수익률을 극대화하기 위해서는 시장의 주도주에 집중투자하여 상승흐름을 유지하고 시장의 색깔이 변화함에 따라 적절한 순환매 전략을 병행하는 것이 좋습니다.

시장 후퇴기와 침체기의 포트폴리오 관리

문제는 시장이 하락하는 구간인 후퇴기와 침체기입니다. 이때는 보유종목이 손실을 보고 있는 상황이기 때문에 포트폴리오 조정의 난이가 크게 올라가게 됩니다. 그리고 포트폴리오 관리의 중요성이 매우 중요해지는 구간이기도 합니다. 일단 시장의 하락 국면이 진행되는 중에는 손상된 종목을 정리하면서 남겨야 할 종목을 선택해야 합니다.

일반적으로 수익종목을 정리하고 손실 난 종목을 물타기하는 경우가 많은데 이는 투자자의 심리에 영향을 받아 자연스럽게 나타난 행동일 뿐 논리적으로 보아도 통계적으로 보아도 좋은 전략이 아닙니다. 시장이 저점에 가까워졌다고 판단할 경우에는 시장 조정 시 개별기업의 주가 흐름을 확인하여 반등 시 매수할 새로운 매수 후보군을 미리 정해놔야 합니다.

하락장 포트폴리오 점검 노하우

하락장에서는 내 포트폴리오 혹은 관심종목 리스트에 있는 종목을 세 가지 분류로 나누어야 합니다. 이때 비교 기준은 지수가 되는데 지수만큼 빠진 종목과 지수보다 많이 빠진 종목, 그리고 지수보다 덜 빠진 종목으로 분류하면 됩니다.

> **해당 기간 동안 지수가 20% 조정 받았다고 가정할 때**
>
> 1군 종목: 지수 20% 조정, 종목 20% 조정
>
> 2군 종목: 지수 20% 조정, 종목 10% 조정
>
> 3군 종목: 지수 20% 조정, 종목 30% 조정

우리는 가급적 지수보다 많이 빠진 3군에 해당하는 종목을 위주로 손절하거나 비중을 줄이고 약세장에서 지수보다 덜 빠진 2군 종목을 우선순위로 지켜야 합니다. 왜냐하면 지수보다 상대적으로 좋은 흐름을 보인 종목은 그만큼 수급이 좋다는 것이고, 약세장에도 수급이 들어왔다는 것은 강세장일 때 더욱 강력한 수급이 예상되기 때문입니다.

"최적의 매수 타이밍은 시장에 피가 낭자할 때다. 설령 그것이 당신의 피일지라도 말이다."

– 존 템플턴

참고 2

시장 급락 시 내가 가지고 있는 종목을 팔아야 되나 하는 고민이 들 때

시장이 연일 급락할 때 투자자의 고민은 깊어집니다. 특히 하락의 이유를 제대로 알지 못할 때는 멘탈을 지키기가 더욱 어려운데요. 급락장에서 내 보유종목을 팔아야 되나 하는 고민이 들 때는 해당 주식을 들고 있지 않을 때를 기준으로도 주식을 사고 싶은 마음이 드는지를 스스로 냉정하게 생각해보기 바랍니다.

예를 들어 애플 주식을 1억 원치 매수했는데 50% 손실이 나서 5,000만 원으로 줄어들었다면 내 손실액을 생각하지 말고 현재 5,000만 원 보유 시에도 이 종목을 살 것이냐 하는 질문을 스스로에게 해보는 것입니다. 객관적인 근거에 기반한 판단으로도 살 것이란 마음이 들면 팔 필요가 없고, 그렇지 않다면 미련 없이 지금 당장 매도하는 것이 올바른 행동입니다.

🔎 참고 3

약세장에서 지수가 더 빠질 것 같은 공포감이 들 때

약세장으로 인해 투자자의 막연한 공포감이 커지고 있다면 멘탈 보호 차원에서 의도적으로 긍정적인 생각을 할 필요가 있습니다. 공포감은 투자자에게 비합리적인 행동을 유도하기 때문에 반대로 시장 논리에 근거한 긍정적인 생각을 함으로써 냉정함을 되찾아야 합니다.

시장 논리에 근거한 긍정적인 생각 중의 하나가 바로 수급에 대한 기대감입니다. 공포감을 벗어나면 시장은 그렇게 쉽게 무너지지 않는다는 사실을 깨닫게 됩니다. 강한 약세장 일수록 강한 매수세가 들어옵니다. 기업의 가치를 정확히 알고 있는 스마트 머니*는 현재의 가격이 절대적으로 싸다고 판단했을 때 이러한 할인 기회를 놓치지 않고 과감하게 시장에 뛰어듭니다. 보통 이러한 스마트 머니가 공포 국면에서 저점 반등을 만드는 주체적 역할을 하게 됩니다.

---

* 스마트 머니(Smart Mmoney): 스마트 머니는 금융시장에서 큰 자금을 움직이며 시장의 흐름에 영향을 미칠 수 있는 투자자나 기관의 자금을 지칭합니다.

워런 버핏은 정말 약세장을 예측한 것일까?

시장이 과열될 때면 워런 버핏의 주식 매도와 현금 보유에 관한 기사가 빈번히 등장을 하게 됩니다. 투자 성인으로 인식되는 워런 버핏인 만큼 하락장을 예측하고 행동에 나선 것일까요? 우리는 버핏의 행동을 통해 어떤 것을 배울 수 있을까요?

아무리 워런 버핏이라도 정확히 약세장을 예측하지는 못합니다. 버핏의 행동은 하락을 맞히고 하락에 베팅하는 것이 아니라 하락에 대한 대응책을 마련해놓는 것인데 투자자들이 이를 잘못 오해해서는 안 됩니다. 우리도 버핏과 마찬가지로 큰 수익 구간 혹은 시장이 불안할 때 헤지 자산을 늘리는 선택을 할 수 있습니다.

매크로 투자법 ⑥
국가별 자산배분은 이렇게 하세요

우리가 미국 주식에 투자할 때 개별 주식을 투자할 수도 있지만 미국에 상장된 ETF를 활용해서 매크로 분석에 따른 국가별 자산배분 전략을 활용할 수도 있습니다. 매크로 전략 중의 하나인 국가별 자산배분 전략은 크게 선진국 시장과 신흥국 시장으로 분리하여 국가를 하나의 기업의 관점으로 보고 분산투자하는 전략입니다.

선진국 증시 투자

선진국 증시의 특징

선진국 증시는 상대적으로 경제 상황이 안정적이며 자본시장이 성숙구간에 위치해 있고 금융시장의 유동성이 풍부한 편입니다.

투자 적합한 매크로 상황

글로벌 경기둔화, 강달러 환경, 금리인상 시기에는 상대적으로 안정적인 선진국 증시에 투자하는 것이 유리합니다.

해당 국가

미국, 유럽, 일본 등

> **대표 ETF**
>
> SPY(S&P500 ETF), QQQ(나스닥100 ETF): 미국
>
> EWJ(iShares MSCI Japan ETF): 일본
>
> VGK(Vanguard FTSE Europe ETF): 유럽

신흥국 증시 투자

신흥국 증시의 특징

신흥국 증시는 GDP 성장률이 높고 인구 증가로 인해 소비가 확대되어 높은 성장잠재력을 지니고 있습니다. 한편 정치적 불확실성과 외환 리스크로 인해 변동성이 높은 편이며 산업 성장기에 속해 있어 원자재 가격에 민감합니다.

신흥국 증시에 적합한 매크로 상황

글로벌 경기 회복기에는 성장잠재력이 높은 신흥국 증시가 상대적 강세를 보이며 달러 약세 환경에서는 신흥국 통화 강세로 이어져 투자환경이 개선되는 효과

를 얻습니다. 신흥국 중에서는 원자재 수출국이 많기 때문에 원자재 강세 국면에서는 원자재 수출국 중심의 신흥국 증시 강세가 나타납니다.

해당 국가

중국, 인도, 러시아, 브라질 등

대표 ETF

MCHI(iShares MSCI China ETF), KWEB(중국 인터넷 ETF): **중국**

INDA(iShares MSCI India ETF): **인도**

EWZ(iShares MSCI Brazil ETF): **브라질**

RSX(VanEck Vectors Russia ETF): **러시아**

국가별 자산배분 전략은 이렇게 활용하세요

포트폴리오 분산(정적 전략)

글로벌 경제 상황에 따라 포트폴리오 내에 선진국과 신흥국 자산을 조합할 수 있습니다. 포트폴리오 효과로 자연스럽게 리스크가 낮아지게 되는데 해당국 자산으로 직접 투자할 경우에는 통화 분산 효과까지 얻을 수 있습니다.

경기순환 전략(동적 전략)

경기순환 전략은 글로벌 경기에 따른 선진국과 신흥국 증시의 영향을 고려하여 글로벌 경기 회복기에는 신흥국 비중을 확대하고 글로벌 경기 둔화기에는 선진국 비중을 확대하는 유기적인 동적 자산배분 전략입니다.

유망 지역에 장기투자하라

성장주나 저평가 우량주에 장기투자하는 것과 비슷하게 성장잠재력이 높은 국가에 장기투자하여 수익률을 극대화하는 투자전략도 가능합니다. 주로 신흥국 증시에 해당되며 최근 글로벌 자산배분 시 중국, 베트남, 인도에 대한 관심이 높아지고 있는 상황입니다.

9장

매크로 투자법 ②

금리 사이클 활용하기

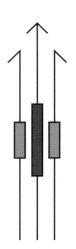

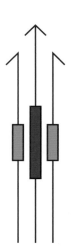

연준과 금리정책의 역사

우리가 매크로를 이야기할 때 시장에 영향을 미치는 변수 중 가장 중요하게 여기는 것이 바로 금리입니다. 여러 종류의 금리가 있지만 글로벌 시장의 기준이 되는 미국 연준의 금리정책, 즉 미국의 기준금리가 가장 기본이 되는 금리입니다.

금리의 방향은 주식 투자에 막대한 영향을 미친다

금리는 쉽게 말해 주식시장에 영향을 미치는 바람에 방향에 해당된다고 할 수 있습니다. 일반적으로 금리인하 구간에서는 유동성이 늘어나기 때문에 주식 투자가 항해라고 가정했을 때 바람의 방향이 순풍인 것입니다. 반대로 금리상승 구간에서는 유동성이 줄어들기 때문에 역풍을 이겨내면서 투자를 해야 합니다.

금리는 투자라는 항해 시 부는 바람의 방향

자료: DALL-E

연준의 금리정책 역사

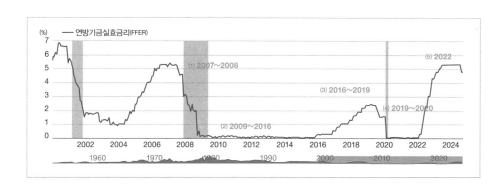

서브프라임 글로벌 금융위기 사태 이후부터 최근까지 연준의 금리 정책의 역사를 구간별로 살펴보면 다음과 같습니다.

2007년 서브프라임 금융위기 이후 급격한 금리인하 정책

서브프라임 금융위기라는 초유의 신용위기 사태를 해결하기 위해 연준은 강력한 금리인하 정책으로 시장에 긴급히 유동성을 공급했습니다. 금융 시스템이 붕괴하기 직전 단행된 긴급조치로 인해 시장은 이후 안정화를 찾아가게 됩니다.

7~8년 가까이 지속된 초저금리 상태

위기 해결을 위해 도입된 양적완화 정책이 4차에 걸쳐 진행되었으며 연준은 0%에 가까운 제로금리를 유지하며 시장에 강력한 유동성을 공급했습니다.

2016년부터 테이퍼링 시작(완만한 금리인상기)

연준은 2015년 12월 경제회복의 신호로 9년 만에 처음으로 금리인상을 단행했습니다. 상당 기간 진행된 유동성 공급이 시장의 인플레이션을 과도하게 불러오는 것을 막기 위해 테이퍼링*과 완만한 금리인상이 전개되던 시기입니다.

2019년 코로나 금융위기로 다시 초저금리로 회귀

연준의 금리 경로가 완만한 인상으로 가는 중에 2019년 팬데믹이라는 초유의 글로벌 위기상황이 전개가 되었고 신용위기로 전염되던 상황이었습니다. 2008년 금융위기가 초래했던 장기간의 부작용을 우려한 연준은 이를 막기 위해 매우 빠

---

* 테이퍼링(Tapering): 물이 나오는 수도꼭지에 비유한 연준 정책용어로 수도꼭지를 잠그듯 유동성 공급을 줄이는 정책을 말합니다.

르고 강력하게 초저금리로 회귀하며 시장에 막대한 유동성을 공급했습니다.

2022년 인플레이션(스테그플레이션)으로 급격한 금리인상

코로나 랠리로 풀린 유동성에 대한 부작용과 러시아-우크라이나 전쟁, 코로나 중국 봉쇄의 여파로 인플레이션이 몰려오자 이를 해결하기 위해 연준은 빅 스텝, 자이언트 스텝 같은 급격한 금리인상 정책을 단기간에 실행했습니다.

급격한 금리인하 → 초저금리(7~8년간) → 완만한 금리인상 → 급격한 금리인하 → 초저금리(2년간) → 급격한 금리인상

현재 금리정책이 2024년 9월 FOMC에서 인하로 바뀌었기 때문에 앞으로는 금리하락의 시대가 이어질 것으로 예상할 수 있습니다. 하지만 금리의 방향은 역사가 말해주듯 고정되어 있는 것이 아니라 상황에 따라 변화하는 것이기 때문에 금리상승과 금리하락에 대한 대비는 어느 시점에서나 필요합니다.

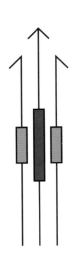

매크로 투자법 ❼
금리인상 시 투자전략
- 정유주, 필수소비재

연준은 왜 금리인상을 할까?

연방준비제도(FED), 즉 중앙은행의 존재 목적은 물가안정과 고용안정입니다. 특히 물가안정, 인플레이션과 싸우는 것이 거의 모든 중앙은행의 '존재의 이유'라고 볼 수 있습니다. 따라서 인플레이션이 발생되거나 우려가 높아지면 금리인상 정책을 사용해서 인플레이션을 막아내게 됩니다. 즉 금리인상은 인플레이션 때문에 일어납니다.

그런데 물가상승(인플레이션)에는 두 가지 종류가 있습니다. 하나는 수요견인 인플레이션이고 다른 하나가 공급견인 인플레이션입니다. 일반적으로 수요견인 인플레이션은 경제가 좋아서 너도나도 물건을 사면서 가격이 오르는 호황을 뜻합니다. 반면 공급견인 인플레이션은 '스테그플레이션'이라고 해서 공급에 문제가 생겨 가격이 오르는 침체기의 인플레이션으로 매우 다루기 어려운 경제 상황을 뜻합니다.

Ver. 2022 스테그플레이션(stagflation)

그런데 2022년에 나타난 인플레이션이 이 다루기 어려운 '스테그플레이션'이었습니다. 이때 상황을 간단히 설명드리면 당시 코로나가 마무리되는 과정에서 대부분의 국가들은 리오프닝(Re-opening)을 했는데 중국은 코로나를 조기에 잡지 못하면서 제로코로나 정책으로 성(省) 간 봉쇄 전략을 쓰게 됩니다.

이로써 세계의 공장인 중국발 공급 차질이 발생했고 엎친 데 덮친 격으로 러시아-우크라이나 전쟁이 일어나면서 곡물과 원자재 가격이 급등하게 됩니다. 코로나 기간 동안 천문학적으로 풀린 유동성이 남아 있는 상황에서 공급 충격발 물가 인상이 일어나며 전 세계는 스테그플레이션의 공포에 빠지게 되고 고공행진하던

1년 새 60%가량 급락한 엔비디아, 2022

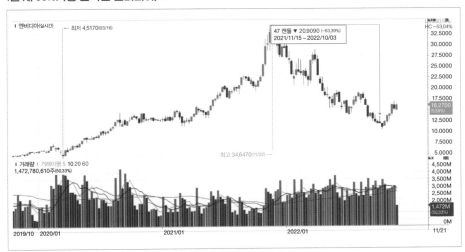

미 증시도 1년 내내 조정을 받게 되었습니다.

금리인상의 영향

중앙은행이 인플레이션을 잡기 위해 금리를 올리게 되면 금리인상 효과로 유동성이 감소되며 증시에는 부정적인 영향을 주게 됩니다. 시장에 돈이 부족하게 되면 근근이 버티던 한계기업(좀비기업)들이 더 이상 버티지 못하고 도산하게 되거나 연쇄부도로 인한 신용위기가 발생하기도 합니다.

금리인상기의 구분과 시장의 특징

금리인상 시의 투자법을 정확히 알아보기 위해서는 금리인상을 구간별, 성격별로 나누어 접근해야 합니다. 금리인상이 다 같은 금리인상이 아니라 ① 금리인하 구간에서 금리인상으로 변화하는 금리인상 변곡점이 있을 것이고, ② 급격한

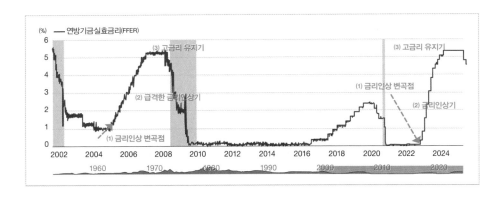

금리인상 시기가 있을 것이고, ③ 이미 높아진 금리의 정점에서 고금리가 유지되는 시기가 있을 것입니다.

금리인상 변곡점

시장의 변동성이 극대화되는 지점으로 특히 증시의 급격한 조정이 나타나는 경우가 많습니다. 기준금리가 올라가기 전부터 시장 장기금리가 향후 금리인상을 예상해서 먼저 상승하게 됩니다. 이로써 금리상승에 따른 채권가격이 하락을 하게 되고 시장의 유동성이 줄어들면서 증시도 조정세를 보이게 됩니다.

완만한 금리인상기 or 급격한 금리인상기

인플레이션을 해결하기 위해 금리인상을 단행하는 경우 인플레이션이 안정화될 때까지 지속적으로 정책의 방향을 유지해야 합니다. 위기상황에 대한 긴급조치이기 때문에 대부분 급격한 금리인상이 나타나며 시장의 반응도 금리인상 변곡점의 연장선상으로 조정장이 지속됩니다. 단, 2016년 테이퍼링 이후에 나타난 금리인상은 계획된 금리인상이었기 때문에 비교적 완만한 금리인상이 이루어졌고 시장의 충격도 제한적이었습니다.

고금리 유지기

금리인상이 마무리되고 다시 금리인하가 시작되기 전까지 상대적으로 높은 금리 수준이 유지되는 구간입니다. 금리하락이 예상되기 때문에 채권가격 상승에 따른 채권 투자의 매력이 높아지지만 높은 금리에 부담을 느끼는 한계기업들이 도산을 하기도 합니다.

금리인상기에는 이렇게 투자하세요

증권보다 은행이 나은 시기

사실 금리인상기에는 냉정하게 보았을 때 증권보다 은행과 더 친숙하게 지내는 게 좋습니다. 금리인상기에 투자로 돈을 버는 것이 매우 어렵기 때문에 주식 투자수익을 노리기보다는 안정적인 은행이자를 추구하는 것이 좋습니다. 은행에 갈 것이 아니라면 투자를 소극적으로 하거나 현금 보유비중을 높이는 것이 더 나은 선택입니다.

채권은 금리인상기에는 비추!

여기서 하나 체크해야 할 것이 일반적으로 주식시장이 약할 때는 주식의 대체제로 채권 비중을 높이는데 이러한 로직이 금리인상기에는 적합하지 않다는 것입니다. 왜냐하면 채권가격은 금리와 반대로 움직이는데 내가 채권을 투자하고 나서도 금리가 계속 상승하면 채권가격이 떨어져서 이자수익을 초과하는 손실이 발생할 가능성이 높기 때문입니다.

단, 금리인상기의 정점인 고금리 국면에서는 채권 투자가 좋은 투자상품일 수 있습니다. 향후 금리가 더 이상 올라가지 않고 떨어질 것이 예상되기 때문에 고금리로 높은 이자를 받으면서 금리인하로 채권가격이 상승하는 것까지 기대할 수 있기 때문입니다. 그래서 앞서 금리인상기에 대한 시기적 구분이 꼭 필요하다고 말씀드린 것입니다.

금리에 민감한 종목은 피하자: 성장주

금리인하 시기에 성장주(growth stock)는 낮은 금리로 은행에서 돈을 빌려 적극적으로 투자하며 높은 주가 상승을 보여주지만 금리인상 시기에는 자금 조달비용이 올라가면서 투자하기도 어렵고 미래 성장 기대감에 대한 가치를 받지 못하면서 주가가 크게 하락하게 됩니다. 특히 바이오 기업은 대표적인 투자산업으로 금리인상기에는 유동성 감소로 기업 가치평가 기준이 현저히 낮아지기 때문에 더 큰 주의가 필요합니다.

배당주도 방어주의 성격을 잃는다

금리인상기에는 배당주 투자도 조심해야 합니다. 배당주는 흔히 방어주로 인식되는데 금리인상이 되면 배당수익률이 금리에 비해 매력이 떨어지면서 성장주와 마찬가지로 약세를 보이게 됩니다. 즉 배당주의 방어주 성격은 일반적인 증시 조정기에 발생하는 것이기 때문에 금리인상으로 인한 조정기에는 투자 시 주의가 필요합니다.

대표적인 배당주인 넥스트에라에너지의 차트: 금리인상 시 조정

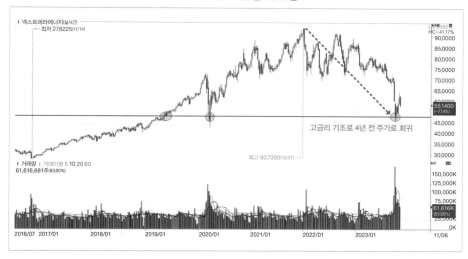

아무리 가격이 올라도 사야 하는 필수소비재 업종

일반적으로 인플레이션 압력이 높은 시기이기 때문에 비용 상승으로 대부분의 소비재 기업의 실적이 악화되지만 가격이 올라도 수요가 쉽게 떨어지지 않고 소비자에게 가격 전가가 가능한 필수소비재는 오히려 좋은 투자처가 될 수 있습니다. '아무리 돈이 없어도 콜라 한잔, 햄버거 하나는 먹을 수 있잖아?'라는 생각으로 이 시기에는 코카콜라, 맥도날드 같은 종목이 비교적 선방을 하게 됩니다. 동일한 전략으로 ETF 투자를 할 경우에는 소비재 섹터 ETF인 XLP를 선택할 수 있습니다.

인플레는 원자재 관련 기업에 호재

물가상승 구간에서 유가 및 원자재 가격도 함께 상승하기 때문에 원자재 가격 상승으로 수혜를 얻는 기업은 금리인상기에 적합한 투자 대안이 될 수 있습니다. 대표적으로 엑슨모빌과 쉐브론, 옥시덴탈 같은 정유주가 있습니다. 실제 2022년 성장주의 주가가 반토막이 날 때 엑슨모빌(XOM)은 2배 가까이 상승했습니다.

금리인상기 엑슨모빌과 S&P500 지수 비교

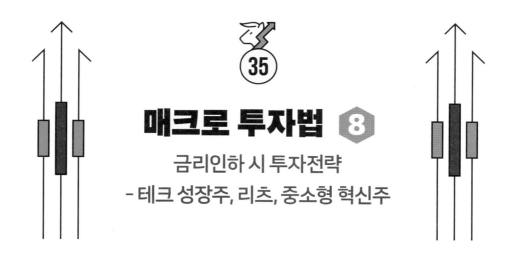

매크로 투자법 8
금리인하 시 투자전략
- 테크 성장주, 리츠, 중소형 혁신주

2019년 급격한 금리인하기에 증시가 어떻게 움직였는지를 보면 금리인하가 시장에 미치는 영향을 알 수 있습니다. 급격한 금리인하가 진행되었던 코로나 랠리는 바로 성장주의 시간이라고 볼 수 있습니다. 반대로 급격한 금리인상 시기에는 성장주들이 추풍낙엽처럼 조정을 받았는데 이는 성장주들이 대부분 금리에 민감하기 때문입니다.

금리의 방향이 궁금하신가요?

최근 시장을 보면 금리 방향, 인플레이션, 시장 방향이 모두 맞물려 있습니다. 즉 누군가 앞으로 증시가 어떻게 될지를 물어본다면 이를 대답하기 위해서는 인플레이션 방향과 금리정책 방향을 예측해야 한다는 것이죠. 하지만 파월 의장이

10년물 국채금리와 에센피 지수(SPY) 비교 차트

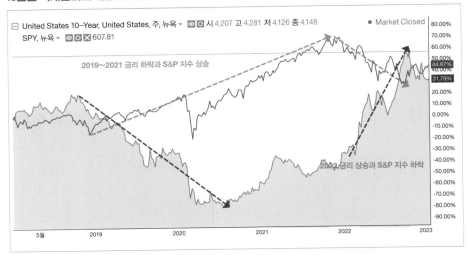

나 연준 위원들도 예측이 크게 빗나갈 정도로 물가 예측은 어려운 것이기 때문에 예측을 통해 무리하게 투자를 진행하기보다는 흐름을 보면서 금리 방향에 맞게 대응해야 합니다.

CME 페드와치

	CME FEDVATCH TOOL – CONDITIONAL MEETING PROBABILITIES							
MEETING DATE	275–300	300–325	325–350	350–375	375–400	400–425	425–450	450–475
2024/12/18			0.0%	0.0%	0.0%	0.0%	52.7%	47.3%
2025/01/29	0.0%	0.0%	0.0%	0.0%	0.0%	11.3%	51.6%	37.2%
2025/03/19	0.0%	0.0%	0.0%	0.0%	6.1%	33.0%	43.8%	17.1%
2025/05/07	0.0%	0.0%	0.0%	1.5%	12.7%	35.7%	37.3%	12.9%
2025/06/18	0.0%	0.0%	0.6%	5.8%	21.6%	36.3%	27.8%	7.9%
2025/07/30	0.0%	0.1%	1.7%	9.1%	24.6%	34.5%	23.7%	6.3%
2025/09/17	0.0%	0.5%	3.4%	12.7%	26.9%	32.0%	19.7%	4.8%
2025/10/29	0.1%	0.9%	4.8%	14.8%	27.7%	30.2%	17.4%	4.1%
2025/12/10	0.2%	1.5%	6.3%	16.7%	28.1%	28.3%	15.5%	3.5%

이때 참고하기 좋은 자료로는 시장의 금리인하에 대한 기대를 나타내는 페드 와치(FedWatch) 자료와 FOMC에서 발표되는 연준 점도표 등이 있습니다.

금리인하 시기에 투자하기 좋은 기업은?

금리가 인하되면 조달금리가 내려가기 때문에 기업은 돈을 빌려서 수익성 있는 사업에 투자를 하려고 합니다. 투자는 기업의 미래 성장을 의미하기 때문에 이러한 기대감이 주식가격을 끌어올립니다.

사실 금리인하기에는 주식시장이 전반적으로 상승하고 왠만한 기업들은 대부분 수혜를 받습니다. 시장에 돈이 많이 돈다는 것은 이미 좋은 종목들은 주가가 올라가 있는 상황이고 현재 가격이 비싸다고 느껴져도 성장성만 높다면 투자를 할 의사가 충분하다는 것을 의미합니다. 이 시기에는 기존 계산법으로는 이미 해당 기업의 주가를 설명할 수 없어서 미래 수익이 아닌 꿈(dream)에 밸류에이션을 메긴다는 기적의 논리, PDR이 등장하기도 합니다.

엔비디아, 테슬라와 같은 테크 성장주

금리인하기에 가장 상승률이 높은 기업을 보면 대부분 투자자에게 꿈과 희망과 비전을 보여주는 테크 성장주입니다. 해당 기업들은 금리인하기에 낮은 조달비용으로 수혜를 얻기보다는 금리인하로 인한 유동성으로 주가가 크게 상승하는 종목입니다. 주가는 실적의 함수로 펀더멘털(기업 실적)이 주가를 결정하는 핵심 요소이긴 하지만 단기적으로는 시장의 수급에 의해 주가의 방향이 결정됩니다. 금리라는 매크로 요인은 시장 전체의 수급을 결정하기 때문에 테크 성장주 투자 시

PER과 PDR

PER(주가수익비율, Price-to-Earnings Ratio)

정의: 주가를 주당 순이익(EPS)으로 나눈 비율

$$PER = \frac{주가}{주당순이익(EPS)}$$

PDR(Price to Dream Ratio)

$$PDR = \frac{현재\ 주가}{미래\ 예상\ 실적(꿈의\ 가치)}$$

금리정책은 최우선 고려사항이며 금리인하기에는 테크 성장주가 가장 적합한 선택지입니다.

미국 리츠 기업

리츠 기업은 금리인하기에 매우 좋은 투자 대상이 됩니다. 낮은 금리로 자금 조달비용이 감소하며 금리인하로 인한 높은 유동성으로 경기가 활성화되어 리츠 자산의 임대수익이 크게 증가하게 됩니다. 리츠는 일종의 인컴 자산으로서 배당 수익률이 매우 중요한데 금리가 낮을수록 리츠의 배당 매력이 증가하게 되어 투자자들의 선호가 높아집니다. 대표적인 미국 리츠 기업으로는 프로로지스(PLD), 에퀴닉스(EQIX), 아메리칸타워(AMT), 리얼티인컴(O)이 있습니다.

중소형 혁신기업

테크 성장주들이 주로 나스닥에 상장되어 있다면 중소형 혁신기업들은 주로 러셀2000에 포함되어 있습니다. 금리인하기에는 중소형 혁신기업에 대한 미래 기대감이 크게 증가하게 됩니다. 금리인하의 긍정적인 요인은 기업 조달비용 감소와 경기 호황으로 인한 매출 증가, 유동성 증가로 인한 밸류에이션 상승을 꼽을 수 있는데 다른 기업군보다도 중소형 혁신기업이 가장 큰 영향을 받습니다. 중소형 혁신기업의 대표적인 ETF는 ARKK가 있습니다.

10장

메가트렌드 투자법

종목이 메가트렌드 자체인
기업 14선

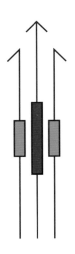

왜
앞으로도 AI인가?

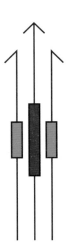

2022년 말 챗GPT 등장 이래 최소한 수년간 앞으로의 시대를 관통할 메가트렌드는 단연코 AI입니다. 시장의 사이클이 변화하고 금리라는 대외환경이 변화하더라도 당분간 AI라는 메가트렌드는 변하지 않고 시장을 주도할 것이라고 많은 이코노미스트와 시장분석가들이 입을 모으고 있습니다. AI라는 메가트렌드가 매크로 변수와 관계없이 유지된다면 메가트렌드 투자법에 있어서 가장 중요한 것은 리딩 기업으로부터 시장의 변화를 포착하고 이해하는 것입니다.

즉 메가트렌드 투자법은 다름 아닌 메가트렌드를 이끄는 기업에 대한 충분한 이해가 선행되어야 합니다. 해당 투자법에 있어서 하나의 기업이 아닌 AI라는 거대 생태계의 각 분야를 차지하고 있는 리딩 기업을 심층적으로 이해함으로써 AI 생태계 전체를 조망하고 시대의 변화를 읽어내는 것이 매우 중요합니다. 10장은 AI 시대를 대표하는 미국 상장기업 14선에 대한 기업 분석으로 해당 기업에 대한 투자가 곧 메가트렌드 투자를 의미하게 될 것입니다.

10장에서는 14개의 AI 리딩 기업을 분석 대상으로 선정했는데 4개의 AI 반도체 기업에서 시작해 6개의 AI 밸류체인 기업으로 분석을 확대하고 전력과 로봇 분야로 AI의 외연을 더 크게 확장하여 4개 기업을 추가했습니다.

AI 반도체(서버 반도체 + 온디바이스 반도체)

1) 엔비디아

2) TSMC

3) 에이알엠홀딩스

4) 퀄컴

AI 밸류체인

5) 마이크로소프트

6) 오라클

7) 브로드컴

8) 아리스타네트웍스

9) 팔로알토

10) 팔란티어

AI 전력, 로봇

11) 퍼스트솔라

12) 넥스트에라에너지

13) 버티브홀딩스

14) 테슬라

AI 혁명 시대,
명실공히 최고의 수혜주에
투자하고 싶다면?

엔비디아(NVDA)

내가 왜 글로벌 시총 1위인지 알려줄게

엔비디아 본사, 캘리포니아 산타클라라

어떠한 메가트렌드인가?

AI 서비스를 가능하게 하는 가속 컴퓨팅을 제공하는 기업으로 AI 생태계의 인프라를 독점적으로 제공하고 있기 때문에 AI 생태계를 구축하려는 기업, 국가 입장에서는 필수적인 선택이 된 기업이 바로 엔비디아입니다. 이러한 독점성이 비약적인 성장률과 높은 마진을 만들어냈습니다.

기업 개요

설립 연도	1993		상장일		1999.1.22
본사	미국 산타클라라	대주주	젠슨 황	산업분류	IT
시가총액	$3.2T	PER	53배	배당수익률	0.02%

1999년 닷컴 버블이 한창일 때 상장한 엔비디아는 PC 게임용 그래픽 카드를 만드는 회사로 시작했습니다. 엔비디아는 시대의 변화에 매우 빠르게 적용하면서 드디어 챗GPT 등장을 배경으로 가속 컴퓨팅 혁명을 주도하며 시장의 리더로 자리 잡게 됩니다.

엔비디아 1차 상승기: 암호화폐 채굴 열풍

엔비디아가 시장에 크게 주목을 받은 것은 2018년 첫 텐베거를 달성하면서 시작되었습니다. 2016년 초 7달러 하던 주가는 2018년 10월 3년이 채 되지 않은 시점에 73달러로 10배 성장을 했습니다. 당시만 하더라도 엔비디아는 GPU라기보다는 그래픽 카드 회사의 이미지가 더 강했고 매출 구성에 있어서도 게이밍

(Gaming) 부문이 대부분이었습니다.

당시 PC 유저들 사이에서 엄청나게 성능이 좋은 그래픽 카드를 만드는 회사로 인식된 엔비디아는 엄청난 호기를 맞게 됩니다. 바로 암호화폐 채굴 붐이 일어나면서 GPU의 연산처리 능력이 주목을 받게 되고 비트코인 채굴로 부자가 되고 싶은 욕망의 수요에 엔비디아는 크게 성장했습니다.

엔비디아 2차 상승기: 클라우드 혁명

첫 텐베거 달성 이후 흥분도 잠시 암호화폐 빙하기가 오면서 엔비디아의 매출이 대거 감소되고 주가는 급락을 겪게 됩니다. 그러나 다시 엔비디아를 살린 것은 바로 '코로나 랠리'였습니다. 4차 산업혁명 초기 국면에서 펜데믹이라는 초유의 사태에 빅테크가 주도한 클라우드 혁명이 오히려 가속화되었습니다. 이때부터 엔비디아의 데이터센터용 GPU 매출이 급증하게 되면서 30달러에서 3년 만에 346달러를 찍으며 두 번째 텐베거를 달성하게 된다.

이러한 호기에 엔비디아의 수장인 젠슨 황은 매우 중요한 경험을 하게 되었는데요. 바로 압도적 경쟁우위의 필요성을 절실히 느끼게 된 것입니다. 2차 상승기에 엔비디아의 성장도 뛰어났지만 2등인 AMD의 추격도 무서웠습니다. 당시 AMD는 이미 CPU 시장에서는 인텔의 아성을 무너트렸고 GPU 시장에서도 엔비디아를 바짝 추격했습니다. 이러한 추격을 경험한 젠슨 황은 수요 없는 공급으로 생성형 AI 전용칩을 먼저 개발하고 CUDA 생태계 구축에 힘을 기울입니다.

엔비디아 3차 상승기: AI 혁명

3차 상승기는 모두가 목격하고 경험하고 있는 현재 진행형인 'AI 혁명기'입니다. 오픈AI의 챗GPT 등장이 AI 혁명을 일으켰지만 최대 수혜는 오픈AI의 최대주주인 마이크로소프트가 아닌 가속 컴퓨팅 혁명을 주도한 엔비디아에게 돌아갔습니다. 2차 상승기 당시 데이터센터 수요가 급증한 것처럼 빅테크(하이퍼스케일러)의 AI 데이터센터 구축의 니즈가 폭발하면서 엔비디아 GPU의 엄청난 수요가 발생합니다. 바로 비즈니스의 최고의 찬사인 '돈을 주고도 못 산다'는 상황이 발생한 것입니다.

사업구조

2024년 매출 기준으로 엔비디아의 사업구조를 보면 데이터센터 부문 78%, 게이밍 17%, 옴니버스 3%, 자율주행 2%인데 가히 파괴적인 성장세를 보이는 데이터센터 기업 부문을 보았을 때 엔비디아 자체를 데이터센터향 기업으로 보아도 무방할 듯합니다.

엔비디아의 주요 사업구조

자료: 해당 기업

투자 포인트

AI 생태계를 장악하다

엔비디아는 가속 컴퓨팅 혁명을 일으키면서 AI 생태계를 장악했습니다. 주 매출원은 데이터센터향 AI 칩인데 현재 전년 대비 성장률이 400% 수준입니다. 엔비디아가 A100, H100 칩을 맨 처음 선보인 후 AMD와 인텔에서도 후발주자로서 생성형 AI 칩을 내놓았지만 아직도 헤게모니를 놓지 않고 있는 것은 엔비디아가 일찍이 개발자 생태계를 CUDA로 장악했기 때문입니다.

CUDA 효과로 주요 구매자들을 묶어놓고 최신 칩을 가장 먼저 출시함으로써 아무리 비싸도 사야 하는 비즈니스 구조를 만들어냈습니다. 지금은 워낙 수요가 넘치기 때문에 그렇게 할 필요는 없지만 엔비디아는 마음만 먹으면 신제품 출시 후 이전 모델에 대폭 할인을 제공하면서 경쟁자의 이윤도 빼앗아버릴 수 있습니다. 따라서 AMD나 인텔과 같은 경쟁자가 있지만 독과점에 가까운 시장지배력을 가지고 있고 이를 반증하는 것이 70% 후반대의 영업이익률입니다. 엔비디아는 데이터센터 매출 성장으로 최근 글로벌 시총 1위를 달성하기도 했습니다.

경쟁자보다 앞선 로드맵

엔비디아가 2024년 5월 22일 분기 실적발표 당시 10:1 주식분할을 공시하면서 주가가 크게 올랐는데 얼마 되지 않아서 예상치 못한 호재가 터져 나온 곳이 바로 대만에서 열린 컴퓨텍스 2024 젠슨 황 기조연설이었습니다. 이날 젠슨 황 CEO는 차세대 칩인 블랙웰을 넘어 차차세대 AI 칩인 루빈을 발표했고 2028년도까지의 로드맵을 공개했습니다. 지금 생성형 AI 전쟁에서 기존의 헤게모니를 전혀 놓을 생각이 없다는 뜻으로 주주에게는 매우 달콤한 호재였습니다. 이러한 한발 빠른 비전 제시는 엔비디아의 성장둔화 우려를 크게 감소시켜주었습니다.

소버린 AI 시대의 돌입

최근 엔비디아가 실적발표 때마다 강조하는 것이 바로 소버린 AI(Sovereign AI)입니다. AI 생태계를 구축하는 것은 클라우드 서비스를 제공하는 하이퍼스케일러만의 일이 아니라 국가 차원에서도 자체적인 AI를 개발하고 서비스하기 위한 컴퓨팅 파워 구축이 필요합니다. 현재는 AI 데이터센터에 대한 수요가 기업에 집중되고 있지만 향후 국가 차원의 AI 인프라를 구축하는 시장의 수요가 폭발적으로 증가할 것으로 예상하고 있습니다.

신약개발에도 관심을 갖는 엔비디아

엔비디아는 향후 성장동력에 대한 준비도 전혀 게을리하지 않습니다. AI 혁신이 가장 크게 변화시킬 것으로 예상되는 분야가 바로 바이오, 신약개발입니다. 엔비디아는 이미 '클라라(Clara)'와 '바이오네모(BioNeMo)'란 자체 플랫폼을 통해 빅파마(Big Pharma)와 바이오테크 기업의 바이오 신약개발을 돕고 있습니다. 기존에는 엔비디아의 주요 고객사가 빅테크였다면, 앞으로는 빅파마가 엔비디아의 주요 고객사로 들어오게 되는 그림입니다. 엔비디아는 이러한 로드맵의 일환으로 바이오테크 기업인 리커전(RXRX)의 지분투자를 하면서 신약개발 분야에 적극적으로 참여하고 있습니다.

엔비디아 신약개발 플랫폼

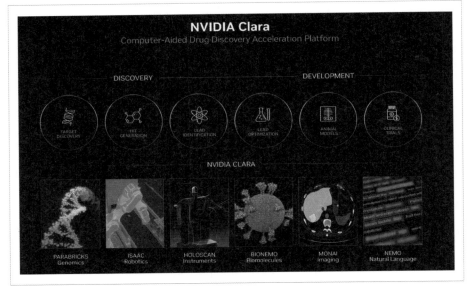

자료: 해당 기업

재무제표 분석(실적 분석)

엔비디아의 실적발표 추이를 보면 2023년 1분기부터 시장 예상치를 상회하는 매출과 EPS를 보여주었으며 가이던스도 항상 예상치를 상회하는 100점짜리 퍼포먼스를 이어왔습니다. 매 분기마다 어닝 서프라이즈를 달성하면서 시장의 기대보다 더 빠른 이익성장을 만들어왔기 때문에 높은 주가상승률에도 불구하고 PER 수치가 과도해지지 않았습니다.

높은 성장 속도에도 엔비디아에 대한 시장의 가장 큰 고민은 '과연 성장이 언제부터 둔화될 것이냐' 하는 점입니다. 당분간은 없어서 못 파는 엔비디아 칩이지만 향후 시장이 성숙되고 나면 현재의 수요와 마진을 기대할 수 없기 때문입니다.

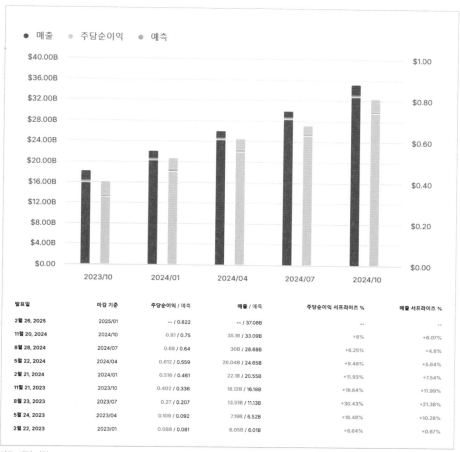

| | | ● 매출 | ● 주당순이익 | ● 예측 | |

발표일	마감 기준	주당순이익 / 예측	매출 / 예측	주당순이익 서프라이즈 %	매출 서프라이즈 %
2월 26, 2025	2025/01	-- / 0.822	-- / 37.08B	--	--
11월 20, 2024	2024/10	0.81 / 0.75	35.1B / 33.09B	+8%	+6.07%
8월 28, 2024	2024/07	0.68 / 0.64	30B / 28.68B	+6.25%	+4.6%
5월 22, 2024	2024/04	0.612 / 0.559	26.04B / 24.65B	+9.48%	+5.64%
2월 21, 2024	2024/01	0.516 / 0.461	22.1B / 20.55B	+11.93%	+7.54%
11월 21, 2023	2023/10	0.402 / 0.336	18.12B / 16.18B	+19.64%	+11.99%
8월 23, 2023	2023/07	0.27 / 0.207	13.51B / 11.13B	+30.43%	+21.38%
5월 24, 2023	2023/04	0.109 / 0.092	7.19B / 6.52B	+18.48%	+10.28%
2월 22, 2023	2023/01	0.088 / 0.081	6.05B / 6.01B	+8.64%	+0.67%

자료: 해당 기업

월가에서는 이에 대한 기준을 마진율의 감소로 판단하고 있습니다. 현재 80%에 준하는 마진율이 더 올라가지 않고 내려가는 모습이 지속될 때 엔비디아의 성장 둔화를 예상할 수 있겠지만 차세대 반도체로 넘어갈수록 반도체의 효율이 더욱 좋아지면서 마진은 더욱 개선되거나 유지될 것이라고 엔비디아 측에서는 보고 있습니다.

차트 분석

자료: 해당 기업

주가 차트를 보면 1,000달러 부근에서 10:1 분할 발표하고 나서 100달러 수준의 주가가 150달러까지 상승했습니다. 분할 시점인 100달러 부근에서 강한 수급이 들어왔기 때문에 100달러에서 강력한 지지대를 가지고 있습니다. 글로벌 시총 1위와 단기간 상승으로 인한 가격 부담이 있기 때문에 신고가 모멘텀을 위해서는 차세대 칩인 블랙웰의 성과를 확인해야 할 것으로 보입니다.

종합평가

우리는 현재 AI 혁명이라는 변혁의 시기에 살고 있고 이러한 변화의 가장 앞단에서 엔비디아가 돈을 쓸어 모으고 있습니다. 선도자의 이익을 얻고 있는 것이죠. 엔비디아의 전성기가 단기간에 끝나지 않을 것 같고 현재 잡은 헤게모니를 상당 기간 지킨다면 엔비디아를 보유한 것만으로도 큰 보상을 얻을 것입니다. 현시대를 이끄는 기업을 보유하고 싶은 투자자에게 엔비디아는 가장 확실한 선택지입니다.

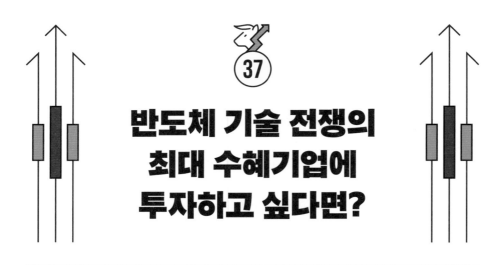

반도체 기술 전쟁의 최대 수혜기업에 투자하고 싶다면?

TSMC(TSM)
첨단 반도체는 내가 다 만든다!

어떠한 메가트렌드인가?

TSMC는 반도체를 위탁 생산하는 파운드리 기업입니다. TSMC는 파운드리란 사업모델을 최초로 도입하여 시장을 이끌었고 애플과 엔비디아의 현재를 만드는 데 큰 기여를 했습니다. 우리에게는 삼성전자와 경쟁하는 대만의 국민기업으로 잘 알려져 있으나 앞선 기술력을 통해 파운드리 시장의 헤게모니를 더욱 강화하고 있습니다. 생성형 AI 칩이든 온디바이스 AI 칩이든 최첨단 칩은 대부분 TSMC에서 맡아서 생산하고 있기 때문에 미래 기술혁명이 진행될수록 TSMC의 가치는 더욱 올라갈 것으로 예상됩니다.

기업 개요

설립 연도	1987			상장일	1997.10.8
본사	대만 신주	대주주	아스펙스 매니지먼트(HK)	산업분류	IT
시가총액	$1T	PER	30배	배당수익률	1.03%

TSMC는 이름 그대로 풀면 '대만반도체생산기업'으로 공기업으로 시작해서 민영화가 되었지만 정부가 최대주주인 '대만 바로 그 자체'인 국민기업이라고 할 수 있습니다. 시가총액 기준 글로벌 10위권의 기업이지요. 세계 최초의 파운드리 기업이자 파운드리 점유율 60% 이상으로 세계 1위의 아성을 자랑합니다. 참고로 2등인 삼성전자 점유율이 11%입니다.

TSMC를 설명하기 위해 창업자인 모리스 창 스토리를 잠시 살펴보겠습니다. 모리스 창은 중국에서 태어나 하버드로 유학을 갔다가 미래에 대해 불안감을 느끼고 이공계를 가야겠다고 마음먹은 후 MIT로 학교를 옮기게 됩니다. MIT에서 학사, 석사를 마치고 운명처럼 반도체의 근본이라고 할 수 있는 텍사스인스트루

파운드리 업계 시장점유율

1위	TSMC	61.2%
2위	삼성전자	11.3%
3위	글로벌파운드리스	5.8%
4위	UMC	5.4%
5위	SMIC	5.2%
6위	화홍반도체	2.0%
7위	타워세미컨덕터	1.1%
8위	PSMC	1.0%
9위	넥스칩	1.0%
10위	VIS	1.0%

먼트(TI)에 입사를 하고 2025년간 근무하며 세계 최고의 반도체 전문가들과 교류를 하게 됩니다. 물론 회사에서도 모리스 창을 중용해서 스탠퍼드 전기공학 박사까지 보내주며 후원을 했고 부사장까지 역임을 합니다.

그러다가 대만 정부에서 러브콜을 했고 대만 반도체 산업을 이끌라는 미션을 받아 세계 최초의 파운드리 기업인 TSMC를 설립하게 되었는데, 사실 창업 이후 20년간 시장에 큰 주목을 받지는 못했습니다. 하지만 글로벌 반도체 시장의 추세가 설계와 생산의 분리라는 것을 읽어낸 혜안으로 파운드리 회사인 TSMC는 꾸준한 성장가도를 걷게 됩니다.

TSMC의 성장을 이야기할 때 이 두 기업을 빼놓고는 설명하기 어렵습니다. 바로 애플과 엔비디아입니다. 먼저 애플의 아이폰이 2010년 등장했고 삼성에 맡겼던 스마트폰 칩 생산을 고객과 경쟁하지 않는 TSMC로 넘기면서 스마트폰 시장의 성장과 함께 급격한 성장을 이루어냅니다. 이때부터 시스템 반도체, 파운드리, 그리고 TSMC라는 이름이 시장에 크게 알려지게 되었습니다.

TSMC는 설립 초기부터 신생기업을 돕는 전략을 주로 썼는데 스타트업 같은

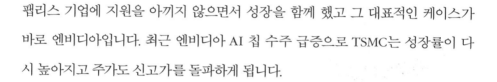

팹리스 기업에 지원을 아끼지 않으면서 성장을 함께 했고 그 대표적인 케이스가 바로 엔비디아입니다. 최근 엔비디아 AI 칩 수주 급증으로 TSMC는 성장률이 다시 높아지고 주가도 신고가를 돌파하게 됩니다.

사업구조

TSMC가 위탁생산하고 있는 반도체 공정을 살펴보면 3나노와 5나노 공정이 전체의 50%를 넘게 차지하고 있으며 첨단 공정인 만큼 마진율이 뛰어납니다. 최신 공정인 3나노 공정의 점유율은 지속적으로 늘어나고 있는 상황입니다.

2024년 3분기 매출 - 기술

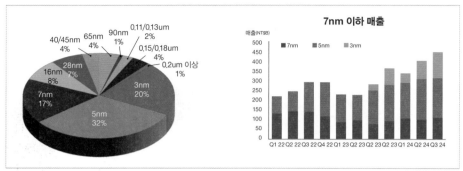

자료: 해당 기업

2024년 3분기 매출 - 플랫폼

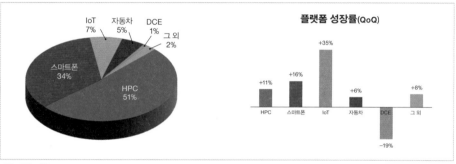

자료: 해당 기업

투자 포인트

파운드리 산업 내 경쟁우위 지속

"우리는 고객과 경쟁을 하지 않는다"라는 모리스 창의 유명한 슬로건은 미국의 팹리스 기업들을 매료시켰습니다. 기술 발전에 따라 반도체 생산설비에 들어가는 투자비용이 기하급수적으로 증가하면서 해당 산업에 신규로 뛰어들 엄두를 내지 못하는 상황입니다. TSMC는 이러한 시장상황 속에서 선도기업의 압도적인 수율을 통해 파운드리 시장을 이끌고 있습니다.

이러한 TSMC의 시장지배력은 경쟁자인 삼성전자와 인텔의 공격에도 견고한 상태입니다. 주요 고객사들은 TSMC의 생산 한계까지 주문을 냈음에도 삼성전자와 인텔에 주문을 주지 않고 TSMC가 주문을 받아주길 기다리고 있습니다. 이러한 자신감으로 TSMC는 분기 실적발표 외에도 매달 매출 실적을 발표하면서 지속적인 성장세를 확인시켜주고 있습니다. 당연히 주문이 생산 한계 이상으로 몰리고 있기 때문에 최근 가격 인상을 했으며 이는 매출과 영업마진에 큰 기여를 할 것으로 보입니다.

온디바이스 AI 시대의 개막

TSMC의 주가를 보면 3번의 각도의 변화를 확인할 수 있는데 1차 상승각도는 스마트폰 시대의 애플과 함께 만들었고 2차 상승각도는 클라우드 시장의 성장으

TSMC 장기 주가 차트, 3번의 상승기

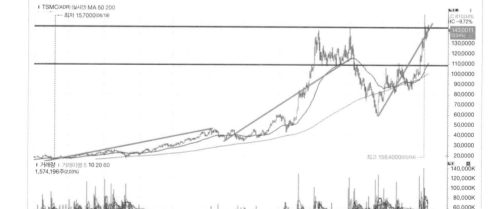

자료: 해당 기업

로 반도체 칩 수요가 급증하면서 나타났으며 최근 3차 상승각도는 바로 엔비디아의 AI 칩으로 만들었습니다. 마치 앞서 살펴본 엔비디아의 3번의 텐배거, 아이유 3단 고음 같은 차트와 유사한 모습입니다.

TSMC는 2024년 20% 성장률을 발표했는데요. 그럼 2025년도는 어떻게 될까요? 이에 대한 해답은 바로 온디바이스 AI 칩에 달려 있고 이것이 바로 TSMC의 4차 상승각도를 만들 핵심 투자 포인트일 것입니다. 생성형 AI로 AI 인프라가 구축되고 본격적인 AI 서비스가 도입되면 '내 손안의 AI'인 온디바이스 AI 세계로 넘어가게 되고, 이때 필요한 온디바이스 AI 칩의 수요가 급증할 것으로 예상됩니다. 이는 TSMC에 있어서 새로운 반도체 수요를 만드는 변화이고 추가적인 성장동력으로 작동할 것입니다.

미-중 갈등과 트럼프 리스크

일단 TSMC의 최대 리스크는 바로 미-중 갈등입니다. 양안관계로 인한 지정학적 리스크가 항상 꼬리표로 따라붙었고 워런 버핏의 TSMC 투자 철회도 이러한 지정학적 리스크에 기인했습니다. 이에 따라 미국과 일본으로 생산기지를 확대하고 있는데 대만을 벗어나도 기존의 높은 수율을 유지할 수 있을지, 그리고 대만이 아닌 다른 국가에서의 밸류체인 문제가 없는지도 중요한 포인트입니다.

트럼프 행정부 2기에 돌입하면서 트럼프의 미국중심주의는 대만 기업인 TSMC에게는 다소 악재로 작용하는 모습입니다. 그러나 고객사 입장에서는 TSMC의 반도체 제조 기술과 첨단 패키징 기술로 인해 선택지가 부족한 상황이기 때문에 트럼프 대통령의 견제 효과는 제한적으로 그칠 가능성이 높아 보입니다. 오히려 중국과의 AI 경쟁에 있어서 미국의 우군으로서 포섭을 할 가능성이 존재합니다.

재무제표 분석(실적 분석)

TSMC의 최근 실적 추이를 보면 대부분 어닝 서프라이즈를 보이고 있고 월간 매출 현황도 지속적으로 성장하는 모습입니다. 파운드리 업체임에도 총마진율이 57~59% 수준이고 영업마진은 46.5~48.5%에 달합니다. TSMC의 높은 수율과 비

발표일	마감 기준	주당순이익 / 예측	매출 / 예측	주당순이익 서프라이즈 %	매출 서프라이즈 %
1월 16, 2025	2024/12	-- / 2.19	-- / 26.36B	--	--
10월 17, 2024	2024/09	1.95 / 1.79	23.62B / 23.32B	+8.94%	+1.29%
7월 18, 2024	2024/06	1.48 / 1.4	20.82B / 20.16B	+5.71%	+3.27%
4월 18, 2024	2024/03	1.34 / 1.34	18.32B / 18.32B	0%	0%
1월 18, 2024	2023/12	1.44 / 1.38	19.62B / 19.61B	+4.35%	+0.05%
10월 19, 2023	2023/09	1.29 / 1.15	17.28B / 16.95B	+12.17%	+1.95%
7월 20, 2023	2023/06	1.14 / 1.07	15.68B / 15.44B	+6.54%	+1.55%

자료: 해당 기업

용전가 능력을 확인할 수 있는 수치로 보입니다.

차트 분석

자료: 해당 기업

2022년과 2023년도 TSMC 주가의 부침이 있었는데 해당 기간 반도체 시장에 대한 수요가 감소함에도 공격적인 증설(패키징 능력 증가)을 하여 실적이 감소했기 때문입니다. 이후 생성형 AI 시장의 수요가 급증함에 따라 강력한 실적 개선이 따라왔고 2024년도의 상승으로 140달러의 전고점 라인을 돌파했습니다. 140달러가 장기적인 중요 지지라인으로 작용할 것으로 보이며 개선된 실적으로 200달러 안착 후 견조한 상승세(전고점 돌파 모멘텀)를 보여줄 가능성이 높아 보입니다.

종합평가

글로벌 AI 반도체 공급망에 중심에 있는 TSMC의 칩 수요는 지속적으로 성장할 것으로 보이며 생성형 AI 칩 이후에 열리는 온디바이스 AI칩 시장에 대한 기대감이 핵심 투자 포인트입니다. 개인적으로 TSMC를 2023년에 애플과도 같은 기업으로 정의합니다. 바로 성장성과 안정성을 동시에 만족하는 기업으로 서학개미에게 있어서 매우 좋은 선택지가 아닐까 생각됩니다.

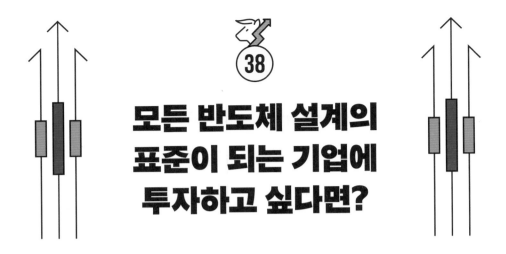

모든 반도체 설계의 표준이 되는 기업에 투자하고 싶다면?

> ## 에이알엠홀딩스(ARM)
> ### 반도체 만들 거면 일단 로열티부터 내시오~

어떠한 메가트렌드인가?

ARM은 AI 반도체 시장에 있어서 가장 앞 단에 존재하는 기업입니다. 저전력 고효율의 반도체 설계 IP를 통해 스마트폰 칩 시장을 통일했으며 이제는 서버 칩 시장과 PC 칩 시장까지 시장을 확대해나가고 있습니다. AI 혁명이 진행됨에 따라 반도체에 대한 수요와 신규 칩의 개발은 더욱 커질 것이고 가장 앞 단에서 로열티를 받아가는 ARM의 성장은 필수불가결합니다.

기업 개요

설립 연도	2018		상장일		2023.9.14
본사	대만 신주	대주주	소프트뱅크	산업분류	IT
시가총액	$163B	PER	210배	배당수익률	0%

ARM은 1990년 설립된 영국의 팹리스 반도체 기업입니다. 원래는 상장기업이었으나 손정의 회장의 소프트뱅크가 35조에 인수해서 비상장회사로 전환시켰습니다. 손정의 회장이 ARM은 손에 넣고 너무 싸게 샀다고 매우 만족했다는 일화는 유명합니다. 그런 소프트뱅크가 거듭된 투자 실패로 흔들리던 시기에 엔비디아가 ARM을 인수하기로 하면서 ARM의 주인이 바뀌는 듯했으나 독점 이슈로 인해 인수 승인이 불발되었습니다.

지금 시점에서 생각해보면 엔비디아가 ARM까지 가지고 있었다면… 정말 상상만 해도 무섭습니다. 인수를 하지는 못했지만 엔비디아의 최근 자체 투자 현황을 보면 ARM에 가장 많은 투자를 하고 있는 상황입니다. 그만큼 엔비디아 입장에서도 ARM은 너무나 매력적인 투자처입니다.

어쨌든 엔비디아의 ARM 인수가 실패로 돌아갔고 이후 전력을 회복한 소프트뱅크는 ARM의 상장을 전격 발표하면서 2023년 말 미국 IPO 시장에 가장 큰 이슈가 되었습니다.

그렇다면 ARM이 무슨 회사이길래 손정의 회장이 32조를 투입해서 PER 100배인 기업을 매수하고 자기 일을 너무나 잘하고 있던 엔비디아마저도 군침을 흘렸을까요? ARM은 반도체 설계에 필요한 주요 기능 블록 IP 기술을 제공하는 반도체 기업입니다. 쉽게 말해 반도체를 설계하는 기초기술 로열티를 가지고 있는 것이죠. 그래서 ARM의 별칭이 팹리스의 팹리스 기업이기도 합니다. ARM이 제공하는 IP(특허 기술)을 통해 퀄컴이나 엔비디아 같은 팹리스 기업이 반도체를 설계하고 TSMC 같은 파운드리 기업이 생산을 하게 됩니다.

- **팹리스: 반도체를 생산하지 않고 설계만 하는 반도체 기업**
- **파운드리: 반도체를 설계하지 않고 생산만 담당하는 반도체 기업**

ARM은 이 과정에서 팹리스 기업에게 개발 시점에 IP에 따른 라이선스 비용을 받고 이후 반도체가 생산되고 판매가 이루어지면 판매가의 일부(약 1~2%)의 로열티를 받게 됩니다. 즉 ARM의 수익구조는 라이선스와 로열티로 구분됩니다. IP 하나 잘 만들어 반도체 시장에서 지속적으로 꿀을 빨고 있는 상황이죠. 그런데 이런 꿀 빠는 비즈니스를 ARM이 혼자서 하고 있다는 것은 그만큼 IP의 진입장벽이 크고 ARM의 기술력이 대단하다는 의미이기도 합니다.

ARM의 스마트폰 시장의 99%를 점유하고 있는데요. 이는 ARM 설계(아키텍처) 특징이 저전력, 고효율이기 때문입니다. 스마트폰에 최적화된 기술이고, 그래서 스마트폰 시장과 ARM은 성장의 궤를 함께했습니다. 문제는 이미 스마트폰 시

ARM 아키텍처의 특징: 저전력 고효율

	arm	X86	RISC-V
라이선스 역량	ⓥ		ⓥ
에너지 효율성	ⓥ		ⓥ
컴퓨터 성능	ⓥ	ⓥ	
소프트웨어 생태계	ⓥ	ⓥ	
표준화	ⓥ	ⓥ	
최종 시장 솔루션	전체	PC/서버	저가형 임베디드

자료: 해당 기업

장을 대부분 차지하고 있기 때문에 스마트폰 시장의 업황에 매출이 큰 영향을 받고 더 이상 성장할 공간이 없다는 점입니다.

이 점이 ARM 상장 이후에 미래를 불투명하게 보았던 이슈였는데 이후 CPU와 서버칩 시장에서도 ARM이 전격적으로 채택되어 뛰어난 성능을 보여주면서 AI 시대에 있어 대표적인 수혜주로 떠오르게 됩니다. 상장 이후 한참을 횡보하다가 지난 4분기 실적발표 이후 2배가량 급등했던 가장 큰 원인은 AI 시장 확산에 따른 성장 기대감 때문이었습니다.

사업구조

ARM의 IR 자료에 따르면 2016년 기준 모바일 시장에 국한된 ARM의 매출 구

ARM 사업구조 설명

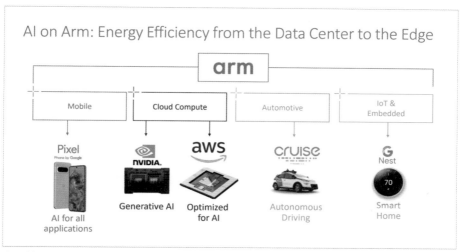

자료: 해당 기업

성이 현재는 다양한 분야로 확대되어 수익구조가 크게 다변화되었음을 보여주고 있습니다. 매출구조를 보면 로열티와 라이선스 수익이 거의 50:50 비중으로 균형 있게 성장하고 있습니다.

투자 포인트

스마트폰에서 데이터센터, PC까지 장악

ARM의 투자 포인트는 바로 스마트폰 시장의 한계에서 벗어나 ARM 아키텍처가 데이터센터 칩과 PC 칩 분야로 지속적으로 확대되고 있다는 점입니다. 생성형 AI 칩은 인텔의 X86 아키텍처로 제작되었으나 엔비디아의 블랙웰 단계에 와서는 에너지 효율을 잡기 위해 블랙웰에 들어가는 CPU에 ARM 아키텍처가 사용되었습니다.

AI PC 시장에서도 기존의 AMD, 인텔의 CPU가 지배하던 시장에서 퀄컴의 스냅드래곤이 시장점유율을 늘려가고 있는데 스냅드래곤이 바로 ARM의 아키텍처로 개발된 것입니다. 에너지 효율을 잡기 위해 팹리스 회사들이 새롭게 ARM의 기술로 신규 칩을 계속 개발하면서 ARM은 라이선스 수익을 올리게 되고, 해당 반도체가 매출을 올리게 되면 ARM은 또다시 매출에 대한 로열티 수익을 얻게 됩니다.

꿈의 총마진율 97%

ARM은 팹리스 기업이고 IP를 제공하는 기업이기 때문에 매출 대비 비용이 매우 작습니다. 총마진율은 97%에 육박하며 이러한 고마진을 활용하여 연구개발비

ARM의 총마진율

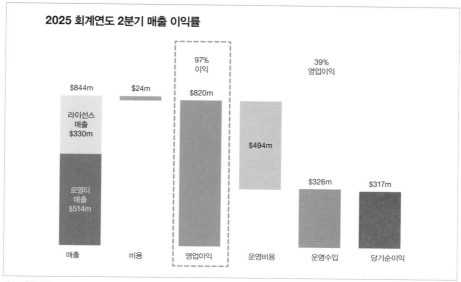

2025 회계연도 2분기 매출 이익률

- 매출: $844m (라이선스 매출 $330m, 로열티 매출 $514m)
- 비용: $24m
- 영업이익: $820m (97% 이익)
- 운영비용: $494m
- 운영수입: $326m (39% 영업이익)
- 당기순이익: $317m

자료: 해당 기업

에 절반 이상을 투자하고 있습니다. ARM의 PER이 여타 반도체 기업에 비해 높은 편이지만 압도적인 마진율 매력은 이를 상쇄하고 있습니다.

차세대 IP 매출 증대

ARM은 최신 IP인 Armv9을 출시했고 신규 IP에 대한 라이선스 계약이 지속적으로 성장하는 모습입니다. 차세대 칩을 개발하는 팹리스 입장에서는 Armv9을 채택할 수밖에 없고 ARM 입장에서는 더 높은 매출을 올리는 구조로 변화하게 됩니다. 이러한 신규 계약에 있어서 ARM은 갑의 입장이기 때문에 더 유리한 방식으로 계약을 체결해나가고 있습니다. 개인적인 판단으로는 최근 진행되고 있는 퀄컴과의 특허 분쟁 이슈에서도 결국 ARM이 퀄컴보다 유리한 협상안으로 이끌어낼 것으로 예상하고 있습니다.

Armv9 adoption driving 로열티 성장

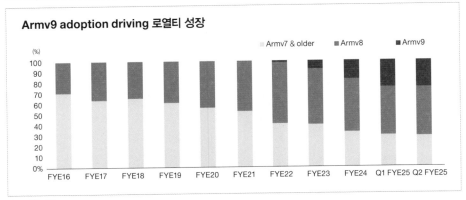

자료: 해당 기업

재무제표 분석(실적 분석)

ARM의 최근 실적 추이를 보면 비교적 예상치를 상회하고 있습니다. 2024년 2월 실적발표 어닝콜(earnings call)에서 AI 반도체 관련 수요가 급증하고 있다는 점을 공개하면서 상장 이후 무거웠던 주가가 2배가량 급등했습니다.

로열티와 라이선스가 균형적으로 성장하고 있으며 차세대 IP에 대한 매출성장도 긍정적인 모습입니다. 다만 스마트폰 시장의 정체로 인해 매출이 불안정하기 때문에 신규 시장인 데이터센터용 칩과 PC용 칩에서 로열티 수익이 견조하게 잡히는 시점을 기다리고 있습니다.

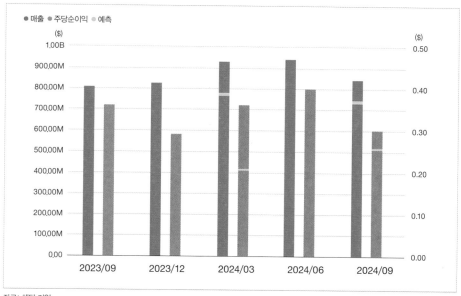

자료: 해당 기업

차트 분석

ARM의 IPO 이후 전체 차트 모습입니다. 상장 이후 50달러에서 80달러까지 견조하게 상승하다가 2024년 2월 실적발표 직후 3일 만에 시세가 분출되었습니다. 이후 해당 가격에 대한 소화 과정이 진행되었고 188달러 고점을 형성했습니다. 장기 추세선상으로 우상향하는 모습이 이어지고 있으며 2024년 2월 고점인 165달러의 1차 저항대를 돌파하면 전고점인 188달러를 도전하는 흐름으로 전개될 가능성이 높습니다.

자료: 해당 기업

종합평가

ARM을 이해할 때 가장 고민되는 점은 바로 높은 PER입니다. 스마트폰 시장에서의 시장지배력과 AI 시장 성장잠재력은 매우 매력적이지만 AI 분야에서 아직 확실한 매출이 나오지 않는 상황이기 때문에 이러한 불확실성을 어떻게 판단하는지가 가장 중요할 것입니다. 일단 단기 급등한 고점을 소화하는 과정을 충분히 거치고 있다는 점과 엔비디아의 블랙웰 매출이 비교적 빠르게 잡힐 것으로 예상되는 점은 긍정적으로 보입니다. 높은 PER에 대한 부담감보다는 AI 시장의 장기 성장성과 ARM의 헤게모니에 집중한다면 ARM은 좋은 선택지입니다.

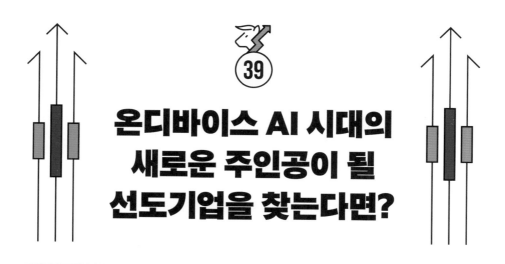

온디바이스 AI 시대의 새로운 주인공이 될 선도기업을 찾는다면?

퀄컴(QCOM)
AI를 데이터센터에서 디바이스로 끌어낸 기업

어떠한 메가트렌드인가?

애플이 2024 WWDC에서 애플식 AI인 애플 인텔리전스의 비전을 발표하면서 아이폰의 교체 수요가 급증할 것이란 전망으로 애플 주가가 급등했습니다. 2024년 한 해 엔비디아와 다른 빅테크 대비 고전하던 애플이 변화된 모습을 보이자 시장에서는 이제 AI 데이터센터의 시대에서 디바이스의 시기가 도래했다고 보는 시각이 커지고 있습니다.

AI 반도체, 특히 AI 서버 반도체 주도의 시장에서 AI 디바이스 시장으로 넘어갔을 때 엔비디아의 바통을 이어받을 수혜주는 어디일까요? 먼저 방금 말한 애플이 있을 것입니다. 자체 LLM을 만들지는 못했지만 LLM이 적용될 디바이스 시장을 과점한 애플은 앞으로 LLM이 절실하게 필요할 '리얼 빅데이터'를 공급하는 공급원으로서 향후 AI 시장에서 상당한 우위를 점유할 것으로 보입니다. 그리고 이러한 디바이스에 사용될 AI AP 칩의 원천기술을 제공하는 ARM이 있습니다. 그리고 서버 AI 칩이든 디바이스 AI 칩이든 모든 최첨단 칩을 생산하는 TSMC가 있습니다.

그리고 이들과 함께 주목할 기업이 지금 소개할 기업인 퀄컴(QCOM)입니다.

기업 개요

설립 연도		1985	상장일		1991.12.13
본사	미국 샌디에이고	대주주	뱅가드	산업분류	IT
시가총액	$190B	PER	18.41배	배당수익률	2.1%

퀄컴 하면 CDMA부터 떠올리게 됩니다. 당시에는 그리 크지 않았던 팹리스 회사인 퀄컴이었는데 삼성에서 애니콜의 통신 표준을 퀄컴의 CDMA로 채택하면서 어마어마한 로열티 괴물로 키워주었습니다. IP 로열티로 먹고사는 2000년대 ARM 같은 기업인 퀄컴은 이후 성장과 투자를 거듭하며 전 세계 AP(스마트폰용 반도체) 시장의 40% 이상을 차지하는 1위 기업이 되었습니다.

최초의 온디바이스 AI 양산칩: 퀄컴의 스냅드래곤 X 시리즈

이러한 퀄컴이 AI 시대를 맞이해서 대형 사고를 치는데 바로 온디바이스 AI 칩을 가장 먼저 선보인 것입니다. 이름하여 스냅드래곤 X 시리즈(엘리트, 플러스)입니다. 현존 최강의 온디바이스 AI 칩으로 불리며 애플의 괴물 칩인 M3보다 높은 성

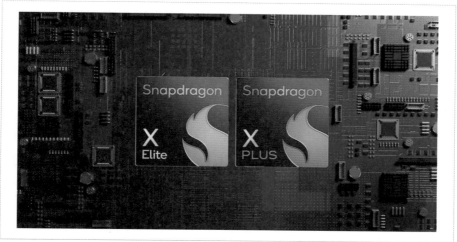

자료: 해당 기업

능을 보인다고 합니다.

좀 더 구체적으로 설명하자면 스냅드래곤 X 엘리트는 ARM 코어 기반 설계로 안드로이드 스마트폰 타깃으로 만들어졌고 스냅드래곤 X 플러스는 애플의 A 시리즈 프로세서를 설계하던 엔지니어들이 나와서 설립한 누비아란 회사를 인수하고 만든 자체 설계 칩으로 AI 노트북을 타깃팅했습니다.

디바이스상에서 AI 구동을 위해 최소한으로 필요한 컴퓨팅 성능이 40TOPS 정도라고 하는데 TOPS는 Trillion Operations Per Second로 쉽게 말해 1초에 40조 번 연산을 할 수 있는 성능입니다. 애플의 M3가 18TOPS 수준인데 스냅드래곤 X가 45TOPS를 뽑아내면서 온디바이스 AI 최초 양산 칩이 되었습니다. 애플의 M4가 40TOPS 수준이지만 아직 출시 전이고 인텔의 차세대 칩인 루나레이크 역시 45TOPS이지만 현재 양산 칩인 메테오 레이크는 10TOPS 수준에 불과합니다.

엔비디아의 전략을 벤치마크하는 퀄컴

엔비디아의 예에서 확인할 수 있듯이 반도체는 속도전입니다. 어쨌든 퀄컴이 40TOPS 이상의 성능을 가진 AP 칩을 가장 빠르게 양산하는 데 성공했고, 이로 인해 대부분의 AI 스마트폰과 마이크로소프트의 코파일럿 PC를 비롯한 AI PC(노트북) 회사들이 퀄컴을 채택했습니다. 최대한 빠른 속도로 인텔과 AMD에 앞서서 온디바이스 AI 칩을 개발한 효과입니다.

특히 마이크로소프트의 퀄컴 칩 선택이 결정적인데 윈텔(윈도우+인텔)이란 용어가 있을 정도로 마이크로소프트와 인텔의 X86 진영의 공고함은 단단했지만 ARM 기술 기반 칩 중에서 가장 먼저 의미 있는 결과를 만들어낸 퀄컴 칩을 선택했습니다. 이는 애플을 견제하기 위한 선택으로 볼 수 있기 때문에 마이크로소프트는 당분간 ARM 기반 퀄컴 칩을 강력하게 지원할 것으로 보입니다.

퀄컴을 채택한 스마트폰 제조사들

자료: 해당 기업

AI PC 시장에서 점유율을 얼마나 늘릴 것인가?

PC CPU 칩 시장에 있어서 퀄컴의 시장 경쟁자는 인텔과 AMD이고 이미 시장을 과점한 상태입니다. 이를 ARM 기반의 AI 칩을 빠르게 출시하면서 시장을 비집고 들어간 것입니다. 물론 AI PC의 시장 반응이 중요하겠지만 애플 인텔리전스를 통해 AI 사용 경험과 니즈가 크게 늘어난다면 AI 스마트폰과 함께 일종의 워크스테이션으로 AI PC의 수요가 커질 수 있고, 이러한 신규 시장은 당분간 퀄컴이 독점하게 되는 상황입니다.

이번에 출시된 AI PC를 보면 하드웨어만 준비한 것이 아니라 윈도우 OS 기반으로 AI를 지원하는 다양한 기능의 애플리케이션을 제공하고 있습니다. 또한 퀄컴의 한끝이 있는데 통신칩의 최강자 지위를 활용하여 AI 5G 모뎀칩과 와이파이 7도 지원하고 있습니다.

퀄컴의 통신칩

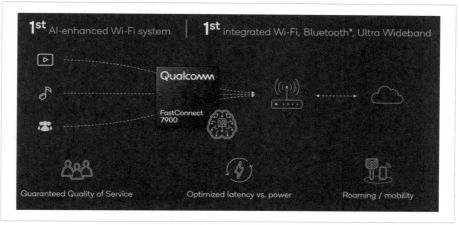

자료: 해당 기업

재무제표 분석(실적 분석)

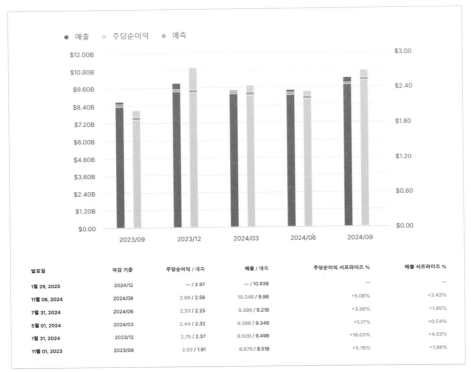

● 매출　● 주당순이익　● 예측

발표일	마감 기준	주당순이익 / 예측	매출 / 예측	주당순이익 서프라이즈 %	매출 서프라이즈 %
1월 29, 2025	2024/12	-- / 2.97	-- / 10.93B	--	--
11월 06, 2024	2024/09	2.89 / 2.56	10.24B / 9.9B	+5.08%	+3.43%
7월 31, 2024	2024/06	2.33 / 2.25	9.39B / 9.21B	+3.56%	+1.95%
5월 01, 2024	2024/03	2.44 / 2.32	9.39B / 9.34B	+5.17%	+0.54%
1월 31, 2024	2023/12	2.75 / 2.37	9.92B / 9.49B	+16.03%	+4.53%
11월 01, 2023	2023/09	2.02 / 1.91	8.67B / 8.51B	+5.76%	+1.88%

자료: 해당 기업

　퀄컴의 최근 실적 추이를 보면 스마트폰 출하량 감소에 따른 계절적 변화는 있지만 대체적으로 컨센서스를 상회하는 실적을 보여주고 있습니다. 2024년도 4분기 실적발표에서 150억 달러 규모의 자사주 매입 계획도 발표했습니다. 자율주행 부분이 매출 규모는 작지만 높은 성장률을 보이고 있으며 전 부분의 매출이 고루 성장하고 있는 상황입니다.

　역시 향후 PC 부문에서 과연 인텔 X86 진영의 점유율을 얼마나 뺏어올 수 있을지가 관건입니다. 삼성증권 추정 자료에 따르면 현재 0%에서 5% 수준의 점유

퀄컴 CPU 매출액 시나리오

(백만 달러)	시나리오 #1	#2	#3	#4	#5
2019년 PC 출하량(백만 대)	279	279	279	279	279
퀄컴 점유율 가정(%)	1	3	5	7	10
퀄컴 CPU ASP(달러)*	249	249	249	249	249
퀄컴 CPU 매출액	694	2,081	3,468	4,855	6,935
2025년 퀄컴 전체 매출 컨센서스	42,895	42,895	42,895	42,895	42,895
상향 여력(%)	1.6	4.9	8.1	11.3	16.2

주: * Intel Meteor Lake Core Ultra 134U(3.32달러) 가격 대비 25% 할인 가정
자료: FactSet, 삼성증권 추정

율 확대 시나리오만 하더라도 거의 두 자릿수의 매출 컨센서스 상향이 가능한 상황입니다.

차트 분석

장기 차트상으로는 100달러 초반에 강력한 지지라인이 형성되어 있으며 2024년 기준으로는 150달러 라인에 단기 지지선이 위치해 있습니다. 2022년 고점 라인인 190달러에 1차 저항선이 위치하고 있는 상황이며 온디바이스 AI향 매출이 본격화되는 시점에서는 2024년 고점인 230달러 돌파를 시도할 것으로 보입니다.

자료: 해당 기업

종합평가

퀄컴의 주가 차트를 보면 2024년들어 온디바이스 AI 수혜주로 분리되며 기대감으로 큰 상승세를 보여주었는데 6월 고점 이후 조정을 받고 있습니다. 사실 이전의 상승세는 실적보다는 스냅드래곤이 가장 앞선 AI 디바이스 칩으로 알려진 것에 대한 기대감이었고 이후 애플을 제외한 AI 스마트폰과 AI PC에서 퀄컴이 압도적으로 채택되면서 이후 변화될 실적을 기다리고 있는 상황입니다. 장기적인 관점에서 생성형 AI 이후 온디바이스 AI 시대가 올 것이라고 예상하는 투자자에게 적합한 선택지입니다.

지능형 클라우드로 AI 혁명을 선도하는 기업을 찾는다면?

> ### 마이크로소프트(MSFT)
> AI 생태계의 최고 우등생이자 매년 100조를 버는 기업

어떠한 메가트렌드인가?

마이크로소프트는 AI 혁명을 시작한 오픈AI의 최대주주이며 이를 활용하여 클라우드와 OS의 AI 대전환을 성공적으로 이끌고 있는 기업입니다. 4대 빅테크로서 클라우드 사업자이기도 한 마이크로소프트는 기존 사업모델을 B2C에서 B2B로 성공적으로 전환하고 대규모 인수합병을 통해 상당히 무거운 기업임에도 지속적인 성장모델을 가동하고 있습니다. AI 대전환의 시작점이자 AI를 활용한 변화에 가장 우수한 모범 답안지를 내놓고 있으며 AI 분야에서 클라우드부터 SW 서비스까지 망라한 사업구조를 가지고 있습니다.

기업 개요

설립 연도	1975		상장일		1986.3.13
본사	미국 레드몬드	대주주	빌 게이츠	산업분류	IT
시가총액	$3T	PER	33배	배당수익률	0.74%

마이크로소프트는 서학개미 투자자에게는 흔히 '마소'라고 불리며 AI 혁명을 이끈 오픈AI의 대주주이자 클라우드 사업자, AI 시대에 가장 발 빠르게 대응하는 기업 정도로 인식되고 있습니다. 하지만 1980년대생인 필자와 비슷한 연배의 투자자들에게는 마이크로소프트라고 하면 빌 게이츠, 윈도우95라는 단어가 먼저 떠오르며 애플과 싸운 기업으로 인식하고 있을 것입니다.

기업 개요를 보더라도 마이크로소프트의 설립 연도가 1975년도이고 증시에 상장된 해는 1986년도입니다. 태어난 지 50년 된 기업이 어떻게 이렇게도 핫할 수 있을까요? 아니 핫한 수준이 아니라 최신 혁명을 주도하는 기업일 수가 있을까요?

이 질문에 대한 답을 찾아야지 마이크로소프트를 제대로 이해할 수 있을 것 같습니다. 마이크로소프트는 역사가 길기 때문에 시기를 나눠서 이해해야 할 필요가 있습니다. 특히 투자적 관점에서는 과거의 상황보다는 최근의 마소의 모습에 집중하는 것이 옳은 접근 방법일 것입니다.

기업을 이끈 CEO를 기준으로 보면 창업자이자 마소 그 자체인 빌 게이츠가 이끈 1차 전성기가 있습니다. 이후 스티브 발머가 2007년부터 2014년까지 지휘봉을 잡았는데 견조한 모습을 보였지만 다소 아쉬운 정체기로 평가를 받고 있습니다. 2015년 사티아 나델라가 CEO에 오르고 현재의 마소의 사업구조를 만들면서 2차 전성기를 이끌어갔습니다. 즉 현재의 마소의 모습은 사티아 나델라의 작품이기 때문에 우리는 이 시기의 마소를 집중해서 살펴보도록 하겠습니다.

사업구조

사티아 나델라 이전의 마소는 윈도우라는 OS와 오피스라는 생산성 도구의 쌍두마차 체제였습니다. 대부분의 서비스가 기업고객보다는 일반고객 대상으로 B2C 시장의 매출이 전체의 50%를 넘었습니다. 2010년대가 시작되고 마이크로소프트의 클라우드 서비스 애저를 출시하게 되면서 마소는 클라우드 서비스 기업으로의 변화를 맞이하게 됩니다. 사실 2015년 CEO에 오르기 이전부터 사티아 나델라가 애저 클라우드 사업부문을 담당하고 있었기 때문에 애저가 마소의 길에 중심이 될 것으로 예상할 수 있었습니다.

클라우드 사업 도입 이전에는 B2C 기업의 성격이 강했으나 사티아 체제에서 기업에 클라우드 서버 서비스를 제공하면서 B2B 시장에 진출하게 되고 사업구조를 현재의 스타일로 재편하게 됩니다. 이후에 설명드릴 마이크로소프트에 또 다른 성장의 축인 M&A 전략에 있어서도 B2B 기업들을 위주로 인수하는 모습을 보여주었습니다.

한편 아마존이 독식하던 클라우드 시장에서 후발주자인 마이크로소프트의

애저는 자신의 전략 자산인 OS와 생산성 도구인 오피스를 활용해서 적극적으로 클라우드 시장점유율을 높여갔습니다.

클라우드 서비스를 제공하는 빅테크 사업자들은 자신의 고유 서비스에 클라우드를 조합하며 구독 서비스로 경쟁을 하고 있는데 마소의 서비스 조합은 매우

MS 사업부문별 분기 실적 자료

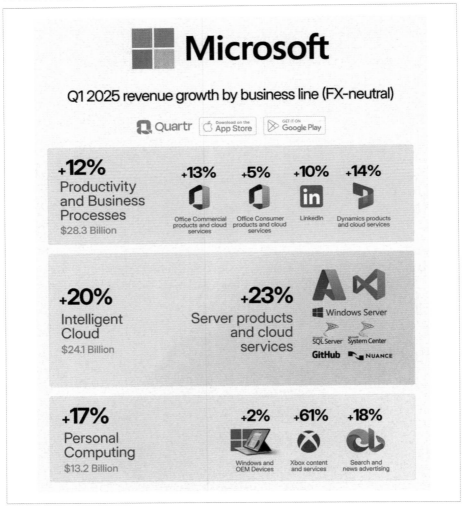

자료: 해당 기업

좋은 효율을 보여주며 긍정적인 시장 반응을 이끌었습니다. 저도 원 클라우드를 구독하고 있는데 오피스를 사용 시 클라우드가 모바일, PC 모든 환경에서 호환되기 때문에 업무가 매우 편리할 뿐만 아니라 생산성 향상을 직접 체험하고 있습니다.

클라우드 사업을 시작한 이래 마소의 사업구조는 다음의 세 가지 부문으로 정리되었습니다.

투자 포인트

클라우드 사업 성장 지속과 AI 군비경쟁의 최종 승자 가능성

클라우드 사업은 대규모 인프라 투자가 들어가기 때문에 글로벌 사업을 전개하기 위해서는 빅테크 말고는 가능한 사업자가 없는 상황이며 하이퍼스케일러 수준에 이르러서는 아마존, 마이크로소프트, 구글 같은 클라우드 사업자가 AI 생태계 구축을 독식할 수밖에 없는 구조라고 할 수 있습니다.

기존 클라우드 서버에서 AI 서버로 교체가 진행 중에 있으며 천문학적인 설비투자가 이루어지고 있습니다. 이에 따라 과잉투자 논란이 있지만 최근 실적발표를 보면 AI 서비스 수요에 비해 인프라 공급이 늦어지고 있다며 설비투자 증가 속도를 늦추지 않을 것이라고 밝히고 있습니다.

과잉투자 논란에도 AI 인프라를 구축할 수 있는 사업자는 빅테크밖에 없는 상황이며 이후 AI로 인한 전방위적인 산업의 변화가 발생하면서 나타나는 과실도 AI에 적극적인 투자를 진행하고 있는 빅테크뿐임을 예상할 수 있습니다.

또한 설혹 과잉투자라고 할지라도 AI 군비경쟁이라고 할 수 있는 빅테크 간 AI

주도권 싸움에서 패하면 기업의 미래를 장담할 수 없는 상황입니다. 더욱이 이 싸움을 시작한 쪽은 오픈AI를 보유한 마이크로소프트이기 때문에 어렵게 잡은 AI 헤게모니를 지속하기 위해 노력할 것이며 다행히 매우 유리한 위치에 있는 상황입니다.

따라서 최근 마이크로소프트를 바라보는 관점은 기존의 레거시 사업보다는 클라우드 사업, 특히 AI 사업의 성과에 대해 집중을 하고 있고 여기에 성장성을 부여하고 있습니다.

M&A 성과 지속

마이크로소프트의 재무제표를 보면 1년에 이익이 100조 가까이 발생하고 있는데 이 중에 약 30조가량을 영업권 확보, 즉 M&A 사업에 쓰고 있습니다. 대표적으로 2016년에 깃허브를 인수하고 2016년 링크드인, 2021년에 베데스다를 인수

2016년
75억 달러
소스코드 저장 서비스

2016년
262억 달러
비즈니스 SNS

2021년
75억 달러
게임

2022년
196억 달러
음성인식 솔루션

2022년~
130억 달러(추정)
GPT

미정
687억 달러
게임

하면서 B2B 사업을 확대하고 XBOX를 키울 수는 게임 생태계를 구축했습니다. 다른 빅테크에 비해 신규 사업을 일으키기보다는 큰 규모의 인수합병을 적극적으로 진행하면서 합병 후 시너지를 극대화하는 전략을 사용하고 있습니다.

꾸준한 M&A를 통한 성장의 역사와 노하우가 드디어 2022년 오픈AI 투자를 이끌었고 단순한 투자수익 기대가 아니라 AI 시대의 리딩 기업으로 자리매김하게 만든 결정적 한 방을 가져왔습니다. 사상 최대 규모라고 불리는 블리자드 인수(진행 중)는 마소의 메타버스 시대의 대비이자 기존에 보유한 XBOX 사업과 시너지도 높을 것으로 보고 있습니다.

오픈AI 보유 효과

2019년 설립된 비영리 기업인 오픈AI는 2020년 마이크로소프트 지분투자를 시작으로 현재까지 140억 달러를 투입하며 지분율 50% 이상의 대주주 위치를 확보하고 있습니다. 정확히는 비영리회사이기 때문에 지분 개념은 아니지만 오픈AI가 영리회사 전환을 앞두고 있기 때문에 마이크로소프트의 오픈AI 투자는 여러모로 큰 성과라고 할 수 있습니다.

최근 신규 투자를 받은 오픈 AI의 가치가 1570억 달러로 평가받고 있고 추가적인 투자를 받을 수도 있기 때문에 마소의 지분가치는 더욱 높아질 수 있습니다. 단순한 지분 가치뿐만 아니라 대주주로써 오픈 AI의 Chat GPT를 마이크로소프트의 생산성 도구에 독점적으로 활용하면서 AI 서비스 전환을 매우 효과적으로 하고 있고 구글과 포털 경쟁에서도 빙(Bing)의 점유율을 빠르게 높이며 구글을 위협을 하고 있습니다.

마이크로소프트의 오픈AI 보유 효과는 현재도 매우 효율적으로 활용하고 있지만 AI 대전환이 진행될수록 강력한 힘이 될 것으로 예상되고 있습니다.

재무제표 분석(실적 분석)

마이크로소프트의 재무제표를 보면 현금성 자산만 100조에 달하고 있으며 연간 매출액은 구준한 증가 추세에 있으며 영업이익 역시 100조가 훌쩍 넘습니다. 이 중 자사주 매입과 배당에 쓰이는 돈이 60조에 달하며 데이터센터 설비투자와 같은 유형 자산 투자에 30조, M&A 비용으로 30조 정도를 사용하고 있습니다.

사티아 CEO 등장 이후 클라우드 전환에 성공하면서 영업이익률이 2015년 19%에서 현재 40%가 넘는 급성장을 하게 됩니다. 매출액, 영업이익성장률 역시 20%대를 넘는 고성장을 보이고 있습니다. 안정적인 현금흐름과 적극적인 자사주 매입으로 주가가 지속적으로 상승하고 있지만 영업이익의 성장세 역시 빠르게 올라오면서 PER은 30배 수준으로 높지도 낮지도 않은 이상적인 모습을 보이고 있습니다.

계정/결산년월	2020/06	2021/06	2022/06	2023/06	2024/06
매출액	143,015	168,088	198,270	211,915	245,122
매출원가	46,078	52,232	62,650	65,863	74,114
감가 및 감모상각비	12,300	10,900	14,460	13,861	22,287
-감가상각비	10,700	9,300	12,460	11,361	17,487
-감모상각비	1,600	1,600	2,000	2,500	4,800
-이연자산상각비	0	-	0	0	0
매출총이익	96,937	115,856	135,620	146,052	171,008
판매비와 관리비	43,978	45,940	52,237	57,529	61,575
-연구개발비	19,269	20,716	24,512	27,195	29,510
-기타 판매비와 관리비	24,709	25,224	27,725	30,334	32,065
-기타영업비용	0	0	0	0	0
영업이익	52,959	69,916	83,383	88,523	109,433
EBITDA	65,259	80,816	97,843	102,384	131,720
영업외 손익	2,545	2,488	2,040	2,939	1,536
이자비용	2,591	2,346	2,063	1,968	2,935
비경상비용	-123	-1,044	-356	183	247
세전이익	53,036	71,102	83,716	89,311	107,787
법인세	8,755	9,831	10,978	16,950	19,651

관계기업 투자이익	0	-	0	0	0
기타 세후조정	0	0	0	0	0
연결 순이익	44,281	61,271	72,738	72,361	88,136
비지배주주 귀속분	0	0	0	0	0
당기순이익	44,281	61,271	72,738	72,361	88,136
중단사업 이익	0	0	0	0	0
우선주 배당금	0	0	0	0	0
당기순이익	44,281	61,271	72,738	72,361	88,136
EPS	5.7635	8.0535	9.6470	9.6843	11.8002

계정/결산년월	2020/06	2021/06	2022/06	2023/06	2024/06
매출액 증가율	13.95	17.53	17.96	6.88	15.67
영업이익 증가율	24.26	32.02	19.26	6.16	21.97
순이익 증가율	12.85	38.37	18.72	-0.52	21.80
영업이익률	37.03	41.59	42.06	41.77	44.64
세전이익률	37.08	42.30	42.22	42.14	43.97
순이익률	30.96	36.45	36.69	34.15	35.96
EBITDA 마진율	45.63	48.08	49.35	48.31	53.74
자기자본이익률	40.14	47.08	47.15	38.82	37.13
총자산이익률	15.06	19.30	20.82	18.63	19.07
이자보상비율	20.44	29.80	40.42	44.98	37.29
매출총이익률	67.78	68.93	68.40	68.92	69.76
유동비율	2.52	2.08	1.78	1.77	1.27
총자산대비총차입금비율	27.25	24.65	21.49	19.28	19.11
당좌비율	2.49	2.05	1.75	1.75	1.27
총자산대비장기부채비율	38.02	31.86	29.54	24.71	22.65
자본대비장기부채비율	64.41	50.32	43.45	34.23	30.91
총자산회전율	0.49	0.53	0.57	0.55	0.53
재고자산회전율	23.28	23.06	19.65	21.10	39.57
매출채권회전율	4.65	4.80	4.82	4.56	4.64
판매관리비율	30.75	27.33	26.35	27.15	25.12
PER	35.31	33.64	26.62	35.16	37.88
PBR	13.02	14.35	11.51	12.27	12.38

자료: 해당 기업

차트 분석

코로나 랠리 당시 고점인 350달러를 2023년 하반기에 오픈AI의 힘으로 재탈환했으며 엔비디아의 상승세에는 미치지 못하지만 견조한 상승으로 현재 글로벌

최고 468,3500(07/01)

거래량 | 거래이평 5 10 20 60
62,275,673주(69,33%)

2018/01   2019/01   2020/01   2021/01   2022/01   2023/01   2024/01   10/28

자료: 해당 기업

시총 3위에 올라 있습니다. 최근 고점인 468달러를 찍고 단기 조정 중이며 주봉상 50일선을 지지하면서 올라가는 흐름을 보이고 있습니다. 일단 430달러가 단기 저항대로 이 부분을 올라서면 전고점 시도가 가능하고 이전처럼 랠리를 이어갈 가능성이 높은 상황입니다.

차트에서 확인할 수 있듯이 단기 급등세를 이어가기보다는 꾸준히 좋은 성적표를 받아오는 우등생처럼 장기 우상향을 이어가고 있으며, 현재 사업구조와 향후 미래 성장동력을 고려할 때 당분간 이러한 추세가 유지될 가능성이 높아 보입니다.

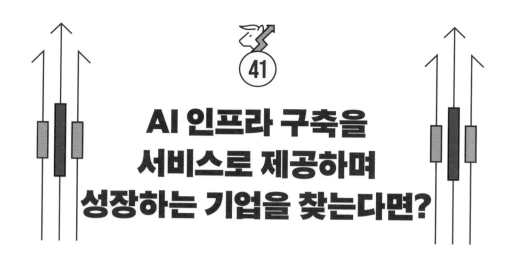

AI 인프라 구축을
서비스로 제공하며
성장하는 기업을 찾는다면?

오라클(ORCL)
한물간 줄 알았더니 AI에 제대로 올라탄 기업

어떠한 메가트렌드인가?

오라클은 과거 기업 서버 관리 서비스로 전성기를 보냈으나 클라우드 시대가 도래한 뒤 쇠락의 길을 걷는 듯했습니다. 그러나 AI 혁명기에 제대로 적응하면서 AI 성장의 한 축을 비즈니스화하여 제2의 성장기를 맞이했습니다. 이번에 살펴볼 기업은 AI 인프라를 서비스로 제공하는 사업을 영위하면서 AI 성장의 과실을 맺고 있는 기업, 바로 오라클입니다.

기업 개요

설립 연도	1977	상장일		1986.3.12
본사	미국 오스틴	대주주	래리 엘리슨	산업분류	IT
시가총액	$481B	PER	42배	배당수익률	0.83%

오라클은 일론 머스크급으로 유명한 괴짜(?)인 래리 엘리슨이 창업한 회사로 소프트웨어 시장에서 마소 다음가는 2위 기업으로 기업들의 데이터 관리 솔루션, 즉 SaaS(Software as a Service)를 제공하는 회사로 잘 알려져 있습니다.

오라클은 기업이 자체적으로 서버를 통해 데이터를 관리하는 시기에 시장을 싹쓸이하면서 엄청난 돈을 벌어들였는데요. 클라우드 시장이 도래하고 빅테크들이 클라우드 서비스에 나서면서 오라클은 한물간 기업으로 인식되기도 했습니다. 하지만 기존 사업모델에 안주하지 않고 자기만의 클라우드 전환을 모색하면서 높은 현금자산을 활용해 자바 프로그래밍 언어 IP를 확보하고 미국 헬스케어 빅데이터 관리 1위 기업인 써너를 2023년에 인수하는 등 공격적인 경영 행보를 이어갔

글로벌 클라우드 인프라 서비스 시장점유율 (2024년 1분기 기준)

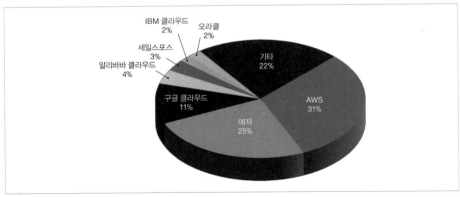

주: PaaS(Platform as a Serviec), IaaS(Infrastructure as a Service) 합산 기준
자료: 시너지 리서치 그룹,, NH투자증권 리서치본부

습니다.

클라우드 시장점유율 2%밖에 되지 않은 오라클이 AI 생태계의 대변혁 속에서 어떤 성장전략을 만들어서 생존을 하고 있는 것일까요?

투자 포인트

멀티 클라우드 전략

멀티 클라우드란 한 개의 기업이 여러 개의 클라우드 서비스를 이용하는 것입니다. 기업 입장에서는 데이터 이중화에 대한 필요성이 증대하면서 기존 빅테크의 클라우드 서비스 외에 별도의 클라우드를 운영하는 사례가 늘어나고 있는데 오라클이 이를 적극적으로 활용하고 있습니다. 일단 마이크로소프트의 애저(Azure)와 멀티 클라우드가 연동되어 있고 구글과 아마존의 AWS와도 멀티 클라우드 서비스를 이용할 수 있다는 소식에 큰 호응을 얻었습니다.

즉 오라클의 클라우드 시장점유율은 현재 빅테크에 비해 경쟁력이 낮지만 멀

애저 내 Oracle Database@Azure 화면	Database@Azure 작동 방식

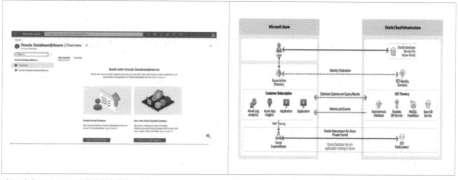

자료: 마이크로소프트, NH투자증권 리서치본부   자료: 오라클, NH투자증권 리서치본부

티 클라우드 추세에 따라 수혜를 받고 있으며 기존 클라우드 사업자와의 적극적인 협력을 통해 점유율을 늘려가고 있습니다.

OCI의 고성장

오라클 투자 포인트의 핵심은 AI 시대의 성장전략인 OCI(Oracle Cloud Infrastructure)에 있습니다. 오라클은 엔비디아와 적극적으로 협력하면서 SaaS를 넘어서 IaaS(infrastructure as a service)의 개념을 도입해 AI 데이터센터 인프라를 제공하는 서비스를 선보이고 있습니다. 오라클은 AI 풀스택 기술을 보유하고 있고 타사 대비 경쟁력 있는 비용으로 서비스를 제공하면서 기업들의 AI 인프라 구축 붐을 제대로 타고 있는 것입니다.

최근 일론 머스크의 xAI와 100억 달러 규모의 클라우드 인프라 계약을 논의하고 있으며(결과적으로는 오라클과 계약을 취소하고 X 자체적으로 AI 인프라를 구축했

엔비디아 프레젠테이션에서 오라클의 위상: 아마존, 구글, 마소 다음

습니다) 이후 언급할 소버린 AI도 이 OCI를 통해 수주가 지속적으로 늘고 있습니다. 특히 지난 엔비디아 실적발표에서 젠슨 황이 마이크로소프트, 구글, 아마존급으로 오라클을 치켜세우면서 엔비디아 칩만을 독점적으로 사용하는 오라클에 상당한 힘을 실어주는 것을 보았을 때 향후 H100이나 블랙웰의 수급도 비교적 원활할 것으로 보입니다.

소버린 AI

지난 엔비디아 실적발표에서 젠슨 황이 강조했던 점으로 많은 기업뿐만 아니라 국가 단위에서도 AI 서비스 도입을 위한 인프라 투자에 상당한 관심을 보이고 있다고 역설했는데 그것이 바로 소버린 AI입니다.

오라클은 앞서 언급한 OCI 서비스를 통해 소버린 AI 영역에 있어 선두주자로

오라클의 파트너십

자료: 해당 기업

나서고 있습니다. 엔비디아의 가속 컴퓨팅과 AI 소프트웨어를 결합해 각국 정부에 소버린 AI를 공급하는 데 주력하고 있으며 일본과 10년간 80억 달러의 투자 계획도 발표했습니다. 이를 위한 파트너십으로 최근 팔란티어와 파운드리 서비스에 있어서 OCI 제공을 합의했습니다.

재무제표 분석(실적 분석)

오라클의 실적 추이를 보면 예상치를 상회한 실적발표에 지속적으로 주가가

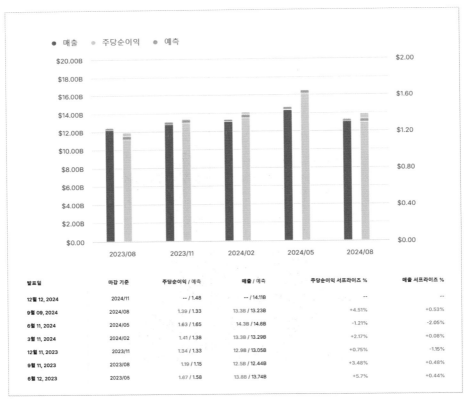

발표일	마감 기준	주당순이익 / 예측	매출 / 예측	주당순이익 서프라이즈 %	매출 서프라이즈 %
12월 12, 2024	2024/11	-- / 1.48	-- / 14.11B	--	--
9월 09, 2024	2024/08	1.39 / 1.33	13.3B / 13.23B	+4.51%	+0.53%
6월 11, 2024	2024/05	1.63 / 1.65	14.3B / 14.6B	-1.21%	-2.05%
3월 11, 2024	2024/02	1.41 / 1.38	13.3B / 13.29B	+2.17%	+0.08%
12월 11, 2023	2023/11	1.34 / 1.33	12.9B / 13.05B	+0.75%	-1.15%
9월 11, 2023	2023/08	1.19 / 1.15	12.5B / 12.44B	+3.48%	+0.48%
6월 12, 2023	2023/05	1.67 / 1.58	13.8B / 13.74B	+5.7%	+0.44%

자료: 해당 기업

상승하는 모습입니다. 특히 클라우드 인프라 사업부가 40%가 넘는 고성장세를 보이고 있고 마이크로소프트, 구글, 아마존 순으로 클라우드 파트너십을 완성했습니다. 오라클 DB 서비스와 클라우드 서비스를 패키지로 제공하는 부분이 시장에 긍정적인 평가를 받으며 매출 성장에 기여하고 있습니다. 설비투자를 전년 대비 2배 증가시키며 넘치는 수요에 대해 빠르게 대응하는 중이며 클라우드 평균 PER에 비해 낮은 수준으로 밸류에이션에 대한 부담도 낮은 상황입니다.

차트 분석

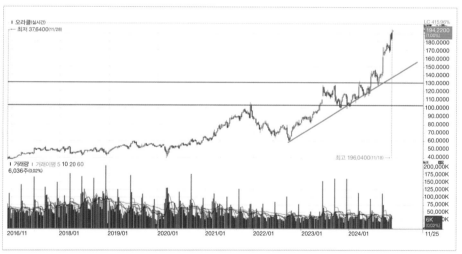

자료: 해당 기업

차트상으로는 신고가 모멘텀을 보이면서 당분간 강세가 유지되는 모습입니다. 2024년 기준 100달러 부근에 단단한 지지라인을 형성하고 있으며 130달러가 돌파되면서 탄력적인 주가 상승을 보이고 있습니다. 단기 급등으로 가격 부담이 다소 있지만 AI 수혜주 중에 비교적 늦게 주목을 받은 측면이 있으며 PER 기준으로도 크게 부담스럽지 않은 상황입니다.

종합평가

오라클은 기존 SaaS 기업에서 IaaS 기업으로 변모하면서 AI 서비스 기업으로 성공적인 변화를 진행하고 있고 멀티 클라우드 전략을 통해 클라우드 시장점유율을 높이고 있습니다. 이러한 과정에서 마이크로소프트, xAI, 팔란티어뿐만 아니라 최근에 구글, 아마존과도 협력을 강화하면서 비즈니스의 성공률을 높이고 있고 무엇보다 엔비디아와의 든든한 협력 관계를 이어오고 있습니다. AI 인프라 구축 붐 수혜기업에 투자하고 싶다면 오라클은 매우 적합한 선택지일 것입니다.

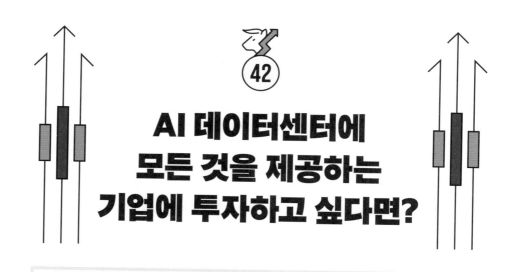

AI 데이터센터에 모든 것을 제공하는 기업에 투자하고 싶다면?

브로드컴(AVGO)
재주는 엔비디아가 넘고 돈은 브로드컴이 번다

어떠한 메가트렌드인가?

AI 생태계가 다양한 기업들의 노력들로 구축되는 가운데 현시점의 AI의 꽃은 데이터센터라고 할 수 있습니다. 데이터센터에는 엔비디아의 GPU를 중심으로 다양한 제품들이 조합을 이루어 만들어집니다. 브로드컴은 클라우드 기업의 맞춤형 AI 칩을 설계하며 엔비디아와 같은 AI 수혜주로 인식되어 있으며 최근 주가 상승으로 2024년 한때 M7 기업인 테슬라를 제치고 미국 시총 상위 10위권 안에 들어간 대단한 기업입니다.

브로드컴은 클라우드 기업의 맞춤형 AI 칩을 설계하며 엔비디아와 같은 AI 수혜주로 인식되어 있으며, 최근 주가 상승으로 M7 기업인 테슬라를 제치고 미국 시

Rank	Name		Market Cap	Price	Today	Price (30 days)	Country
1	NVIDIA	NVDA	$3.476 T	$141.95	▼ 3.22%		🇺🇸 USA
2	Apple	AAPL	$3.474 T	$229.87	▼ 0.59%		🇺🇸 USA
3	Microsoft	MSFT	$3.100 T	$417.00	▼ 1.00%		🇺🇸 USA
4	Amazon	AMZN	$2.072 T	$197.12	▼ 0.64%		🇺🇸 USA
5	Alphabet (Google)	GOOG	$2.028 T	$166.57	▼ 1.58%		🇺🇸 USA
6	Saudi Aramco	2222.SR	$1.802 T	$7.45	▼ 0.18%		🇸🇦 S. Arabia
7	Meta Platforms (Facebook)	META	$1.411 T	$559.14	▼ 0.70%		🇺🇸 USA
8	Tesla	TSLA	$1.131 T	$352.56	▼ 3.80%		🇺🇸 USA
9	Berkshire Hathaway	BRK-B	$1.027 T	$476.57	▼ 0.96%		🇺🇸 USA
10	TSMC	TSM	$985.85 B	$190.08	▼ 0.61%		🇹🇼 Taiwan
11	Broadcom	AVGO	$767.04 B	$164.23	▼ 0.18%		🇺🇸 USA
12	Walmart	WMT	$726.97 B	$90.44	▼ 2.32%		🇺🇸 USA

총 상위 10위권 안에 들어간 대단한 기업입니다.

그러나 막상 해당 기업을 분석해보면 복잡한 기업 히스토리와 함께 방대한 사업부문 때문에 분석의 난이도가 높은 기업이기도 합니다. 그만큼 해당 기업을 제대로 이해하기란 여간 쉬운 일이 아닌데요. 그럼에도 불구하고 AI 시대에 주도주로 치고 들어오는 만큼 공부를 안 할 수도 없습니다. 그럼 이제 같이 도전해보실까요?

기업 개요

설립 연도		1961	상장일		2009.8.6
본사	미국 팔로알토	대주주	뱅가드	산업분류	IT
시가총액	$1.1T	PER	191배	배당수익률	1.24%

　　브로드컴은 역사가 상당히 깁니다. 먼저 반도체 회사로 1991년에 설립되었는데 AVAGO가 2005년 브로드컴 인수를 하면서 지금의 외형이 갖춰지게 됩니다. 브로드컴은 인수가 되었지만 사명은 유지하게 되는데요. 그래서 특이하게 브로드컴 티커가 인수 기업명을 따서 AVGO입니다.

　　브로드컴은 아바고의 DNA를 살려 수많은 M&A 통해 성장을 지속했습니다. 대표적으로 CA 테크놀로지를 2018년에 인수하고 2023년에는 소프트웨어 기업인 VM웨어를 인수하게 됩니다. VM웨어의 매출이 2024년부터 본격적으로 잡히

기업 연혁

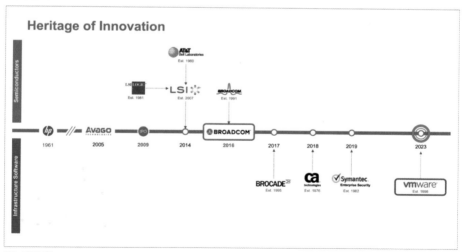

자료: 해당 기업

게 되면서 브로드컴의 수익구조는 한결 탄탄해졌습니다.

사업구조

브로드컴 사업구조

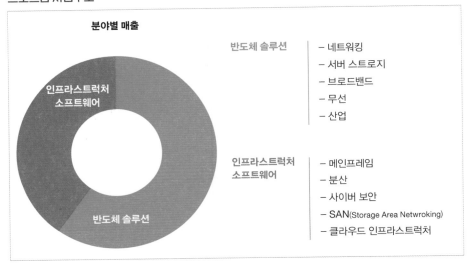

분야별 매출

반도체 솔루션
- 네트워킹
- 서버 스토로지
- 브로드밴드
- 무선
- 산업

인프라스트럭처 소프트웨어
- 메인프레임
- 분산
- 사이버 보안
- SAN(Storage Area Netwroking)
- 클라우드 인프라스트럭처

자료: 해당 기업

    브로드컴의 사업구조는 크게 두 가지로 나뉩니다. 반도체 솔루션 부문과 인프라 소프트웨어 부문인데 이 중 시장에서는 AI 시대에 맞춰서 반도체 솔루션 부분의 성장세에 집중하고 있습니다. 사업부문이 크게 두 가지로 나뉘지만 세부적으로 들어가면 매우 다양한 제품군을 다루고 있습니다.

    네트워킹에는 스위칭, 라우팅, 피지컬레이어, 이더넷 장비들이 있으며 서버 스토리지 분야에는 RAID 어댑터, SDD/HDD, 그리고 그 외에도 다양한 통신 관련 장비들을 제공하고 있습니다. 이렇게 다양한 제품군을 제공하다 보니 브로드컴의

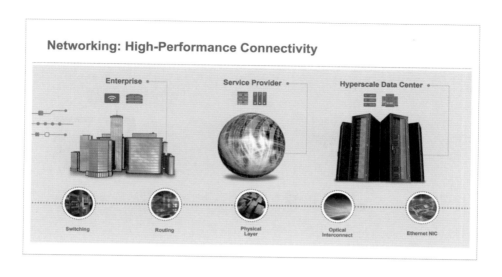

Networking: High-Performance Connectivity

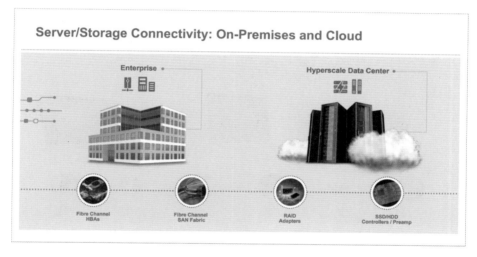

Server/Storage Connectivity: On-Premises and Cloud

사업구조를 이해하는 것이 브로드컴을 이해하는 핵심 요소이기도 합니다. 지속적인 인수합병을 통해 기업을 키워왔고 피인수 기업을 효율화하는 데 성공하며 성장성을 만들어냈습니다.

　브로드컴은 다양한 IT 솔루션을 제공하는데 정보혁명이 진행되었던 2000년

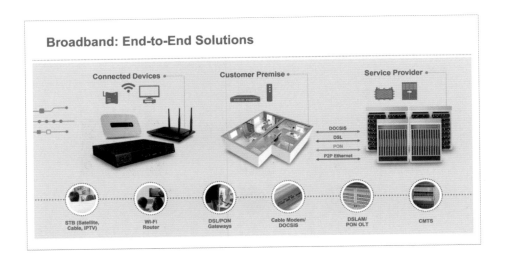

Broadband: End-to-End Solutions

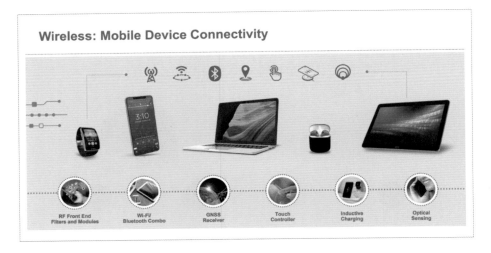

Wireless: Mobile Device Connectivity

대에 크게 주목을 받았다가 AI 혁명이 진행되는 현시점에 다시 부각을 받고 있습니다. 어떻게 보면 브로드컴의 다양한 사업 구성이 AI 인프라 구축에 있어서 패키지 서비스를 제공한다는 특장점을 만들게 되었습니다.

이렇게 다양한 제품군을 제공함에도 팹리스 기업이기 때문에 TSMC 같은 파운드리에 위탁생산을 하고 있습니다. 또한 제품 서비스와 구독 서비스로 나누어 제공하여 수익의 효율화를 추구합니다.

투자 포인트

다양한 사업부문을 통한 안정적인 성장

브로드컴은 수많은 분야의 반도체 솔루션을 제공하며 AI 혁명으로 반도체 시장이 확대됨에 따라 꾸준한 성장을 보여주고 있습니다. 특히 데이터센터를 겨냥한 주문형 반도체(ASIC) 분야는 엔비디아의 시장 지배에 대한 빅테크들의 자구책과 AI 서비스 고도화 차원에서 성장 모멘텀이 큰 분야입니다.

최근에 인수가 완료된 VM웨어 매출이 인프라스트럭처 소프트웨어에 포함되는데 이로써 반도체 솔루션에 편중되지 않고 균형감 있는 성장을 만들 수 있게 되었습니다.

연간 재무 자료

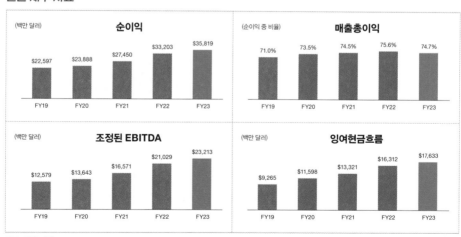

자료: 해당 기업

최근 실적 자료를 볼 때 지속적인 매출 성장과 높은 총마진율(70%대), 지속적인 현금창출 능력을 확인할 수 있습니다.

높은 배당성향으로 대표 배당주로서의 매력

배당성장률

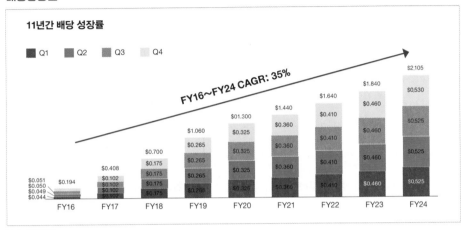

자료: 해당 기업

브로드컴은 배당주를 좋아하는 투자자들 사이에서도 이미 잘 알려진 대표 배당주입니다. 에센피 기업 평균 배당성향이 30%인데 브로드컴은 55%가 넘습니다. 적극적인 배당기업이기 때문에 브로드컴의 실적 향상은 곧 배당수익의 증가를 의미하며 주주들에게는 매우 긍정적인 소식입니다. 연간 배당성장률을 35% 수준을 유지하다는 목표를 현재 가지고 있습니다.

AI 시대가 확대될수록 기하급수적 매출 증가 기대

배당성향이 높은 다소 안정적인 성격의 기업이 최근 주가 급등을 하게 된 배경

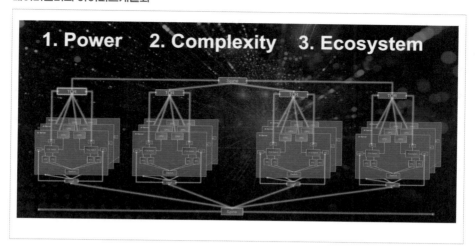

에는 역시 AI가 자리 잡고 있습니다. AI 반도체 매출 전년 대비 4배 증가했는데 AI 와 관련된 브로드컴의 핵심 사업은 바로 하이퍼스케일링과 주문형 반도체(ASIC) 입니다.

최근 테슬라가 H100 10만 대를 한 번에 돌리는 클러스터를 완성한 것처럼 향 후 AI 데이터센터의 규모 확대는 더욱 가속화될 예정입니다. 물론 이러한 데이터 센터에 H100이나 블랙웰이 핵심 장비이긴 하나 그것만 가지고는 데이터센터가 가동될 수 없습니다.

여기서 브로드컴의 중요성이 나타나는데요. 즉 GPU를 제외한 AI 데이터센터 의 대부분 장비에 브로드컴의 장비가 사용되는 것이고 다양한 제품군을 보유하 다 보니 패키징 서비스가 가능해집니다. 심지어 VM웨어 같은 소프트웨어 솔루션 을 통해 AI 데이터센터에 소프트웨어까지 패키징이 가능합니다. 그래서 엔비디아 가 만들어낸 AI 생태계에 어찌 보면 가장 큰 반사이익을 얻게 되는 기업이라고 볼 수 있고 최근의 주가 상승도 이를 반영한 것으로 보입니다.

ASIC이라고 불리는 AI 주문형 반도체도 중요한 요소인데 하이퍼스케일러 사업자의 자체 AI 가속기를 설계하고 있으며 대표적인 것이 구글의 TPU입니다. 엔비디아가 범용의 고성능 AI 가속기를 만든다면, 브로드컴은 맞춤형 주문제작 가속기를 만들어줍니다. 시장에서는 이 부분에 방점을 찍고 있는데 제가 보기에는 브로드컴의 무서움은 ASIC을 포함한 하이퍼스케일링(데이터센터의 규모 확대)에 있다고 봅니다.

차트 분석

자료: 해당 기업

높은 배당성향에도 꾸준한 주가 성장을 보여주었던 브로드컴은 2023년 이래 큰 상승 모멘텀을 맞이했습니다. 2023년 상반기에 70달러를 돌파하면서 레벨업을 이루었고 2024년에는 새로운 상승 모멘텀을 이어가며 140달러를 돌파했습니다.

140달러 돌파 이후 한때 185달러까지 상승했으나 높은 변동성을 함께 보여주고 있습니다. 140달러 위에서는 상승 모멘텀이 유지될 가능성이 높지만 주가변동성에 주의하며 철저한 어닝플레이 위주로 접근한다면 성장과 안정(배당)의 두 마리 토끼를 잡을 수 있는 훌륭한 선택지가 될 것입니다.

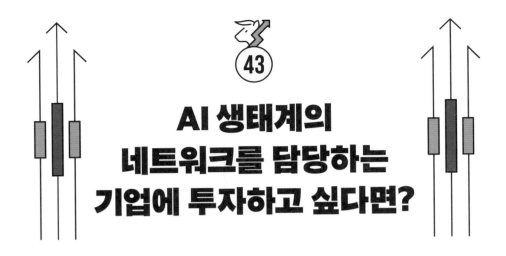

AI 생태계의 네트워크를 담당하는 기업에 투자하고 싶다면?

아리스타네트웍스(ANET)
AI 수혜주의 세대교체, 이제부터 내가 대세다!

어떠한 메가트렌드인가?

아리스타네트웍스는 클라우드 데이터센터에 최적화된 네트워크 장비 선두기업입니다. 클라우드 시대가 도래하면서 성장세를 이어갔고 AI 데이터센터 시대가 열리면서 새로운 기회를 맞이하게 되었는데요. AI 데이터센터가 초대형화되면서 네트워크 장비의 기술력과 중요성이 커지고 되었고, 이에 따라 ANET의 고성능 네트워크 장비의 수요가 급증하면서 AI 메가트렌드 수혜기업으로 자리 잡고 있습니다.

아리스타네트웍스의 사업 연혁

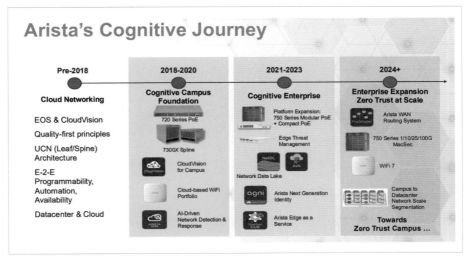

자료: 해당 기업

기업 개요

설립 연도	2004	상장일		2014.6.6
본사	미국 산타클라라	대주주	안드레아스 벡톨샤임	산업분류	IT
시가총액	$138B	PER	52배	배당수익률	0%

아리스타네트웍스는 아마존, 마이크로소프트, 구글 등 빅테크 기업을 주요 클라우드 고객사로 가지고 있으며 엔비디아와 함께 AI 반도체 시장을 주도하는 브로드컴과도 매우 밀접한 관계를 갖고 있습니다. 아리스타넥트웍스는 하이퍼스케일러에 네트워크 장비와 소프트웨어 시스템을 제공하고 있으며 아리스타 네트웍스의 통신장비 안에 반도체 칩을 브로드컴이 설계해주는 관계입니다.

한마디로 동사는 네트워크 장비에 있어서 시장을 선도하는 기업으로서 ① 최근 클라우드 시장의 확대와 ② 기업들의 자체 네트워크 고도화, ③ AI 데이터센터

국내외 클라우드 서비스 매출 전망

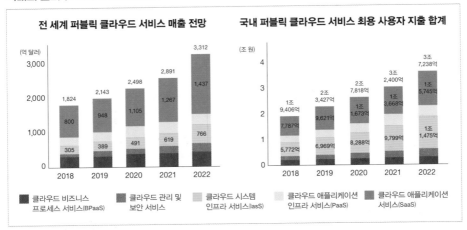

전 세계 퍼블릭 클라우드 서비스 매출 전망

(억 달러)

- 2018: 1,824 (800, 305)
- 2019: 2,143 (948, 389)
- 2020: 2,498 (1,105, 491)
- 2021: 2,891 (1,267, 619)
- 2022: 3,312 (1,437, 766)

국내 퍼블릭 클라우드 서비스 최용 사용자 지출 합계

(조 원)

- 2018: 1조 9,406억 (1조 7,787억, 5,772억)
- 2019: 2조 3,427억 (1조 9,621억, 6,969억)
- 2020: 2조 7,818억 (1조 1,673억, 8,288억)
- 2021: 3조 2,400억 (1조 3,668억, 9,799억)
- 2022: 3조 7,238억 (1조 5,745억, 1조 1,475억)

■ 클라우드 비즈니스 프로세스 서비스(BPaaS) ■ 클라우드 관리 및 보안 서비스 □ 클라우드 시스템 인프라 서비스(IaaS) □ 클라우드 애플리케이션 인프라 서비스(PaaS) ■ 클라우드 애플리케이션 서비스(SaaS)

자료: 가트너

의 하이퍼스케일화에 발맞추어 영향력을 크게 키워가는 중입니다.

데이터들이 목적지로 안전하게 가기 위해서는 데이터들의 목적지를 확인하고

아리스타네트웍스 제품군

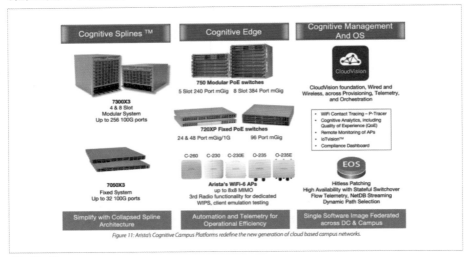

Figure 11: Arista's Cognitive Campus Platforms redefine the new generation of cloud based campus networks.

자료: 해당 기업

경로를 찾아주는 역할을 하는 내비게이션과 같은 장비가 필요한데 이것이 스위치와 라우터입니다. 스위치는 좁은 범위, 라우터는 더 넓은 범위의 통신에 사용됩니다.

사업구조

주요 수입원은 데이터센터용 이더넷 스위치, 라우터와 자체 네트워킹 소프트웨어인 EOS이며 매출 구성은 하드웨어 비중이 높고 2022년 기준 클라우드향 매출이 68% 수준입니다.

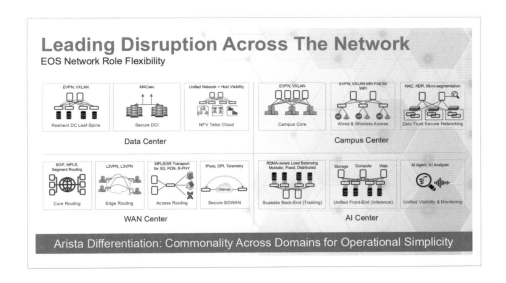

아리스타의 경쟁우위 전략

기존 레거시 영역(AI 데이터센터 제외)에서는 시스코와 경쟁하지만 2023년부터 10여 년간 1위를 달리던 시스코를 제친 뒤 격차를 벌리고 있습니다. 이러한 배경에는 하드웨어 장비의 성능도 역할을 했지만 동사의 소프트웨어 플랫폼인 EOS가 핵심 요인입니다. 데이터센터가 고성능화됨에 따라 장비의 성능 개선도 중요하지만 네트워크를 효율적으로 운영하는 소프트웨어의 중요성이 커졌으며, 아리스타의 경우 이 부분에 차별점을 두고 경쟁력을 키워오면서 이러한 결과를 만들어냈습니다.

시스코와 시장점유율 비교

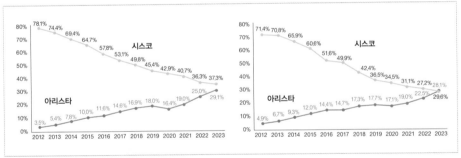

자료: Crehan Research Data Center Switch Market Share Report 4Q, 2023

신규 성장사업인 AI 데이터센터의 경우 무려 엔비디아와 경쟁하는 상황입니다. 엔비디아는 인피니밴드라는 신기술을 통해 GPU 간 네트워크 서비스를 제공하고 있는데, 현재는 생성형 AI 시장에서 엔비디아의 영향력이 크지만 아리스타 네트웍스의 경우 이더넷 진영의 리더 격으로서 향후 AI의 범위가 넓어질수록(데이터센터에서 생성형 AI → 에지 디바이스에서 추론 AI) 범용 기술인 이더넷이 우위를 점할 것이란 예측이 우세합니다.

레거시 사업의 성장 지속

현재 시장의 주목을 한 몸에 받고 있는 AI 데이터센터향 사업은 높은 성장성이 기대되는데 더 중요한 것은 캐시카우 역할을 하는 기존 레거시 사업도 훈풍이라는 점입니다. 이 점이 아리스타의 최근 5년간 강력한 주가 상승세를 설명하고 있습니다.

AI 사업부문이 높은 성장률을 보이고 있으나 현재 매출구조상 AI 사업을 제외한 일반 데이터센터, 엔터프라이즈, 중소형 사업자가 매출 비중의 95%이기 때문에 최근 실적 기준으로 레거시 사업의 매출증가율이 두 자릿수임을 유추할 수 있습니다. 영업이익율도 35% 수준으로 경쟁 기업(시스코 등) 대비 우월하다고 볼 수 있습니다.

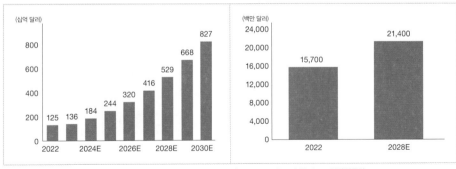

글로벌 AI 시장규모 전망

자료: Statista, 상상인증권

글로벌 데이터센터 스위치 시장 전망

자료: Research and Markets, 상상인증권

AI 수혜주에 최신 트렌드가 반영된 기업

오픈AI의 챗GPT 등장 이후 AI 밸류체인의 시장 주목도는 시시각각 변화를 보여주었습니다. AI 반도체인 GPU에서 시작되어 데이터센터 구축에 따른 SMCI 같은 서버 기업이 주목을 받았고 AI 전력 부족 이슈로 에너지 기업(태양광, 소형원전)과 냉각 관련 기업인 버티브홀딩스로 시선이 이동했으며 최근에는 데이터센터 규모의 확대로 데이터센터 내 통신 네트워크가 주목받고 있습니다. 이 분야의 대표 기업으로는 브로드컴, 아리스타네트웍스 등이 있습니다.

GPU → 서버(AI 데이터센터 구축) **→ 전력, 냉각**(AI 전력 이슈) **→ 네트워크 장비**(하이퍼스케일러)

재무제표 분석(실적 분석)

아리스타의 최근 실적발표 추이를 보면 대부분 어닝 서프라이즈를 달성하면서 매출액과 EPS가 지속적으로 상승하며 꾸준히 상승하는 주가를 증명하고 있습니다. 클라우드 부문과 엔터프라이즈(기업) 매출이 모두 성장세를 지속하고 있으며 클라우드가 향후 성장동력으로 자리 잡을 것으로 보입니다. 아리스타는 매우 보수적인 가이던스로 유명하며 탄탄한 수익구조로 주가가 급등하기보다는 견조한 상승을 특징으로 하고 있습니다.

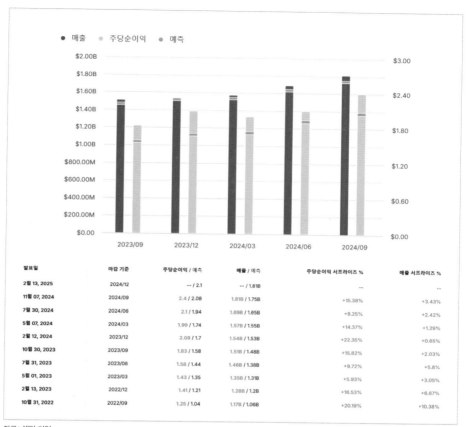

발표일	마감 기준	주당순이익 / 예측	매출 / 예측	주당순이익 서프라이즈 %	매출 서프라이즈 %
2월 13, 2025	2024/12	-- / 2.1	-- / 1.81B	--	--
11월 07, 2024	2024/09	2.4 / 2.08	1.81B / 1.75B	+15.38%	+3.43%
7월 30, 2024	2024/06	2.1 / 1.94	1.69B / 1.65B	+8.25%	+2.42%
5월 07, 2024	2024/03	1.99 / 1.74	1.57B / 1.55B	+14.37%	+1.29%
2월 12, 2024	2023/12	2.08 / 1.7	1.54B / 1.53B	+22.35%	+0.65%
10월 30, 2023	2023/09	1.83 / 1.58	1.51B / 1.48B	+15.82%	+2.03%
7월 31, 2023	2023/06	1.58 / 1.44	1.46B / 1.38B	+9.72%	+5.8%
5월 01, 2023	2023/03	1.43 / 1.35	1.35B / 1.31B	+5.93%	+3.05%
2월 13, 2023	2022/12	1.41 / 1.21	1.28B / 1.2B	+16.53%	+6.67%
10월 31, 2022	2022/09	1.25 / 1.04	1.17B / 1.06B	+20.19%	+10.38%

자료: 해당 기업

차트 분석

아리스타의 차트를 보면 달리는 말에 올라타야 하는 이유를 명확하게 보여주고 있습니다. 거의 조정을 받지 않은 우상향 차트 모습에 가격 부담이 느껴지지만 12개월 선행 기준 PER이 52배 수준으로 엔비디아, 브로드컴과 비슷한 상황입니다.

차트는 주봉 기준으로 확연한 우상향 모습이며 2020년 이래 5년간 10배, 즉 텐

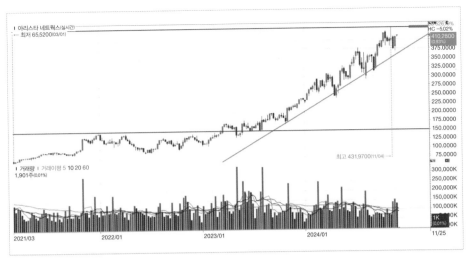

자료: 해당 기업

베거를 달성했습니다. 지속적으로 상승함에도 주봉상 이평선과 이격이 충분히 벌어져 있고 모멘텀을 유지 중인데 차트 변동성도 엔비디아에 비해 크게 높지 않은 모습입니다.

2024년 430달러를 고점으로 신고가 랠리가 지속되는 상황이며 2023년 이후 거래량이 감소하며 비교적 매도물량 부담이 낮은 상황으로 모멘텀 투자에 매우 적합한 종목입니다.

종합평가

AI 데이터센터가 고도화됨에 따라 고성능 네트워크 장비에 대한 수요가 급증할 것으로 예상되며 데이터센터향 매출 외에도 기존 레거시 사업인 기업향 매출의 탄탄함으로 안정성과 성장성을 고루 갖췄고 AI 기업 중 비교적 시장의 주목도가 덜하기 때문에 오히려 꾸준한 우상향의 가능성이 높은 종목입니다. 향후 AI 시장의 트렌드가 네트워크 장비 쪽으로 전개될 것을 예상하는 투자자에게 매우 적합한 투자처입니다.

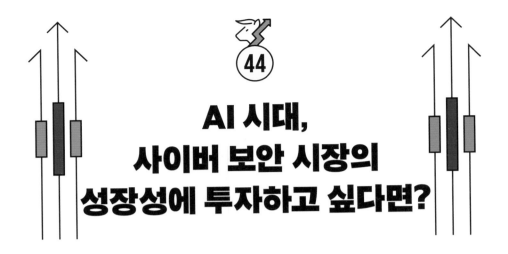

AI 시대, 사이버 보안 시장의 성장성에 투자하고 싶다면?

팔로알토(PANW)

네트워트 보안 사업자 1위로 플랫폼 모델을 구축해 시장을 이끈다

어떠한 메가트렌드인가?

사이버 보안은 기업이 비용 감축을 고려하지 않는 최우선 분야입니다. 특히 2021년부터 뚜렷하게 나타나고 있는 사이버 공격의 증가와 대상 확대는 IT 예산에서 보안 비중을 꾸준히 높일 수밖에 없는 이유입니다. 보안 전체 시장은 2025년까지 연평균 14% 성장하여 1,300억 달러를 상회할 것으로 전망되고 있습니다.

팔로알토의 조사에 따르면 챗GPT 출시 이후 생성형 AI를 이용한 사이버 공격이 쉬워지고 있는데 도메인 주소에 'openai'와 'chatgpt' 등 관련 키워드를 넣어 악용하는 도메인 신고 건수가 크게 증가했으며 챗GPT 등장 이후 데이터 유출로 인한 피해 규모는 4배 이상 확대되었습니다.

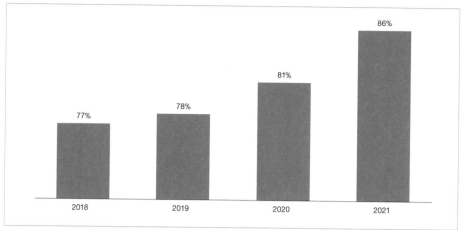

자료: IBM Cost of a Data Breach Report 2021, 하나금융투자

기업이 사이버 보안 관련 피해를 입으면 천문학적인 피해를 보기 때문에 사이버 보안에 적극적으로 투자할 수밖에 없고 AI 혁신이 진행되면서 실제 피해 사례가 증가하고 있기 때문에 사이버 보안은 선택이 아닌 필수가 되었습니다.

사이버 보안을 이해하기 위해 중요 요소

사이버 보안은 세부 영역으로 네트워크 보안, 애플리케이션 보안, 클라우드 보안, 아이덴티티 보안, 엔드포인트 보안, 보안 서비스 운영 등 세분화된 영역으로 나눠져 있으며 각 분야별 경쟁 구도가 상이합니다. 따라서 회사마다 전문 분야가 다르고 세부 분야별 성장 속도와 트렌드의 변화도 차이가 나기 때문에 사이버 보안 톱픽(Top Pick)을 하나만 고르는 것이 어려운 측면이 있습니다. 그래서 사이버 보안 ETF로 접근하거나 세부 영역별 대표기업을 선택해야 합니다.

보안 분야	주요 사업자
네트워크 보안	팔로알토(PANW), 시스코(CSCO), 포티넷(FTNT), 체크포인트(CHKP)
애플리케이션 보안	클라우드플레어(NET), 시놉시스(SNPS), 베라코드, 체크막스, HCL소프트웨어, 마이크로포커스(MCRO), 아카마이(AKAM), F5(FFIV), 패스틀리(FSLY)
클라우드 보안	크라우드스트라이크(CRWD), 아큐아시큐리티, 레이스워크, 오르카
아이덴티티 보안	옥타(OKTA), 마이크로소프트(MSFT), 핑아이덴티티(PING), 원로그인, 포지락(FORG)
엔드포인트 보안	크라우드스트라이크(CRWD), 마이크로소프트(MSFT), 트랜드 마이크로(4704.JP), 센티넬원(S), 맥아피, 소포스
보안 서비스 운영	아이비엠(IBM), 스플렁크(SPLK), 시큐로닉스, 래피드7(RPD), 엑사빔

자료: 하나금융투자

경쟁 구조

글로벌 네트워크 보안 시장점유율은 팔로알토가 19%로 1위 사업자이며, 시스코(16%), 포티넷 (14%), 체크포인트(9%)의 순위로 시장을 점유하고 있습니다. 과거 1위였던 시스코가 시장을 점점 잃어가고 있으며 팔로알토와 포티넷이 각자의 경쟁력을 바탕으로 시장점유율을 키우고 있는 상황입니다.

엔드포인트 보안 시장에서 경쟁력이 가장 높은 사업자는 마이크로소프트와 크라우드 스트라이크입니다. 다양한 소프트웨어 분야에서 서비스를 제공하고 있는 마이크로소프트는 기존 제품들의 번들 형태로 보안 서비스를 제공하며 시장점유율을 공략하고 있습니다. 클라우드 서비스 타입으로 엔드포인트 보안 솔루션을 가장 먼저 제공한 크라우드 스트라이크는 클라우드 기반 시장을 빠르게 점유하고 있습니다.

기업 개요

설립 연도	2005		상장일		2021.10.25
본사	미국 산타클라라	대주주	니케시 아로라	산업분류	IT
시가총액	$129B	PER	52배	배당수익률	0%

팔로알토는 네트워크 보안 시장점유율 1위 기업입니다. 네트워크 방화벽이 주력사업이지만 수년간 폭넓은 투자를 진행하면서 대부분의 보안 서비스 영역까지 사업 분야를 확대해오고 있습니다. 특히 기업의 클라우드 서비스 도입이 가속화됨에 따라 클라우드 기반 보안 영역에 큰 공을 기울이고 있습니다. 이러한 사이버 보안 전체 영역에 대한 광범위한 투자는 사이버 보안을 하나의 플랫폼 형태로 제공할 수 있게 만들었습니다.

투자 포인트

시장지배력을 통한 규모의 경제 확보 가능성과 플랫폼화의 성과 기대

팔로알토는 다양한 플레이어들이 서로 경쟁하는 사이버 보안 영역에 있어서 네트워크 보안 1위 사업자로서 향후 규모의 경제를 확보하여 경쟁 구도를 재편하는 선봉장이 될 가능성이 높습니다. 이에 대한 전략으로 팔로알토는 수년간 사이버 보안 서비스의 플랫폼화를 진행했으며 변화 과정에서 일시적으로 실적이 감소하여 주가가 하루에 20%가량 조정을 받았을 때도 있었지만 현재는 이러한 플랫폼화 과정이 성공적으로 전개되며 실적 개선 효과를 이끌고 있습니다.

플랫폼화에 따른 성장 효과

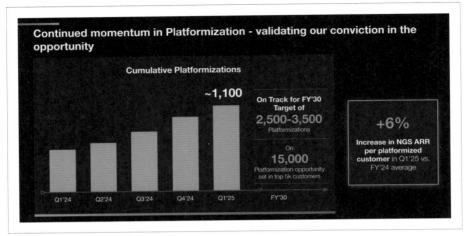

자료: 팔로알토

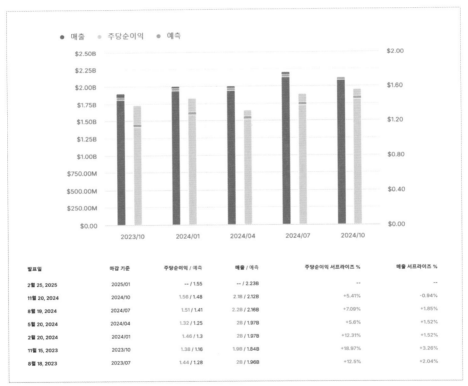

발표일	마감 기준	주당순이익 / 예측	매출 / 예측	주당순이익 서프라이즈 %	매출 서프라이즈 %
2월 25, 2025	2025/01	-- / 1.55	-- / 2.23B	--	--
11월 20, 2024	2024/10	1.56 / 1.48	2.1B / 2.12B	+5.41%	-0.94%
8월 19, 2024	2024/07	1.51 / 1.41	2.2B / 2.16B	+7.09%	+1.85%
5월 20, 2024	2024/04	1.32 / 1.25	2B / 1.97B	+5.6%	+1.52%
2월 20, 2024	2024/01	1.46 / 1.3	2B / 1.97B	+12.31%	+1.52%
11월 15, 2023	2023/10	1.38 / 1.16	1.9B / 1.84B	+18.97%	+3.26%
8월 18, 2023	2023/07	1.44 / 1.28	2B / 1.96B	+12.5%	+2.04%

자료: 해당 기업

재무제표 분석(실적 분석)

팔로알토의 최근 실적발표 추이를 보면 대부분 시장 예상을 상회하는 결과를 발표하면서 견조한 주가 상승을 이끌고 있습니다. 플랫폼화를 통한 사업 확장이 견조한 재무 실적으로 이어지고 있으며 최근 발표된 2:1 주식분할도 주가에 긍정적으로 작용할 것으로 보입니다.

차트 분석

팔로알토는 2020년부터 꾸준한 우상향 그래프를 보이고 있으며 전반적으로 실적이 지속적으로 개선되는 기업의 차트 모습을 가지고 있습니다. 팔로알토의 탄력적인 상승은 챗GPT의 등장으로 사이버 보안 시장의 필요성이 더욱 커

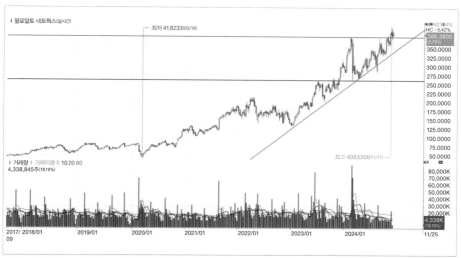

자료: 해당 기업

진 2023년부터 시작되었습니다. 고공행진하던 주가는 2024년 1분기 실적발표 당시 플랫폼화 과정에서 나타난 실적 부진으로 20%대 급락을 겪었으나 인한 현재 낙폭을 전부 회복했으며 오히려 직전 고점을 갱신하며 400달러를 돌파한 상황입니다.

팔로알토는 안정적인 재무 상태와 플랫폼화의 효과로 신고가 모멘텀을 이어갈 가능성이 높습니다. 다양한 플레이어의 존재로 선택이 어려운 사이버 보안 영역에서 대마불사의 위치를 가지고 있는 팔로알토는 가장 안정적인 선택지로 판단됩니다.

가장 앞선
기술의 AI 솔루션
기업에 투자하고 싶다면?

팔란티어(PLTR)

AI로 돈 버는 기업? 바로 여기 있다

어떠한 메가트렌드인가?

얼마 전 세쿼이어캐피털의 데이비드 칸이 내놓은 〈AI의 6000억 달러짜리 질문〉이란 리포트로 인해 AI 버블론이 불어닥쳤습니다. '과연 AI로 돈 벌수 있나?'라는 근원적 질문에 대한 대답을 구글이나 마이크로소프트 같은 빅테크들도 제대로 못 하고 있는 상황에서 팔란티어가 "YES! AI로 벌수 있어!!"라고 아주 자신 있게 외쳤습니다. 바로 실적으로 말이죠. 이러한 대답으로 인해 PER이 300배가 넘어가는 상황에서도 여전히 매력적인 기업이라며 주가의 기세가 꺾이지 않고 있습니다.

빅데이터 솔루션 기업으로 시작했으나 현재는 가장 앞선 기술의 AI 솔루션 기업으로 평가받는 팔란티어는 AI 밸류체인상 후반부에 있는 기업이기에 AI 발전 속도가 심화될수록 성과가 더욱 기대되는 기업이라고 볼 수 있습니다.

기업 개요

러시아-우크라이나 전쟁이 시작되었을 당시 군사력 15위의 우크라이나가 군사력 2위의 러시아를 상대로 전쟁을 장기전으로 끌고 갈 수 있을지 아무도 예상하지 못했을 것입니다. 여기에는 숨은 공신의 역할이 있었는데요. 바로 팔란티어입니다. 팔란티어의 '고담'으로 우크라이나는 마치 스타크래프트를 할 때 맵핵을 켜놓고 프로게이머가 플레이하는 느낌으로 러시아를 상대했습니다. 게임 체인처라고 할 만한 능력입니다.

설립 연도	2003		상장일		2020.9.30
본사	미국 덴버	대주주	피터 틸	산업분류	IT
시가총액	$267B	PER	627배	배당수익률	0%

팔란티어의 어원은 〈반지의 제왕〉에 나오는 마법사 사루만의 천리안 수정구슬 이름입니다. 2003년에 창업한 빅데이터 솔루션 기업으로 2020년 9월에 상장을 했습니다. 상장 당시 페이팔 마피아로 불리는 피터 틸이 페이팔을 엑시트하고 창업한 기업으로 유명했고 한때 서학개미에 사랑받는 미국 주식 9위에 올랐었지만 이후 큰 폭의 조정으로 '빨랑 튀어'라는 별명을 얻게 되었습니다. 현재는 창업자인 피터 틸보다는 CEO이자 피터 틸과 스탠퍼드 로스쿨 동문인 알렉스 카프를 더

욱 주목하고 있습니다.

사업구조

팔란티어의 사업구조는 크게 세 가지로 나누어볼 수 있습니다. 정부 대상 서비스인 고담은 주로 국방부, FBI, CIA 등 군사, 정보기관을 대상으로 빅데이터 솔루션을 제공하고 있으며 민감 분야인 만큼 최고 수위의 보안 등급을 부여받고 있습니다. 팔란티어의 초기 사업은 정부 매출인 고담에서부터 시작되었다고 볼 수 있으며 오사마 빈라덴 사살과 우크라이나 전쟁에 큰 기여를 했습니다.

민간기업 대상인 파운드리는 팔란티어의 서비스를 민간기업에 적용한 것으로

팔란티어가 제공하는 서비스

자료: 팔란티어, KB증권

민간기업의 데이터 분석을 통해 의사결정에 도움을 주고 있습니다. 그리고 팔란티어의 AI 플랫폼인 AIP는 빅데이터 분석을 통한 솔루션을 제공하는 업무에 AI를 활용해 획기적으로 기업의 시간과 비용을 줄여주는 역할을 하고 있습니다.

투자 포인트

AIP 부트캠프의 성공

민간기업의 빅데이터 솔루션인 파운드리를 적용하는 데 있어서 기존에는 별도의 전문인력 투입과 상당한 시간을 소요해야 했지만 팔란티어는 부트캠프라는 참여형 프로그램을 통해 기업의 데이터 전산화를 구축에 있어서 효율을 극대화했습니다. 별다른 마케팅 없이 기업의 경험과 입소문으로 참여 기업이 지속적으로 증가하고 있으며 매우 긍정적인 피드백을 제공하고 있는 상황입니다. AIP 부트캠프는 AI에 기반한 팔란티어 성장의 가장 확실한 원동력이 되고 있습니다.

AI 밸류체인의 가장 하단인 AI 서비스를 제공하는 기업

AI 밸류체인은 'AI 인프라'인 데이터센터가 구축되고 나서 '생성형 AI'가 가능해지고 온디바이스 AI로 확장된 뒤에 'AI 서비스'가 제공되어 수익을 창출하는 구조입니다. 따라서 AI 도입 초기에는 하드웨어가 먼저 반응할 수밖에 없고 대표적인 기업이 바로 엔비디아입니다. 팔란티어는 AI 서비스 기업으로 AI 밸류체인상 가장 마지막에 빛을 보는 상황인데 압도적인 기술력을 통해 AI 도입 초기부터 숫자를 만들어내고 있는 것입니다. 향후 AI의 발전 속도가 더해질수록 AI 서비스 기업인 팔란티어의 매력은 더욱 커질 것으로 보입니다.

S&P500, 나스닥100 지수 편입에 따른 기관 매수세

팔란티어는 6~7분기 연속 흑자를 기록하면서 S&P500 지수 편입 조건을 갖추었고 2024년 9월에 드디어 에센피 지수에 편입을 확정하게 됩니다. 이를 통해 S&P500 지수를 추종하는 펀드들의 신규 자금이 대거 유입되어 주가 상승을 도왔으며 11월 26일 뉴욕거래소에서 나스닥 거래소로 이전 상장하며 나스닥100 지수에 편입됩니다. 좋은 실적과 함께 지수 편입 이슈로 인해 기관 자금이 꾸준히 들어오면서 주가는 한 단계 레벨업되는 모습입니다.

재무제표 분석(실적 분석)

팔란티어의 가장 최근 실적발표 내용을 보면 미국 상업 매출과 고객수가 연간, 분기 모두 큰 폭의 성장세를 유지하고 있습니다. 설립 초기에는 정부 부문 매출에

최근 실적 요약

자료: 해당 기업

자료: 해당 기업

크게 의존했으나 이제는 상업 부문의 성장이 팔란티어의 성장성을 대표한다고 할 수 있습니다.

2024년 3분기에만 총 104건의 100만 달러가 넘는 계약이 성사되었으며 이 중 36건이 500만 달러 이상이고 16건이 1,000만 달러가 넘는 계약이었습니다. 팔란티어는 양적·질적 성장을 이어오면서 단기간의 밸류에이션 부담은 있지만 성장의 지속성이란 포인트를 시장에 증명하고 있습니다.

차트 분석

팔란티어의 차트를 보면 2024년 1분기 실적발표 시점에 거래량을 동반하며 20달러를 돌파했습니다. 이때 매우 중요한 모멘텀을 확보했으며 20달러 지지라인을 지키면서 상장 직후 최고점인 45달러를 돌파하고 난 뒤에는 빠르게 60달러를

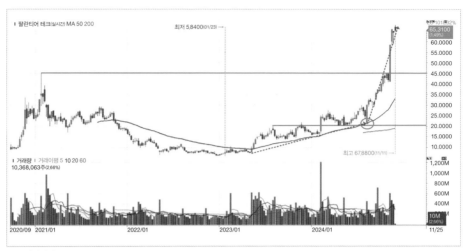

자료: 해당 기업

넘어서며 역사적 신고가 랠리를 이어가고 있습니다. 양호한 실적발표와 지수 편입 이슈로 기관의 매수세가 유입되면서 품절주로 변화되었고 주도주의 모멘텀을 가지고 있기 때문에 해당 기업의 상승세를 지켜봐야 할 것 같습니다.

종합평가

팔란티어는 기업에 의사결정을 돕는 솔루션을 제공하여 기업의 성장을 돕고 있는데 이 기업의 실적 추이를 보면 팔란티어 스스로가 AIP를 활용해 최적의 퍼포먼스를 뽑을 수 있도록 수치가 잘 관리되고 있다는 느낌을 받게 됩니다. AI 분야의 숨은 보석 같은 기업으로 밸류에이션 부담을 넘어서는 실적 퍼포먼스가 유지된다면 시간이 지날수록 추가적인 레벨업이 가능하다고 볼 수 있습니다.

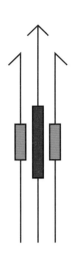
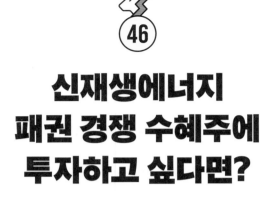
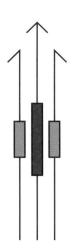

신재생에너지 패권 경쟁 수혜주에 투자하고 싶다면?

퍼스트솔라(FSLR)

AI 성장의 수혜로 흑자전환에서 호황기를 맞이한 미국 태양광의 자존심

어떠한 메가트렌드인가?

LEADING THE WORLD'S
SUSTAINABLE ENERGY FUTURE

AI가 바꾼 신재생에너지 지형

챗GPT 등장 이후 AI에 대한 수요는 바로 데이터센터와 전력 수요로 이어졌습니다. AI는 데이터센터 증설의 기폭제가 되었는데 문제는 AI 데이터센터는 기존의 10배의 에너지를 소모한다는 것입니다. 빅테크가 이끄는 하이퍼스케일 데이터센터는 엄청난 CAPEX 지출을 하고 있으며, 이러한 AI 성장의 수혜는 냉각 솔루션, 태양광, 원자력, ESS, 전력 인프라 등의 연계산업의 수요로 이어지고 있습니다.

그리고 RE100으로 인해 빅테크는 이에 필요한 전력을 신재생에너지로 전력을 충원하고 있습니다. 참고로 신재생에너지는 에너지원의 특성상 ESS와 조합을 이루며 성장하고 있으며 ESS 분야에 있어서 테슬라의 빠른 성장에도 관심을 가져야 합니다.

대표적인 신재생에너지원으로는 태양광, 풍력이 있으나 발전단가와 설치 소요 기간을 고려하면 태양광이 가장 우월한 선택지입니다. 태양광은 발전단가가 낮고 IRA 보조금, 탄소배출권 고려 시 더욱 합리적인 선택이며 소요기간을 고려했을 때 토지 다지기와 소음, 주민 반발로 인해 3~7년의 시간이 걸리는 풍력에 비해 태양광은 대체적으로 2~4년 정도에 불과한 에너지원입니다. 이로 인해 PPA(전력구

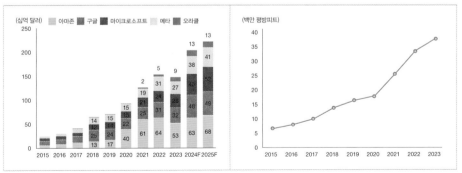

클라우드 대기업 평균 연간 투자 성장률(약 30%)　　**아마존 데이터센터 면적 추이**

자료: 미래에셋증권 리서치센터　　　　　　　　　자료: 미래에셋증권 리서치센터

미국 태양광, 풍력, ESS 건설 용량 전망(2024~2035)

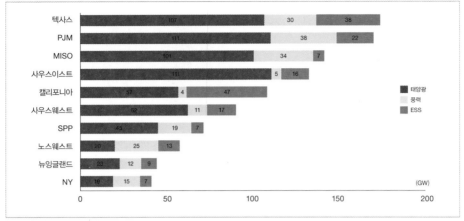

자료: BNEF, 미래에셋증권 리서치센터

에너지원별 LCOE 추이

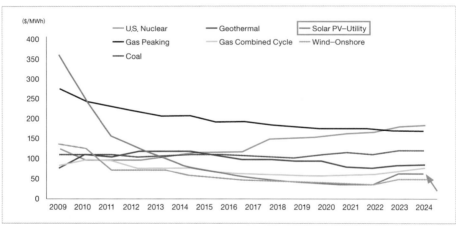

자료: Lazard, 미래에셋증권 리서치센터

매계약) 시장에서 하이퍼스케일러의 선택 비중도 태양광 65%, 풍력 35%로 나타납니다.

태양광은 2000년 초기만 하더라도 매우 비싼 발전단가를 가진 에너지원이었으나 기술개발과 공급과잉이 이루어지면서 LCOE(생산비용/전력생산량)로 보면 61달러로 육상풍력 다음으로 태양광이 가장 저렴합니다. IRA 보조금과 탄소배출권을 고려하면 태양광의 메리트가 더욱 올라가는데 ITC 세액공제를 통해 CAPAX의 30%를 돌려받습니다.

기업 개요

설립 연도		1999	상장일		2006.11.17
본사	미국 템피	대주주	루카스 월턴	산업분류	유틸리티
시가총액	$17B	PER	13.8배	배당수익률	0%

퍼스트솔라는 미국 태양광의 자존심이자 박막형 태양광 모듈 생산량 글로벌 1위 기업으로 태양광 모듈 설계, 제조, 판매를 영위하고 있습니다. 박막형 모듈은 중국이 과점하는 폴리실리콘 태양전지와 차별화되는 독자적인 밸류체인을 가지고 있는 것이 특징입니다. 퍼스트솔라에게 IRA는 매우 중요한 기점으로 작용했는

Facilities Update

데요. IRA 보조금 발표 이후(2022년 8월) 빠른 증설을 통해 생산능력을 확장하는 중입니다.

퍼스트솔라는 ① 미국 내 증설을 통한 물량 증가, ② 수주잔고로 인한 안정적인 매출 확보, ③ IRA 보조금을 통한 높은 수익성 보장으로 2023년 흑자전환을 이루어낸 뒤 현재는 2026년까지 수주잔고를 모두 채우며 호황기를 맞이했습니다.

투자 포인트

AI 데이터센터 수혜

빅테크들은 AI 데이터센터에 엄청난 CAPEX 지출을 하고 있는 상황이며 AI 데이터센터는 기존 데이터센터에 비해 막대한 에너지를 소모하게 되면서 추가적인 에너지원을 확보해야 하는 상황입니다. RE100을 준수해야 하는 빅테크 입장에서는 재생에너지 목표, 출처와 신뢰도에 대한 의구심, 강제노동 우려 회피를 고

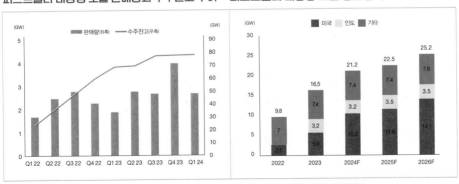

퍼스트솔라 태양광 모듈 판매량과 수주잔고 추이   퍼스트솔라 태양광 모듈 생산능력

자료: 퍼스트솔라, 미래에셋증권 리서치센터   자료: 퍼스트솔라, 미래에셋증권 리서치센터

려할 때 퍼스트솔라가 가장 안전하고 확실한 선택지입니다.

정책 수혜주

IRA 법으로 인해 태양광 CAPEX 투자의 30%를 세액공제로 돌려받을 수 있어 수익성이 크게 개선되었습니다. 게다가 퍼스트솔라의 박막형 전지는 중국산 단결정 폴리실리콘에 비해 전력효율이 5%가량 낮아 판가가 낮았으나 최근 효율성의 격차를 좁히고 유일하게 미국산 비중 40%를 만족하며 ITC 보너스 10%로 인한 보조금 효과로 (중국의) 단결정 폴리실리콘 대비 가격경쟁력 우위를 확보했습니다.

흑자전환, 수주잔고 그리고 수익성 개선

2023년 흑자전환을 이루어낸 뒤 현재는 2026년까지 수주잔고를 모두 채우

퍼스트솔라 실적 및 컨센서스 전망

	2019	2020	2021	2022	2023	2024F	2025F	2026F
매출액	3,063.10	2,711.30	2,923.40	2,619.30	3,318.60	4,521.50	5,661.10	6,710.80
성장률(%, YoY)		−11.5	7.8	−10.4	26.7	36.2	25.2	18.5
매출총이익	549.2	680.7	730	69.9	1,300.70	2,054.10	3,021.30	3,935.00
마진(%)	17.9	25.1	25	2.7	39.2	45.4	53.4	58.6
영업이익	−161.79	317.49	586.75	−27.24	857.27	1,573.50	2,551.83	3,517.33
마진(%)	−5.3	11.7	20.1	−1	25.8	34.8	45.1	52.4
EBITDA	65.5	569.2	864.3	257.1	1,177.40	1,993.90	3,075.30	4,108.10
마진(%)	2.1	21	29.6	9.8	35.5	44.1	54.3	61.2
당기순이익	−114.9	398.4	468.7	−44.2	830.8	1,464.00	2,187.20	2,943.50
마진(%)		14.7	16		25	32.4	38.6	43.9
EPS	−1.09	3.76	4.41	−0.41	7.78	13.6	21.46	29.66
성장률(%, YoY)		흑자전환	17.3	적자전환	흑자전환	74.8	57.8	38.2

자료: Bloomberg, 미래에셋증권 리서치 센터

며 호황기를 맞이했습니다. 2026년까지 수주잔고가 모두 차 있다는 얘기는 생산량 증설에 따라 매출액 증가로 바로 연결되는 것을 의미하며, 이를 토대로 매출 계산을 해보면 2023년 말 글로벌 생산능력은 16.5GW이고 2026년 예상 생산능력 25.2GW인데 2023년 실제 판매량은 11.4GW에 그쳤으나 2024년에 생산능력을 모두 매출로 잡아 16GW으로 예상되는 상황에서 이미 전년 대비 50% 증가하여 매출액 50% 증가를 예상할 수 있습니다. 이로 인해 재무상의 수익성도 크게 개선되었는데 2023년 3분기부터 매출 총이익률이 인프라 기업 평균을 상회하며 40%를 넘겼습니다.

트럼프 리스크의 반전: 오히려 매수 기회?!

트럼프 대통령의 당선 이후 신재생에너지에 대한 우려가 커졌습니다. 그러나 현실을 냉정히 따져보았을 때 현재의 우려는 과도하다는 판단입니다. 트럼프 대통령에 중요한 선벨트 지역의 태양광 산업이 차지하는 비중은 막대하며 트럼프 대통령의 특성상 가성비 좋은 에너지원을 선택하는데 태양광 발전단가는 매우 낮은 상황입니다. 그리고 미국산 비중 40% 이상을 맞출 수 있는 유일한 미국 기업으로서 중국과 경쟁 차원에서도 해당 기업의 혜택을 유지할 가능성이 높습니다. 트럼프 당선 이후 전개되는 조정흐름은 오히려 퍼스트솔라의 가격 메리트를 높이고 있다고 볼 수 있습니다.

차트 분석

중국과의 경쟁으로 적자가 지속된 가운데 고통의 터널을 지나 차트상에도

자료: 해당 기업

2024년 5월 초 상단 저항선을 돌파했으며 이후 AI 데이터센터향으로 주목을 받으면서 급격한 상승으로 직전 고점인 230달러를 돌파했고 한때 300달러를 넘어갔습니다.

이후 차익실현 매물과 트럼프 대통령 확률이 높아지면서 신재생에너지 산업이 추가 조정을 받아 현재는 200달러 부근에 위치하고 있습니다. 2024년 5월 급등으로 가격 부담이 있었으나 빠른 조정으로 해소된 상황이며 나스닥 조정세에서도 비교적 훌륭한 주가방어 능력을 보여주었습니다. 지난 고점인 230달러를 상방 돌파한다면 안정적인 2차 상승 랠리가 가능할 것으로 보입니다. 이러한 추가 상승에는 개선된 실적발표가 트리거가 될 확률이 높아 보입니다.

종합평가

AI 데이터센터의 대규모 투자로 인해 에너지의 부족과 전기료의 상승은 예견된 수순이며, 이러한 변화는 2025년부터 본격화될 것으로 예상되고 있습니다. AI 기대감으로 인한 급등과 정책 이슈로 인한 약세를 한 차례 경험했기 때문에 가격에 대한 부담도 낮은 상황입니다. 전반적으로 AI 관련 기업의 수급이 몰려 있는 상황에서 개선된 실적을 기반으로 장기적인 상승 모멘텀을 얻을 수 있는 신재생에너지 분야에 투자할 경우 퍼스트솔라는 이런 조건에 충분히 부합하는 선택지입니다.

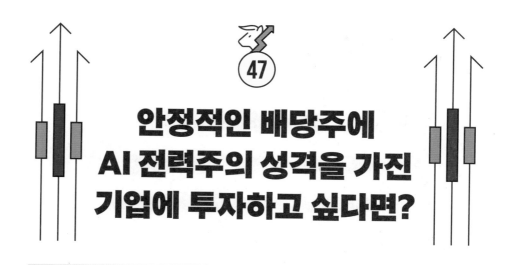

안정적인 배당주에 AI 전력주의 성격을 가진 기업에 투자하고 싶다면?

넥스트에라에너지(NEE)
배당주와 AI 수혜주 성격을 동시에!

어떠한 메가트렌드인가?

넥스트에라에너지는 AI 데이터센터발 전력 수요가 급증함에 따라 관련 수주가 빠르게 증가하고 있고 2024년 대선의 영향으로 리쇼어링이 대두되면서 관련 인프라 기업으로도 주목받았습니다. 최근에 지구온난화에 따른 폭염 이슈가 우리나라를 비롯해 미국, 중국, 인도를 덮치면서 AI 데이터센터로 촉발된 전력난이 더욱 가속화될 수 있다는 점에서 전력기업에 대한 지속적인 투자와 수주가 이어질 것으로 보입니다.

그리고 데이터센터 성장을 주도하는 빅테크들은 글로벌 공급망 차원에서 RE100을 준수해야 하기 때문에 전력원으로서 재생에너지의 사용이 필수적인데

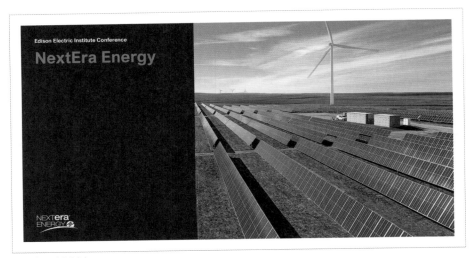

자료: 넥스트에라에너지

넥스트에라에너지의 경우 재생에너지 디벨로퍼 1위 기업으로 이러한 시대의 변화
에 직접적인 수혜를 받고 있습니다. AI 데이터센터는 전력 수요를 기존 대비 160%
증가시킬 전망이고 이를 재생에너지로 공급해야 합니다.

　　이러한 변화를 대표적으로 증명하는 사진이 바로 다음에 있습니다. 구글이
개발 중인 애리조나주 데이터센터 현장의 데이터센터 부지 바로 옆에 건설 중인

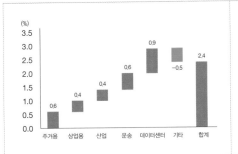

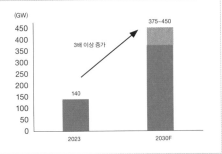

주: 부문별 연평균 성장률 기여 비중
자료: Bloomberg, 삼성증권

자료: 넥스트에라에너지, 삼성증권

자료: 넥스트에라에너지

430MW 규모의 태양광발전 시설을 볼 수 있습니다.

기업 개요

설립 연도	1925		상장일	1972.6.30
본사	미국 주노 비치	대주주	뱅가드	산업분류	유틸리티
시가총액	$142B	PER	20.3배	배당수익률	2.65%

넥스트에라에너지는 미국 최대 재생에너지 디벨로퍼이자 유틸리티 기업입니다. 태양광, 풍력, ESS를 개발하는 재생에너지 지주회사로서 2022년 고금리에 영향을 받아 주가가 4년 가격으로 떨어졌으나 최근 데이터센터발 전력난이 이슈가 되면서 AI 전력 부족 수혜주로 분류되며 고공행진을 펼치고 있습니다.

저탄소, 제로탄소가 국제적인 흐름이 되면서 친환경, 재생에너지에 대한 꾸준한 투자와 수주가 이루어지면서 넥스트에라에너지는 2010년 이래 꾸준한 성장을

넥스트에라에너지의 발전지역과 발전원

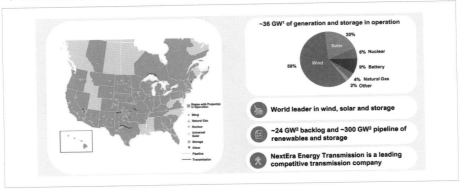

자료: 해당 기업

해왔습니다. 높은 배당성향을 유지하면서 대표적인 인프라 기업이자 배당주로 분류되었으나 2022년 스테그플레이션으로 인해 연준이 빠르게 금리인상을 하게 되면서 큰 타격을 받았습니다. 설비산업에게는 높은 금리가 사업 진행에 악영향을 미칠 수밖에 없으며 대표적인 배당주로서의 성격이 고금리 시대에 투자 매력도를 떨어트린 것입니다.

그러나 2024년 대선을 앞두고 리쇼어링에 따른 인프라 수혜산업으로 분류되고 최근 AI 혁명이 진행되면서 전력 이슈 부각과 RE100에 따른 데이터센터발 재생에너지 수요 급증, 그리고 글로벌 폭염으로 인한 전력난까지 넥스트에라에너지를 주목하게 하는 강력한 호재들이 이어지면서 주가는 빠른 상승세를 보이고 있습니다.

투자 포인트

AI 전력 수혜주로서 매력

AI 전력난에 따른 관련 수혜기업들은 여러 선택지가 있습니다. 비스트라, 컨스텔레이션 같은 원전기업과 이튼, GE버노바(GEV) 같은 전력 솔루션 기업들도 있고 소형원자로(SMR) 대표기업인 뉴스케일파워(SMR)도 최근 큰 주가 상승을 보이고 있습니다.

넥스트에라에너지도 이러한 AI 전력 이슈로 큰 수혜가 예상되는 종목군으로

NEE의 발전 믹스 현황

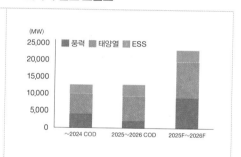

자료: 넥스트에라에너지, 삼성증권

NEE의 수주잔고 트렌드

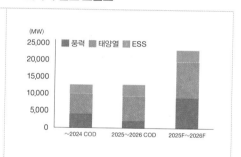

주: COD는 대금 상환 인도 기준
자료: 넥스트에라에너지, 삼성증권

PER 밴드

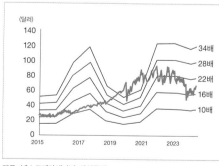

자료: 넥스트에라에너지, 삼성증권

EPS 가이던스

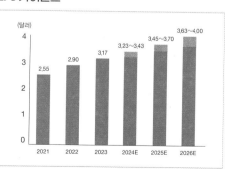

자료: 넥스트에라에너지, 삼성증권

꼽히고 있으며 신재생에너지를 기반으로 한 사업자이기 때문에 RE100을 기반으로 한 장기 성장성을 높게 평가받고 있습니다. 오랜 업력과 다양한 발전원을 보유했고 탄탄한 수주잔고도 확보하고 있어 여러 선택지 중 비교적 안정적인 선택지로 볼 수 있습니다.

대표 배당주의 매력

넥스트에라에너지는 AI 전력 관련 기업으로 불리기 전에 미국 주식 대표 배당

넥스트에라에너지 배당내역

	NEE 배당				i
배당 인사이트					
배당락일 ▾	배당 ▾	유형 ▾		지불일 ▾	수익률 ▾
2024년 06월 03일	0.515	3M		2024년 06월 17일	2.57%
2024년 02월 26일	0.515	3M		2024년 03월 15일	3.63%
2023년 11월 22일	0.4675	3M		2023년 12월 15일	3.23%
2023년 08월 29일	0.4675	3M		2023년 09월 15일	2.75%
2023년 05월 26일	0.4675	3M		2023년 06월 15일	2.55%
2023년 02월 27일	0.4675	3M		2023년 03월 15일	2.56%
2022년 11월 23일	0.425	3M		2022년 12월 15일	2.02%
2022년 08월 29일	0.425	3M		2022년 09월 15일	1.93%
2022년 05월 27일	0.425	3M		2022년 06월 15일	2.27%
2022년 02월 28일	0.425	3M		2022년 03월 15일	2.20%
2021년 11월 24일	0.385	3M		2021년 12월 15일	1.76%
2021년 08월 26일	0.385	3M		2021년 09월 15일	1.82%
2021년 06월 01일	0.385	3M		2021년 06월 15일	2.10%
2021년 02월 25일	0.385	3M		2021년 03월 15일	2.09%
2020년 11월 25일	0.35	3M		2020년 12월 15일	1.87%
2020년 08월 27일	1.4	3M		2020년 09월 15일	2.01%
2020년 06월 01일	1.4	3M		2020년 06월 15일	2.19%
2020년 02월 27일	1.4	3M		2020년 03월 16일	2.08%
2019년 11월 27일	1.25	3M		2019년 12월 16일	2.13%
2019년 08월 28일	1.25	3M		2019년 09월 16일	2.23%
2019년 05월 31일	1.25	3M		2019년 06월 17일	2.51%
2019년 02월 27일	1.25	3M		2019년 03월 15일	2.66%
2018년 11월 29일	1.11	3M		2018년 12월 17일	2.49%
2018년 08월 29일	1.11	3M		2018년 09월 17일	2.60%

자료: 인베스팅닷컴

주로 알려져 있습니다. 안정적인 사업구조와 꾸준한 배당성장으로 장기 우상향의 차트 흐름이 이어졌으나 금리인상에 따른 타격이 있었습니다. 2024년 9월 FOMC 에서 50bp 금리인하가 시작되었기 때문에 향후 금리의 방향이 하락으로 이어질 가능성이 높고 넥스트에라에너지의 배당 매력은 더욱 올라갈 수 있습니다.

재무제표 분석(실적 분석)

넥스트에라에너지의 최근 실적발표 추이를 보면 주당순이익은 뚜렷한 상승세 와 예상을 상회하는 결과를 보여주었지만 매출 추이의 경우 3분기 연속 예상치를

발표일	마감 기준	주당순이익 / 예측	매출 / 예측	주당순이익 서프라이즈 %	매출 서프라이즈 %
1월 24, 2025	2024/12	-- / 0.548	-- / 6.81B	--	
10월 23, 2024	2024/09	1.03 / 0.98	7.57B / 8.08B	+5.1%	-6.31%
7월 24, 2024	2024/06	0.96 / 0.93	6.07B / 7.15B	+3.23%	-15.1%
4월 23, 2024	2024/03	0.91 / 0.75	5.73B / 6.05B	+21.33%	-5.29%
1월 25, 2024	2023/12	0.52 / 0.5	6.88B / 5.84B	+4%	+17.81%

자료: 해당 기업

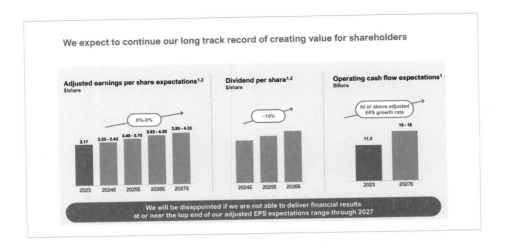

하회하는 모습이 이어졌습니다. 매출이 성장하고 있음에도 예상치에 부합하지 못한 부분은 다소 아쉬운 모습으로 지적되고 있습니다.

그럼에도 EPS의 꾸준한 성장세와 견조한 배당성장률, 영업현금흐름의 개선이 예상되기 때문에 재무적으로 비교적 안정적인 기업으로 볼 수 있을 것 같습니다.

차트 분석

넥스트에라에너지의 차트를 보면 대표적인 배당주로서 2022년 초까지 이어져 온 견조한 상승세가 급격한 금리인상기에 타격을 받아 4년 전 주가로 회귀했으며 50달러를 저점으로 주가가 빠르게 회복했습니다. 회복의 계기는 1차적으로 AI 전력 이슈로 인한 수혜 영향이 컸으며 이후에는 금리인하 기대감이 넥스트에라에너지의 주가를 더욱 지지하는 모습으로 보입니다. 아직 역사적 고점인 93달러와 최근 단기 고점인 85달러에 비해 다소 조정을 받았지만 견조한 실적 데이터를 통해

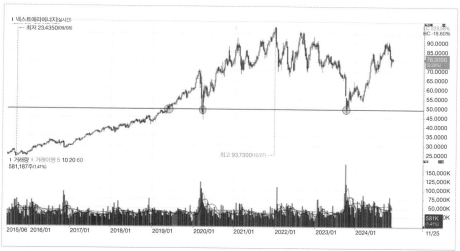

자료: 해당 기업

충분히 전고점 돌파 시도가 가능할 것으로 예상됩니다.

종합평가

넥스트에라에너지는 대표적인 배당주로 안정적인 성격을 가지고 있지만 재생에너지 디벨로퍼로서 AI 전환의 장기 수혜주 성격을 새롭게 확보했습니다. 밸류에이션에 대한 부담이 낮고 보유 발전원이 신재생에만 치우치지 않았기 때문에 트럼프 트레이딩에 대한 영향도 제한적일 것으로 보입니다. AI 시대에 에너지 관련 섹터에 투자하면서 안정적인 배당흐름도 추구하는 투자자라면 넥스트에라에너지는 이들의 적합한 선택지가 될 것입니다.

AI 데이터센터 냉각 솔루션에 투자하고 싶다면?

버티브홀딩스(VRT)
누구보다 열을 잘 식혀주는 기업

어떠한 메가트렌드인가?

코로나 국면에서 빅테크의 클라우드 서버 투자가 엄청난 규모로 이루어졌습니다. 클라우드 서버 시장의 성장은 서비스를 제공하는 빅테크나 사용하는 기업과 개인 입장에서 서로 윈-윈으로 기술혁신이 만든 부가가치라고 볼 수 있습니다. 4차 산업혁명 초기 클라우드 시장이 성장하면서 데이터센터의 공급이 크게 늘어났는데 지금은 상황이 좀 다릅니다. 즉 일반 서버 출하량은 감소 추세에 있는 반면 빅테크들은 AI 서버를 크게 늘리고 있는 상황입니다.

그런데 AI 서버는 일반 서버에 비해 비용이 37배가 드는 상황이며 이 중 GPU가 가장 큰 비용을 차지하는데 엔비디아의 시장 독주가 이어지는 가장 큰 원인이

AI 서버 출하량 추이 및 전망

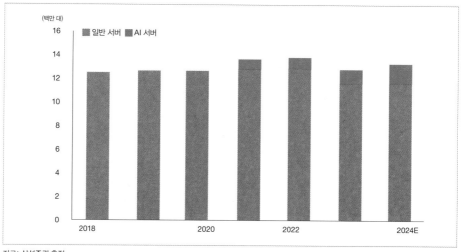

자료: 삼성증권 추정

기도 합니다. AI 서버가 37배 이상 비쌈에도 불구하고 빅테크 기업들은 생성형 AI 서비스를 위해 수요를 늘려가고 있는 상황이며 아직 침투율은 2024년 1분기 기준으로 10%에 불과하기 때문에 AI 데이터센터로의 대전환을 준비하고 대응할 필요가 있습니다.

AI 서버 수요는 사실상 가속기가 독식하는 것

일반 서버 BOM breakdown

(달러)	수량	ASP	전체 비용	비고
CPU(개)	1	2,600	2,600	Intel Xeon Gold 32코어 (Ice Lake)
DRAM(GB)	550	1.6	880	DDR 4 64GB 모듈 기준
SSD(TB)	4	307.2	1,260	1GB=0.3달러
기타	n/a	n/a	1,960	
서버 가격			6,700	

자료: 삼성증권

AI 서버 BOM breakdown (NVIDIA DGX H100)

(달러)	수량	ASP	전체 비용	비고
CPU(개)	2	10,000	20,000	Intel Xeon Platinum 32코어 (Sapphire Rapids)
GPU(개)	8	25,000	200,000	
HBM(GB)	640	9.6	6,144	
DRAM(GB)	2,048	7.8	16,000	DDR 5 128GB 모듈 기준
SSD(TB)	31	307.2	9,437	1GB=0.3달러
기타	n/a	n/a	4,563	
서버 가격			250,000	일반 서버 37개 구매 비용 수준

자료: 삼성증권

여기서 중요한 것이 바로 AI 데이터센터의 에너지 소비입니다. 그동안 인터넷의 발달로 데이터센터 투자가 활발히 이루어졌지만 데이터센터에 사용되는 전력량은 크게 증가하지 않았습니다. 이는 대형화(하이퍼스케일러)에 따른 효율성 개선 때문인데 AI 데이터센터로 넘어오게 되면서 패러다임이 바뀌고 있습니다.

AI 구동을 위해서는 고성능 GPU가 많이 필요한데 LLM(대형언어모델)을 실행하기 위한 고성능 GPU를 구동하기 위해서는 더 높은 수준의 프로세서(CPU), 저

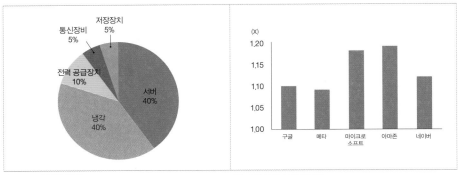

데이터센터 내 부문별 전력 사용 비중

기업별 PUE

자료: ABB, 신한투자증권

자료: 언론 종합, 신한투자증권

장장치(HBM), 네트워크가 필요하고 이로써 전력량은 5배 이상 늘어나게 됩니다.

데이터센터 내 전력 사용 비중을 보면 서버 자체에는 40% 정도 사용되는 반면 냉각에만 비슷한 40%의 전력을 사용합니다. 따라서 데이터센터의 에너지 효율이 매우 중요하며 이를 평가하는 PUE(power Usage Effectiveness)를 1에 가깝게 맞추기 위한 다양한 시도들이 진행되고 있습니다.

서버의 전력 사용량 증가로 발생하는 가장 중요한 변화는 냉각 시스템입니다. 서버가 20~25℃일 때 가장 효율적으로 작동하기 때문에 일정 온도를 유지시켜야 하며 냉각 방식으로는 크게 공랭식과 수냉식이 있습니다. 현재는 공랭식의 점유율이 높은 상황이며 초기 설치비가 높지만 PUE를 낮추기 위해 수냉식 비중이 높아지고 있는 상황입니다.

공랭식 - 현재 주류인 냉각 방식　　　　**수냉식 - 고밀도 랙에서 사용될 냉각 방식**

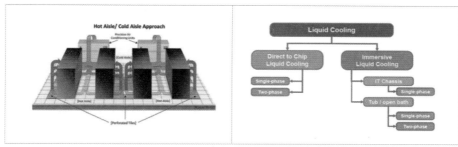

자료: ECS, 신한투자증권　　　　　　　　자료: Schneider Electric, 신한투자증권

수냉식은 DTC(Direct to Chip)와 액침 방식으로 나뉘는데 액침 방식의 상용화에는 아직 시간이 필요한 상황입니다. 한편 엔비디아는 미국 에너지부의 지원을 받아 버티브홀딩스와 함께 DTC와 액침 방식을 접목한 새로운 냉각 솔루션을 개발하고 있습니다.

기업 개요

이러한 AI 서버 시장의 변화에 따라 데이터센터 서버 시스템을 위한 전력, 냉각 솔루션 제공업체인 버티브홀딩스에 대해 알아보겠습니다.

설립 연도		1946	상장일		2020.2.10
본사	미국 웨스트빌	대주주	뱅가드	산업분류	IT
시가총액	$41B	PER	83배	배당수익률	0.10%

버티브홀딩스는 미국 자동화 솔루션 기업인 에머슨에서 2016년 분사한 기업으로 데이터센터향 매출 비중이 70%이며 서버랙, 전력배분장치(Power Distribution Unit, PDU), 냉각 솔루션을 제공하고 있습니다. 서버랙과 소프트웨어를 제공한다는 점에서 슈퍼마이크로컴퓨터(SMCI)와 유사점이 있으나 주로 전력, 냉각 솔루션에 방점이 찍혀 있습니다.

수주잔고가 2020년에서 2023년까지 YoY로 15% 이상 성장하고 있으며 밀려드는 주문에 맞춰서 증설을 진행하고 있습니다. 2023년에 유럽, 중국, 멕시코 공장을 확장하고 미국 오스틴 공장을 신설, 2024년 1월 인도 신공장 가동을 시작했습니다.

투자 포인트

AI 데이터센터의 증설과 냉각 솔루션 중요성 증대

AI 데이터센터 증설이 가속화되는 가운데 냉각 솔루션은 함께 성장할 수밖에 없는 구조를 가지고 있으며 데이터센터의 전력 밀도가 증대됨에 따라 냉각의 중요성과 매출 성장이 함께 따라올 수밖에 없는 상황입니다. 버티브홀딩스는 데이터센터 냉각 솔루션 1위 사업자로서 AI 시장 성장의 수혜를 직접적으로 받고 있으며 버티브홀딩스의 최근 투자자 행사에서 향후 2029년까지 이러한 성장흐름이 지속될 것으로 예상했습니다.

재무제표 분석(실적 분석)

3개 분기 연속 매출 증가와 가파른 EPS 상승을 보여주고 있고 AI 서버 확대에

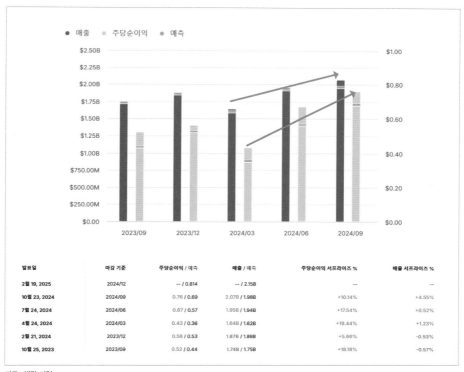

발표일	마감 기준	주당순이익 / 예측	매출 / 예측	주당순이익 서프라이즈 %	매출 서프라이즈 %
2월 19, 2025	2024/12	-- / 0.814	-- / 2.15B		
10월 23, 2024	2024/09	0.76 / 0.69	2.07B / 1.98B	+10.14%	+4.55%
7월 24, 2024	2024/06	0.67 / 0.57	1.95B / 1.94B	+17.54%	+0.52%
4월 24, 2024	2024/03	0.43 / 0.36	1.64B / 1.62B	+19.44%	+1.23%
2월 21, 2024	2023/12	0.56 / 0.53	1.87B / 1.88B	+5.66%	-0.53%
10월 25, 2023	2023/09	0.52 / 0.44	1.74B / 1.75B	+18.18%	-0.57%

자료: 해당 기업

따라 이후의 실적이 더 기대되는 상황입니다. 엔비디아도 파트너로 인정한 기술력이 높은 회사이고 냉각 솔루션의 중요성이 점점 부각되면서 시장의 관심도 매우 높아질 것으로 보입니다.

향후 실적에 대한 가이던스도 지속적으로 높아지고 있습니다. 2025년 매출 전망치는 이전 14%에서 16~18%로 상향되었으며 영업이익률도 현재 20%에서 향후 업계 최고 수준인 25%로 향상될 가능성을 언급했습니다. 배당에 대해 살펴보자면 현재 배당수익률이 2% 기업인데 최근 추가적인 배당금 인상(분기 50% 증가)을 발표했습니다.

차트 분석

차트상으로 2023년 하반기부터 상승세를 이어가고 있으며 특히 최근 2024년

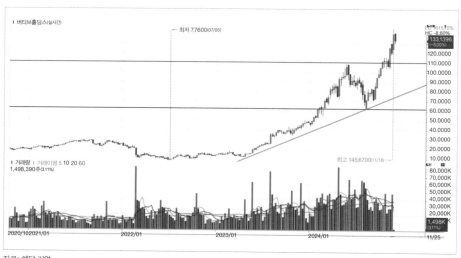

자료: 해당 기업

8월 이후 상승세가 가파릅니다. 직전 고점인 110달러를 돌파하고 현재 52주 신고가 흐름으로 145달러를 돌파했습니다. 65달러에 1차 지지라인을 형성하고 있으며 2024년 돌파된 고점인 110달러가 새로운 지지선 역할을 할 것으로 보입니다. 110달러를 하회하지 않는다면 최근 실적 추이로 볼 때 꾸준한 상승 모멘텀을 이어갈 가능성이 높아 보입니다.

종합평가

다양한 AI 수혜주 중에서 엔비디아를 중심으로 한 데이터센터용 반도체 업종과 AI 데이터센터 수요 증가에 따른 에너지 업종에 시장에 관심이 집중되고 있습니다. 버티브홀딩스는 AI 데이터센터를 중심으로 한 하드웨어 섹터와 에너지 섹터, 두 측면의 교집합에 위치한 기업으로서 그 존재의 의미가 큽니다. 최근 AI 반도체 업종은 변동성이 커진 반면, AI 에너지 업종의 경우 상대적으로 견조한 상승을 보여주고 있습니다. 이러한 업종 특성상 두 업종의 중간지대에 위치한 버티브홀딩스는 양쪽에 대한 상승 논리를 동시에 추구하는 선택지가 될 것입니다.

AI 로봇에 가장 앞서 있는 기업에 투자하고 싶다면?

> ## 테슬라(TSLA)
> 전기차, 자율주행, ESS를 넘어 AI 로봇이 오고 있다

어떠한 메가트렌드인가?

2024년 10월 10일 We: robot이란 이름으로 로보택시 데이를 진행한 테슬라는 행사 공개 후 주가가 큰 폭으로 하락하면서 시장에 실망감을 주었습니다. 사실 이번 로보택시에 대한 평가는 극명하게 엇갈렸는데요. 테슬라의 미래 비전을 높게 사는 측에서는 놀라움을 표현한 반면, 월가에서는 구체적인 내용이 부족하다며 혹평을 했습니다.

시장에서는 테슬라의 주가 조정으로 부정적인 의견이 지배적이지만 로보틱스 시장의 성장성과 시장규모 관점에서 테슬라를 재평가해야 한다는 의견도 상당합니다.

베터리 공장에서 일하고 있는 옵티머스

메가트렌드 입장에서 테슬라는 2021년까지는 전기차 시장을 선도하는 기업이었으나 최근 AI 혁명이 본격화된 이후 에너지저장장치(Energy Storage System, ESS) 사업 같은 AI 전력 이슈와 연관된 산업과 AI가 탑재될 수 있는 AI 로봇 영역에 있어 시장을 선도할 것으로 기대하고 있습니다.

엔비디아는 생성형 AI 시장에서 가속 컴퓨팅을 제공하는 기업으로 생태계를 이끌고 있는 반면, 테슬라는 행동(물리) AI 영역에서 가장 앞선 기업으로 평가를 받고 있으며 AI의 핵심 요소라고 할 수 있는 데이터 축적 차원에서 여타 기업을 압도하고 있는 상황입니다(전 세계의 테슬라 차량을 통해 리얼 데이터가 지속적으로 테슬라에 공급되고 있습니다).

테슬라를 간단히 설명하기 위해 차트보다 좋은 데이터는 없을 것입니다. 2019년 상반기만 하더라도 일론 머스크가 생방송 중 마리화나를 피우고 사기꾼 소리까지 들으면서 최악의 상황을 겪었던 테슬라는 상하이의 기가팩토리(당시 메가팩토리)가 완성되면서 큰 반전의 기회를 만들었고 이후 마치 주가가 화성을

테슬라 주가 차트

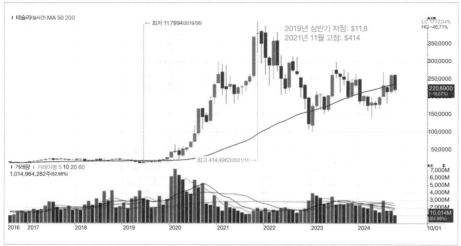

자료: 해당 기업

향해 쏘는 로켓처럼 고공행진을 했습니다. 10달러 초반의 주가는 불과 2년 만에 40배가 상승한 414달러를 찍었습니다.

　이후 전기차 시장이 과열되면서 캐즘의 영역에 들어갔고 인플레이션 압력으로 인한 급격한 금리인상의 타격을 받아 주가는 큰 조정을 받았습니다. 차트상 ① 상장 후 2021년 하반기까지 '대세상승 구간'이었다면, ② 2022년부터 지금까지는 '조정과 수렴의 구간'이라고 할 수 있습니다. 이제 수렴을 거쳐서 새로운 상승 모멘텀을 만들지, 아니면 과거의 영광을 영영 회복 못할지 갈림길에 서 있다고 볼 수 있습니다.

기업 개요

2003년 일론 머스크가 설립한 전기자동차 회사로 세단형 모델S, 모델3, SUV형 모델X와 Y의 라인업을 보유하고 있으며 최근 픽업트럭 시장을 겨냥한 사이버트럭을 출시했습니다. 세계 최고 수준의 자율주행 기술을 보유하고 있으며 ESS, 로보틱스 사업을 통해 미래 먹거리를 다변화하고 있는 회사입니다.

사실 누구도 테슬라를 전기차 회사로만 인식하지는 않을 것입니다. 애플이 단순한 스마트폰 제조사가 아닌 것처럼 말이죠. 최근에 주가가 조정을 받아서 그렇지 불과 몇 년 전만 해도 지금의 엔비디아를 넘어서는 가장 핫한 기업으로 10년 만에 주가가 50배가 상승했고 토요타를 꺾고 시가총액 기준 글로벌 자동차 1위를 차지한 회사입니다.

설립 연도	2003		상장일		2010.6.29
본사	미국 오스틴	대주주	일론 머스크	산업분류	경기소비재
시가총액	$1.1T	PER	174배	배당수익률	0%

사업구조

전기차 제조 부분은 미국과 중국, 유럽에 생산기지를 보유하고 있으며 전 세계 전기차 시장의 50%를 점유하고 있는 중국 시장에 적극적으로 대응하고 있습니다. 신규 기가팩토리를 증설하면서 생산능력을 크게 키우고 있으며 신규 차량 라인업도 추가하고 있는 상황입니다.

지역별 생산 현황

현재 연간 자동차 생산 능력

지역	모델	생산 능력	상태
캘리포니아	모델 S / 모델 X	100,000	생산
	모델 3 / 모델 Y	> 550,000	생산
상하이	모델 3 / 모델 Y	> 950,000	생산
베를린	모델 Y	> 375,000	생산
텍사스	모델 Y	> 250,000	생산
	사이버트럭	> 125,000	생산
네바다	테슬라 세미	–	파일럿 생산
다수	Next Zen Platform	–	개발 중
TBD	로드스터	–	개발 중

자료: 해당 기업

전기차 시장 지역 간 비중

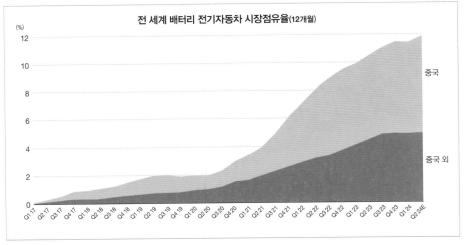

자료: 해당 기업

인공지능 서비스 및 하드웨어 부문은 자율주행 구독 서비스인 FSD를 도입하고 있으며 이번에 로보택시 로드맵을 공개하면서 서비스 부문을 크게 확장하고

에너지 저장소 현황

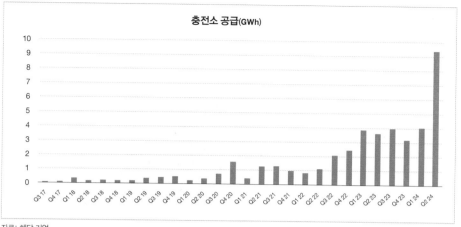

충전소 공급(GWh)

자료: 해당 기업

있습니다. 자체 슈퍼컴퓨터 칩인 도조(Dojo)를 통해 FSD 서비스를 제공하고 있는데 AI 군비경쟁 속에서 H100 10만 대를 전격적으로 구매하며 하이퍼스켈일러를 구축했고 xAI를 통해 매우 빠른 대응을 하고 있습니다. 또한 옵티머스에 대규모 투자를 진행하면서 향후 로보틱스 산업 대한 기대감도 큰 상황입니다.

에너지 생산 및 저장 부문은 현재 가장 빠르게 수익성이 올라오는 사업으로 최근 AI 전력 부족 이슈에 발맞추어 신재생에너지 시장의 성장이 가속화되는 가운데 ESS 사업도 동반성장하고 있습니다.

투자 포인트

전기차 시장 캐즘 구간을 넘어가는 중

캐즘(Chasm)이란 새로 도입된 시장이 초기 시장에서 대중 시장으로 넘어가는

전기차 시장 캐즘

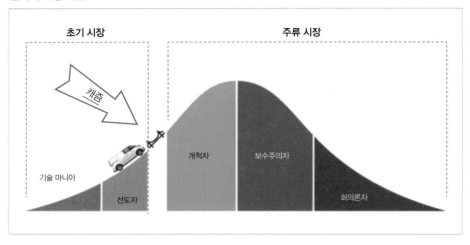

과정에서 발생하는 일시적인 침체기를 의미합니다. 2020년대 초 급속하게 성장하던 전기차 시장은 기존의 전기차 회사뿐만 아니라 전통 자동차 회사까지 뛰어들면서 과점시장이 되었고 급속도로 성장하던 수요가 급감하면서 전기차 회사들이 대거 도산하는 상황이 발생했습니다. 최고의 전기차 경쟁력을 가진 테슬라 입장에서도 마찬가지로 어려운 시기를 맞이했습니다. 경쟁우위를 지켜나가기 위해 가격 인하 경쟁을 하면서 마진율이 크게 하락한 것이 이익과 주가 하락의 원인이 되었습니다.

한때 30% 넘는 마진율을 자랑했던 테슬라의 마진율이 떨어지면서 단순히 시장점유율만 가지고 밸류에이션을 유지하기 어려웠으나 최근 인도량의 감소 추세가 줄어들고 있고 재고관리로 인해 마진율도 회복을 하면서 캐즘의 영역을 벗어나고 있는 상황입니다. 인도량과 마진율의 회복을 기점으로 테슬라에 대한 평가가 크게 반전될 수 있습니다.

전기차 인도량

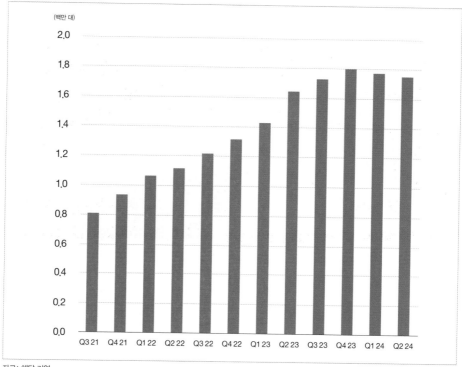

자료: 해당 기업

AI 전력 부족 → 신재생에너지의 성장 → ESS

최근 테슬라의 실적을 보면 가장 긍정적인 사업부문이 바로 ESS 사업입니다. AI 데이터센터의 전력 이슈로 인해 하이퍼스켈일러들이 경쟁적으로 신재생에너지를 통한 전력 확보에 큰 투자를 집행하고 있고 신재생에너지의 대부분이 태양광에 투자가 이루어지면서 유휴 에너지를 저장하는 ESS 사업이 동반성장하고 있습니다. ESS 사업에 있어서 테슬라 메가팩을 건설하는 등 가시적인 성과를 보여줌으로써 향후 로보택시 및 로봇 분야에 들어갈 천문학적인 자금을 확보할 수 있는

메가팩 건설 현장

자료: 테슬라

캐시카우를 키우고 있는 상황입니다.

엔비디아의 시간, 애플의 시간, 그리고 테슬라의 시간

가장 주목하는 투자 포인트는 바로 테슬라의 AI 로봇인 옵티머스입니다. 지금 AI 생태계는 인프라 구축 단계로 생성형 AI를 가능하게 하는 엔비디아가 이끌고 있는 상황입니다. 생성형 AI 인프라가 어느 정도 확보되면 바로 손안의 AI인 온디바이스 AI 시대가 열리게 되고 이는 애플의 시간이라고 할 만큼 애플이 유리한 지점을 선점하고 있습니다. AI가 스마트폰에 이식되면 이후 로봇에 옮겨지는 AI 휴머노이드 시대가 이어지게 됩니다. 현재 로봇 시장에서는 여러 경쟁자가 있지만 테슬라가 가장 높은 경쟁우위를 가지고 있는 상황입니다.

생성AI → 온디바이스 AI → AI 로봇(휴머노이드)

피규어AI(아마존, 엔비디아, 오픈AI 투자)는 테슬라의 가장 큰 경쟁자이고 현대가 인수한 보스턴다이내믹스 등 주요 경쟁사가 존재하지만 막대한 자금과 인프라(제조역량과 생성형 AI), 축적된 데이터 관점에서 테슬라의 성공 가능성이 가장 높다고 평가받고 있습니다.

2022년 9월 AI 데이(AI Day)에 옵티머스 1세대가 첫 등장했고 2023년 12월 옵티머스 2세대를 공개했는데 불과 1년 사이에 확인된 매우 빠른 발전 속도에 시장은 놀라움을 감추지 못했습니다. 생각보다 빠른 시기에 AI 로봇을 눈앞에 접할 수 있게 된 것입니다. 최근 테슬라가 밝힌 로드맵에 따르면 2025년 하반기에 생산을 시작하고 2026년에는 양산을 시작할 것이며, 먼저 산업용으로 기가팩토리에서 활용되었다가 이후 가정용으로 선보일 것으로 예상하고 있습니다.

로보택시 사업에 대한 로드맵도 2026년 이후로 두루뭉실하게 발표를 했는데 AI 로봇이나 로보택시 모두 기술의 문제가 아닌 규제의 문제라는 난관을 앞두고 있습니다. 이러한 규제 리스크를 회피하고자 일론 머스크는 협상이 가능한 트럼프 진영에 베팅을 했고 이를 실적발표 자료에도 공표를 했습니다.

재무제표 분석(실적 분석)

최근 발표된 3분기 실적을 보면 전기차 매출액은 1분기 저점을 확인하고 2분기 연속 증가를 하고 있으며 에너지 부문은 직전 분기(2분기)에 100%가 넘는 성장률을 보여주고 있습니다. 영업마진이 중요한데 지난 분기 6.3%에서 무려 10.8%로 큰 개선폭을 보여주었습니다. 영업마진이 어느 기업보다도 민감한 테슬라에게 있어서 이 정도 폭의 마진율 개선은 의미하는 바가 매우 큽니다.

실적 요약

($ in millions, except percentages and per share data)	Q3-2023	Q4-2023	Q1-2024	Q2-2024	Q3-2024	YoY
Total automotive revenues	19,625	21,563	17,378	19,878	20,016	2%
Energy generation and storage revenue	1,559	1,438	1,635	3,014	2,376	52%
Services and other revenue	2,166	2,166	2,288	2,608	2,790	29%
Total revenues	23,350	25,167	21,301	25,500	25,182	8%
Total gross profit	4,178	4,438	3,696	4,578	4,997	20%
Total GAAP gross margin	17.9%	17.6%	17.4%	18.0%	19.8%	195 bp
Operating expenses	2,414	2,374	2,525	2,973	2,280	-6%
Income from operations	1,764	2,064	1,171	1,605	2,717	54%
Operating margin	7.6%	8.2%	5.5%	6.3%	10.8%	323 bp
Adjusted EBITDA	3,758	3,953	3,384	3,674	4,665	24%
Adjusted EBITDA margin	16.1%	15.7%	15.9%	14.4%	18.5%	243 bp
Net income attributable to common stockholders (GAAP)	1,853	7,928	1,129	1,478	2,167	17%
Net income attributable to common stockholders (non-GAAP)	2,318	2,485	1,536	1,812	2,505	8%
EPS attributable to common stockholders, diluted (GAAP)	0.53	2.27	0.34	0.42	0.62	17%
EPS attributable to common stockholders, diluted (non-GAAP)	0.66	0.71	0.45	0.52	0.72	9%
Net cash provided by operating activities	3,308	4,370	242	3,612	6,255	89%
Capital expenditures	(2,460)	(2,306)	(2,773)	(2,270)	(3,513)	43%
Free cash flow	848	2,064	(2,531)	1,342	2,742	223%
Cash, cash equivalents and investments	26,077	29,094	26,863	30,720	33,648	29%

자료: 해당 기업

테슬라 입장에서는 가격 경쟁과 신규 라인, H100 구매, 옵티머스 개발에 천문
학적인 자금을 투여하고 있고 운영비용은 유지되는 상황에서 뚜렷한 실적 개선이
나타났기 때문에 주가도 매우 긍정적으로 반응하고 있습니다.

<u>차트 분석</u>

현재 테슬라의 주가는 2021년 고점 이후 약 3년간 조정이 진행되었습니다. 차
트상 고점은 낮아지고 저점은 높아지는 수렴 구간이 진행되었고 2024년 7월을 기
점으로 상단 저항대가 돌파되면서 3년간의 조정이 마무리되는 모습을 보입니다.
200달러 라인이 심리적 지지라인으로 작용을 하다가 3분기 실적발표로 단숨에
상승세로 전환했고 트럼프 당선의 영향으로 현재는 350달러까지 상승하는 중입
니다. 직전 고점인 385달러가 단기 저항 자리이며 역사적 고점인 415달러까지는

자료: 해당 기업

얼마 남지 않은 상황입니다.

종합평가

테슬라를 전기차 회사로 국한하여 가치를 계산한다면 캐즘의 영역에 들어간 전기차 시장을 고려할 때 높은 밸류를 주지는 못할 것입니다. 하지만 테슬라가 전기차 회사를 넘어 AI 회사임을 고려할 때, 그리고 미래 비전의 현실 가능성과 에너지와 로봇의 향후 시장규모를 감안할 때 현재의 가격은 확실히 저평가되어 있는 상황입니다. 즉 테슬라에 대한 판단은 테슬라를 어떤 사업을 하는 회사인가에 따라서 갈리게 되며 단기적 트레이딩이 아닌 AI 산업의 미래 성장성, 특히 AI 로봇 시장을 고려한 장기투자자자에 매우 매력적인 선택지일 것입니다.

급변하는 미국 주식시장, 더욱 커지는 투자의 기회

시시각각 매우 빠르게 변하는 미국 주식시장인 만큼 책을 집필한 시점과 출간 시점 사이에도 주요 종목들의 흥망성쇠가 상당히 진행되었습니다. AI 메가트렌드가 이끄는 14개의 종목 중 팔란티어(PLTR), 테슬라(TLSA), 브로드컴(AVGO)의 주가는 랠리를 펼쳤고 신재생에너지 관련 기업인 넥스트에라에너지(NEE), 퍼스트솔라(FSLR)의 주가는 부진했습니다.

시장의 색깔이 변화함에 따라 필자의 관심종목도 일정 부분 변화가 있었는데요. 부진한 신재생에너지 섹터 기업(넥스트라에너지, 퍼스트솔라)은 천연가스 관련 기업인 EQT코퍼레이션(EQT)과 GE버노바(GEV)로 교체되었고 최근 장기금리 하락과 바이오테크에 대한 관심이 높아짐에 따라 템퍼스AI(TEM), 리커전(RXRX), 나테라(NTRA) 같은 기업들도 새롭게 분석하여 관심종목 리스트에 추가했습니다.

책의 출간 시점에 맞춰서 메가트렌드 종목을 변경할지 고민도 했지만 집필 시점을 기준으로 마음먹었던 당시의 최신 메가트렌드 종목들을 그대로 유지하기로 결심했습니다. 단기가 아닌 장기적 관점에서 AI 메가트렌드를 이끌 종목에 대한 판단은 아직도 유효하며 이 책의 집필 취지가 독자 여러분께 시의성 있는 종목 추천을 하려는 것이 아니라 해당 기업들을 통해 AI 메가트렌드를 이해하고 시장이 변화함에 따라 자신만의 관심종목 리스트를 업데이트해나가는 것이기 때문입니다.

지금도 시장의 변화는 빠르게 진행되고 있습니다. 특히 중국의 딥시크 등장 이후 시장의 색깔은 다시 한번 크게 변화했습니다. AI 인프라에 대한 과도한 투자에 경계 심리가 작동하면서 AI H/W, AI 전력 같은 AI 인프라 섹터의 성장세는 주춤하는 가운데 오히려 AI S/W와 피지컬 AI의 성장 속도가 가팔라졌습니다.

앞으로 우리는 트럼프 대통령이 주도하는 관세전쟁, 종전 협상의 여파와 일론 머스크가 이끄는 정부효율부가 만들어낼 파괴적 변화에도 적응해야 합니다. 매크로 차원에서도 미국 금리, 달러 환율, 금 가격, 비트코인 가격 변화의 양상을 보았을 때 향후 글로벌 증시가 결코 녹록하지 않다는 것을 쉽게 예상할 수 있습니다.

독자 여러분께서 이 책을 통해 다양한 미국 주식 투자전략을 이해하고 자신에게 맞는 투자 방법을 선택해서 노하우를 쌓아가시길 바랍니다. 여러분의 투자 경험이 쌓여가는 가운데 시장 변화에 대한 대응력도 자연스럽게 쌓여갈 것이고 난이도가 조정된 트럼프 2.0 시대의 미국 증시에서도 좋은 결과를 얻을 수 있을 것입니다.

지금 시작하는 초보자가 미국 주식으로 수익 내는 49가지 방법

1판 1쇄 인쇄 2025년 3월 20일
1판 1쇄 발행 2025년 3월 28일

지은이 목남브로(김호균)
펴낸이 김기옥

경제경영사업본부장 모민원
경제경영팀 박지선
마케팅 박진모
경영지원 고광현
제작 김형식

표지·본문 디자인 푸른나무디자인
인쇄·제본 민언프린텍

펴낸곳 한스미디어(한즈미디어(주))
주소 04037 서울특별시 마포구 양화로 11길 13(서교동, 강원빌딩 5층)
전화 02-707-0337 | **팩스** 02-707-0198 | **홈페이지** www.hansmedia.com
출판신고번호 제 313-2003-227호 | **신고일자** 2003년 6월 25일

ISBN 979-11-93712-97-9 (13320)